KB219433

사랑하는 ________

올 한 해도 하나님의 축복이

날마다 네 삶에 가득하길 기도할게

년 월 일

너를 가장 사랑하는 ________가

성경의 핵심 교리로
지혜가 자라는
우리 아이 3분 기도

날마다 축복해

날마다 축복해

지은이 | 우경신
초판 발행 | 2023. 12. 13
등록번호 | 제1988-000080호
등록된 곳 | 서울특별시 용산구 서빙고로 65길 38
발행처 | 사단법인 두란노서원
영업부 | 2078-3352 FAX | 080-749-3705
출판부 | 2078-3331

책값은 뒤표지에 있습니다.
ISBN 978-89-531-4755-3 03230

독자의 의견을 기다립니다.
tpress@duranno.com www.duranno.com

ⓒ이 출판물은 저작권법에 의해 보호를 받는 저작물이므로
무단 전재와 무단 복제, 무단 사용을 할 수 없습니다.

두란노서원은 바울 사도가 3차 전도여행 때 에베소에서 성령 받은 제자들을 따로 세워 하나님의 말씀으로 양육하던 장소입니다. 사도행전 19장 8-20절의 정신에 따라 첫째 목회자를 돕는 사역과 평신도를 훈련시키는 사역, 둘째 세계선교(TIM)와 문서선교(단행본·잡지) 사역, 셋째 예수문화 및 경배와 찬양 사역, 그리고 가정·상담 사역 등을 감당하고 있습니다. 1980년 12월 22일에 창립된 두란노서원은 주님 오실 때까지 이 사역들을 계속할 것입니다.

성경의 핵심 교리로
지혜가 자라는
우리 아이 3분 기도

날마다 축복해

우경신 지음

두란노

추천사

우리 내외는 원천교회, 중앙기독학교 그리고 마더와이즈 같은 기관에서 다음 세대를 믿음으로 세우는 일을 맡겨 주신 하나님의 은혜에 항상 감사하고 있다. 특히 하나님께서 허락하신 여러 가지 복된 사역 중에 가장 중요하고 감사한 것은, 주님께서 선물로 주신 네 명의 자녀를 말씀과 기도로 양육하는 데 부부가 함께 동역할 수 있었던 것이라고 단언할 수 있다.

이 책의 저자인 우경신 전도사는 우리 교회와 학교 그리고 마더와이즈 등 우리 부부가 함께했던 모든 사역에 동참해 준 20년 지기 동지다. 영유아와 부모를 인도하는 주일학교 전도사로 사역함과 동시에 다음 세대 부모들을 위한 지패밀리(G Family, 월간 가정 예배용 교재), 파워스 소식지(중앙기독학교 후원계간지)와 여러 교재를 기획, 출간하는 일에 우리와 동역해 왔다.

저자의 글 쓰는 은사를 통해 받은 은혜는 물론, 그녀가 남편과 자녀를 섬기며 '삶으로' 보여 준 영적인 모습에서 더 많은 감동과 은혜를 받게 된다. 이번에 출간하는 이 책도 단순히 글을 잘 쓰는 실력을 넘어 본인의 삶을 통해 터득한 깊은 산고의 결정체라고 믿어 강력하게 추천한다.

김요셉 원천침례교회 목사, 중앙기독학교 이사장

김은영 마더와이즈 코리아 대표

기도는 기독교 영성의 가장 본질적인 특성이자 구성 요소임에 틀림없습니다. 성숙한 그리스도인이 된다는 것은 곧 온전한 기도의 사람이 된다는 것과 크게 다르지 않기 때문입니다. 온전한 기도는 자신에 대한 정직하고 겸손한 성찰, 하나님에 대한 신비한 이해와 믿음 그리고 이웃을 향한 사랑과 섬김 등의 거룩한 열매를 맺습니다. 그렇다면 어린이를 신실한 그리스도인으로 양육하는 것도 기도를 바르게 가르치는 일과 분리될 수 없을 것입니다. 교회와 가정 모두에서 말입니다. 이런 맥락에서, 우경신 전도사님이 쓴《날마다 축복해》는 가정에서 부모가 자녀와 함께 기도하며 기도를 배우는 매우 유익하고 실제적인 안내서입니다. 오랫동안 엄마와 전도사로 아이들에게 성경과 신앙을 가르쳐 온 경험과 지식, 영성이 이 책에 고스란히 담겨 있습니다. 365일, 부모와 자녀가 함께 말씀을 묵상하고 기도하며 다양한 활동을 이어 가는 동안, 말씀과 기도가 어린 자녀들의 의식과 삶에 서서히 뿌리내릴 것입니다. 어린 자녀를 기도의 사람으로 양육하길 소망하는 이 땅의 신실한 부모들과 주일학교 사역자들에게 이 책을 기쁨으로 추천합니다.

배덕만 백향나무교회 담임목사, 기독연구원 느헤미야 전임연구위원

다음 세대를 세우기 위한 사역의 핵심은 '가정'입니다. 부모에게는 아이의 영적 교사로서 아이에게 신앙생활을 지도하고 올바른 신앙관을 전수할 청지기적 사명이 있습니다. 이제는 자녀의 신앙 교육을 교회에 전적으로 위탁하는 것을 넘어 가정 안에서 올바른 신앙의 교육을 할 수 있도록 교회가 관심을 가져야 합니다. 저자는 '가정-주일학교-교회'를 통합하는 대안을 실제적으로 마련했습니다.

《날마다 축복해》는 하루 3분, 1년 365일 동안 52개의 핵심 성구 주제와 기도 루틴을 통해 일상 영성의 토대를 실천적으로 구현할 수 있도록 돕는 유익한 책입니다. 특히 어린아이들이 부모님과 함께 오감 활동을 하며 친밀감을 형성할 수 있도록 설계한 '패밀리 타임'은 신선하고 획기적입니다.

송태근 삼일교회 담임목사

목차

추천사 • 프롤로그 • 활용 방법

1월
하나님을 즐거워하는 기도

1주차 • 사람이 사는 이유(001-007)
2주차 • 하나님을 즐겁게 하는 규칙(008-014)
3주차 • 성경이 교훈하는 것(015-021)
4주차 • 하나님의 성품(022-028)

2월
창조의 하나님을 만나는 기도

5주차 • 하나님은 한 분(029-035)
6주차 • 삼위일체 하나님(036-042)
7주차 • 하나님의 예정(043-049)
8주차 • 하나님의 창조(050-056)
9주차 • 하나님의 인간 창조(057-063)

3월
하나님의 섭리를 만나는 기도

10주차 • 최초의 언약(064-070)
11주차 • 인간의 범죄(071-077)
12주차 • 전 인류의 타락(078-084)
13주차 • 은혜 언약(085-091)

4월
예수님과의 동행 기도

14주차 • 하나님의 섭리(092-098)
15주차 • 사람이 되신 하나님(099-105)
16주차 • 그리스도의 세 직분(106-112)
17주차 • 선지자 예수(113-119)

5월

예수님께 무릎 꿇는 기도

18주차 • 제사장 예수(120-126)
19주차 • 우리 왕 예수(127-133)
20주차 • 그리스도의 낮아지심(134-140)
21주차 • 그리스도의 높아지심(141-147)

6월

성령님과 함께하는 기도

22주차 • 보혜사 성령님(148-154)
23주차 • 성령의 체험(155-161)
24주차 • 구원의 길(162-168)
25주차 • 효력 있는 부르심(169-175)
26주차 • 의롭다 하심(176-182)

7월

공동체로 드리는 기도

27주차 • 양자로 삼으심(183-189)
28주차 • 거룩하게 하심(190-196)
29주차 • 거룩한 보편 교회(197-203)
30주차 • 교회의 기능(204-210)

8월

하나님과 소통하는 기도

31주차 • 성도의 교통(211-217)
32주차 • 죄 용서의 확신 1(218-224)
33주차 • 죄 용서의 확신 2(225-231)
34주차 • 은혜의 방편 - 말씀, 기도, 성례(232-238)

9월

부활을 사모하는 기도

35주차 • 영원히 사는 것(239-245)
36주차 • 몸이 다시 사는 것(246-252)
37주차 • 율법과 복음(253-259)
38주차 • 십계명 서문(260-266)
39주차 • 1계명 - 다른 신을 두지 말라(267-273)

10월

십계명으로 드리는 기도 1

40주차 • 2계명 - 우상을 만들지 말라(274-280)
41주차 • 3계명 - 하나님의 이름을 사칭하지 말라(281-287)
42주차 • 4계명 - 하나님의 날을 지키라(288-294)
43주차 • 5계명 - 네 부모를 공경하라(295-301)

11월

십계명으로 드리는 기도 2

44주차 • 6계명 - 생명을 존중하라(302-308)
45주차 • 7계명 - 간음하지 말라(309-315)
46주차 • 8계명 - 훔치지 말라(316-322)
47주차 • 9계명 - 이웃에 대해 거짓 증거하지 말라(323-329)

12월

예수님이 가르쳐 주신 기도

48주차 • 10계명 - 네 이웃의 모든 소유를 탐내지 말라(330-336)
49주차 • 믿음, 회개(337-343)
50주차 • 말씀, 성례(344-350)
51주차 • 기도(351-357)
52주차 • 주기도문 1(358-364)
53주차 • 주기도문 2(365)

활 용 방 법

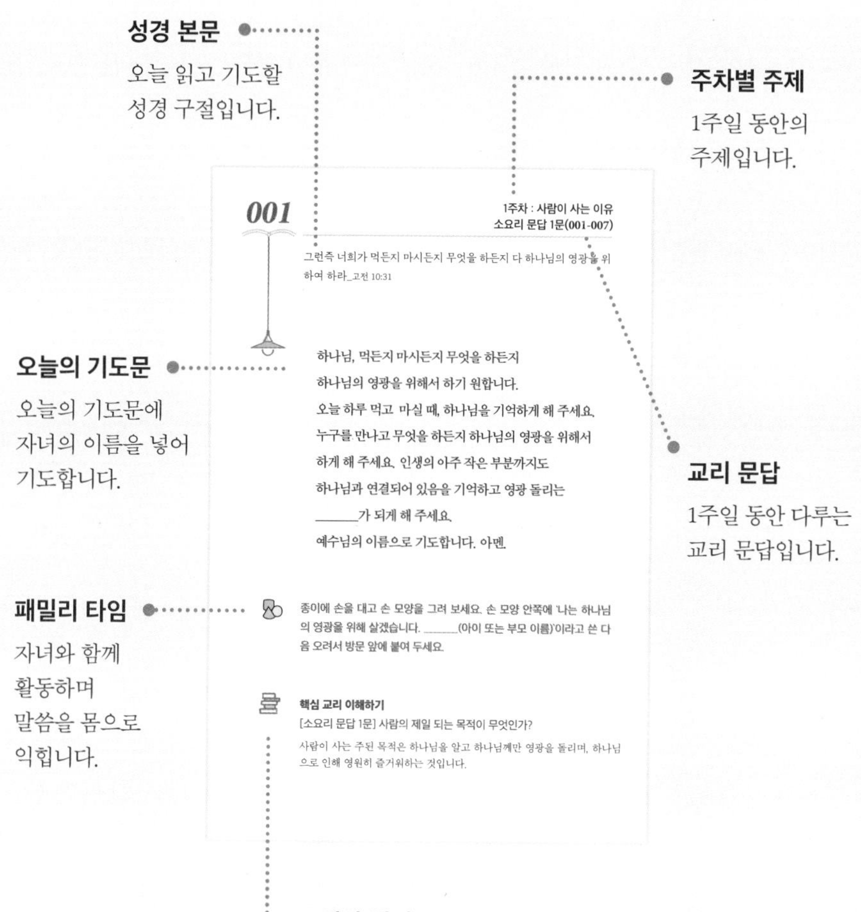

001

1주차 : 사람이 사는 이유
소요리 문답 1문(001-007)

그런즉 너희가 먹든지 마시든지 무엇을 하든지 다 하나님의 영광을 위하여 하라_고전 10:31

하나님, 먹든지 마시든지 무엇을 하든지
하나님의 영광을 위해서 하기 원합니다.
오늘 하루 먹고 마실 때, 하나님을 기억하게 해 주세요.
누구를 만나고 무엇을 하든지 하나님의 영광을 위해서
하게 해 주세요. 인생의 아주 작은 부분까지도
하나님과 연결되어 있음을 기억하고 영광 돌리는
______가 되게 해 주세요.
예수님의 이름으로 기도합니다. 아멘.

종이에 손을 대고 손 모양을 그려 보세요. 손 모양 안쪽에 '나는 하나님의 영광을 위해 살겠습니다. ______(아이 또는 부모 이름)'이라고 쓴 다음 오려서 방문 앞에 붙여 두세요.

핵심 교리 이해하기

[소요리 문답 1문] 사람의 제일 되는 목적이 무엇인가?

사람이 사는 주된 목적은 하나님을 알고 하나님께만 영광을 돌리며, 하나님으로 인해 영원히 즐거워하는 것입니다.

성경 본문

오늘 읽고 기도할
성경 구절입니다.

주차별 주제

1주일 동안의
주제입니다.

오늘의 기도문

오늘의 기도문에
자녀의 이름을 넣어
기도합니다.

교리 문답

1주일 동안 다루는
교리 문답입니다.

패밀리 타임

자녀와 함께
활동하며
말씀을 몸으로
익힙니다.

신앙 쌓기

1주일 동안 소요리 문답을 익혀서 삶에 적용하고,
오늘의 말씀을 기록합니다. 사랑하는 자녀를
양육하고 믿음의 가정을 세워 가는 데 필요한
영적 양식이 쌓여갈 것입니다.

프롤로그

'자녀를 잘 기르려면 어떻게 해야 할까?'

30년 동안 주일학교에서 사역하며 아이들과 부모들을 만나고, 아들 둘을 낳아 기르면서 항상 했던 질문입니다. '성경적 자녀 양육'을 고민하던 제가 힌트를 얻은 곳은 '포도나무 비유'였습니다. "너희가 내 안에 거하고 내 말이 너희 안에 거하면 무엇이든지 원하는 대로 구하라 그리하면 이루리라"(요 15:7). 열매를 맺기 위해서는 가지가 포도나무에 붙어 있어야 하듯이, 부모가 예수님 안에 거해야 합니다. '내 말'과 '구하라'에 집중하니, 무엇보다 말씀과 기도로 자녀를 양육해야 한다는 생각이 들었습니다. 먼저 '예수님 안에 거하는 부모! 말씀으로 기도하는 부모!'가 될 때, 성경적 자녀 양육이 가능하다는 결론에 이른 것입니다.

그래서 말씀으로 기도하기 시작했습니다. 참고할 성경은 어느 구절이든 좋았습니다. 모든 말씀을 다 기도로 올려 드릴 수 있기 때문입니다. 이 책에서는 소요리 문답, 대요리 문답에 인용된 성경 구절을 참고했습니다. 소요리, 대요리 문답은 1643년부터 1649년까지 영국의 웨스트민스터 의회에 모인 학자들이 영국 교회의 일치를 위해서 뽑은 내용이라 신뢰할 만합니다. 이 내용에서 하나님, 예수님, 성령님, 교회, 부활, 십계명, 주기도문 등 성경의 핵심과 관련한 365개의 성구를 뽑은 후, 교단이나 교파에 국한되지 않도록 기도문을 썼습니다. 7일 동안 한 개의 주제에 집중해서 기도 루틴이 생기도록 했습니다. 7일을 꼬박 기도하지 못했다며 조바심을 내지 않도록 날짜나 기도 체크표는 넣지 않았습니다.

매일 신앙 쌓기를 두어 핵심 교리와 핵심 교리 적용 질문, 말씀 따라 쓰기와 말씀 암송을 하도록 했습니다. 아이와 교감한 내용과 축복 기도문을 쓰고 믿음의 유산으로 남기고 싶은 것을 기록하도록 여백도 두었습니다. 직접 적은 기도가 쌓여서 자녀를 품는 '나'의 기도 책이 될 것이며, 자녀만 아니라 부모 자신의 믿음이 성장하리라 생각합니다.

이 책을 쓸 수 있도록 든든한 울타리가 되어 준 남편과 주현, 의현이에게 고마움을 전합니다. 지칠 때마다 힘이 되어 주신 양가 부모님과 형제자매, 지인들께 감사드립니다. 함께 책 내용을 고민해 준 김정아, 정소원, 오은영 집사님과 92년부터 현재까지 사역하도록 해 주신 연희, 창신, 계산, 창훈대교회와 원천침례교회에 감사드립니다. 이 책을 내도록 제안해 준 두란노서원 출판부와 25년 동안 함께한 대한예수교장로회총회 교육개발원 〈하나바이블〉 집필진께도 감사드립니다.

이 책이 제시한, 성경의 핵심 교리로 드리는 3분 기도는 쉽고 간단합니다. 하지만 실제로 삶의 자리에서 부모가 자녀와 기도할 때, 개인과 가족과 공동체를 넘어서는 놀라운 일이 생길 것입니다. 자녀 양육은 100미터 달리기가 아닌 마라톤이며, 이 과정에서 하나님의 말씀으로 하는 기도는 잔잔하지만 강력한 힘으로 작용할 것이기 때문입니다.

2023년 12월

주 안에서 행복한

우경신

1월

하나님을 즐거워하는 기도

사람은 언제, 무엇을 할 때 즐거울까요? 사람마다 다르겠지만 돈, 권력, 학력, 건강, 자녀 등과 관련해서 원하는 것을 성취하거나 소유할 때 즐겁습니다. 삶의 희열을 느낍니다. 하지만 그런 즐거움을 넘어서는 궁극적인 목적을 소요리 문답의 첫 번째 문답이 알려 줍니다. 하나님을 영화롭게 하고, 영원토록 하나님을 즐거워하는 것이 사람의 주된 목적이라고 말입니다.

하나님을 영화롭게 하고 즐거워하려면 먼저 거룩하고 인자하며 사랑이 많으신 하나님을 알아 가야합니다. 성경에 담긴 교훈과 하나님을 기쁘시게 하는 규칙을 익혀 보겠습니다. 하나님의 생명이 담긴 말씀을 가지고 기도할 때 우리 마음 깊은 곳에 하나님이 자리 잡으십니다. 피조물인 우리가 지으신 분을 만날 때, 내가 살아가는 이유와 목적이 더욱 선명해집니다.

매일 3분, 하나님의 말씀과 기도로 채우겠습니다. 그리고 하루 종일 그분을 기억하며 즐거워하겠습니다.

1월에는 '하나님을 즐거워하는 기도'를 해 봅니다.

1주차 : 사람이 사는 이유
소요리 문답 1문(001-007)

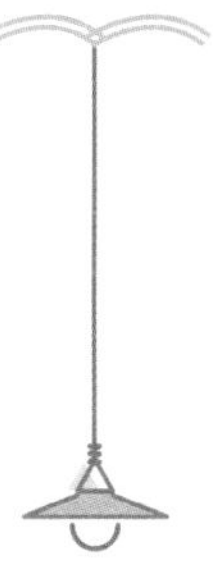

그런즉 너희가 먹든지 마시든지 무엇을 하든지 다 하나님의 영광을 위하여 하라_고전 10:31

하나님, 먹든지 마시든지 무엇을 하든지
하나님의 영광을 위해서 하기 원합니다.
오늘 하루 먹고 마실 때, 하나님을 기억하게 해 주세요.
누구를 만나고 무엇을 하든지 하나님의 영광을 위해서
하게 해 주세요. 인생의 아주 작은 부분까지도
하나님과 연결되어 있음을 기억하고 영광 돌리는
_______가 되게 해 주세요.
예수님의 이름으로 기도합니다. 아멘.

종이에 손을 대고 손 모양을 그려 보세요. 손 모양 안쪽에 '나는 하나님의 영광을 위해 살겠습니다. _______(아이 또는 부모 이름)'이라고 쓴 다음 오려서 방문 앞에 붙여 두세요.

핵심 교리 이해하기

[소요리 문답 1문] 사람의 제일 되는 목적이 무엇인가?

사람이 사는 주된 목적은 하나님을 알고 하나님께만 영광을 돌리며, 하나님으로 인해 영원히 즐거워하는 것입니다.

002

하나님이 자기 형상 곧 하나님의 형상대로 사람을 창조하시되 남자와 여자를 창조하시고_창 1:27

당신의 형상대로 사람을 창조하신 하나님,
사람을 남자와 여자로 만들어 주시니 감사합니다.
우리가 사람들과 만나고 함께할 때,
상대방이 하나님의 형상을 닮았음을 기억하게 해 주세요.
다른 사람을 존중하고 사랑하며 배려하게 해 주세요.
______도 하나님의 형상으로 존중받고
존중할 수 있는 지혜를 주세요.
예수님의 이름으로 기도합니다. 아멘.

아이를 안아 주며 "너는 하나님의 멋진 작품이야"라고 말해 주세요.

핵심 교리 적용하기

당신이 사는 목적을 생각나는 대로 적어 보세요. 가장 중요한 세 가지에 동그라미를 그려 보세요. 그리고 그중에서 하나만 골라 보세요. 당신이 사는 주된 목적은 무엇인가요?

003

이는 만물이 주에게서 나오고 주로 말미암고 주에게로 돌아감이라 그에게 영광이 세세에 있을지어다 아멘_롬 11:36

바울은 세상에 있는 모든 것이 하나님으로부터
시작되었다고 말합니다. 산과 들, 강과 바다,
과일과 곡식, 해, 달, 별을 보면서
그것을 만드신 하나님의 손길을 느끼게 해 주세요.
세상의 모든 것이 존재하는 그 자체로
하나님을 찬양하고 영광을 돌리듯,
______도 하나님께 영광 돌리는 하루가
되게 해 주세요.

하나님이 만드신 것 중에서 각자 좋아하는 것을 말해 보세요. 그 이유를 말하고, 하나님께 감사 기도를 드리세요.

오늘의 말씀 따라 쓰기

오늘의 말씀을 따라 쓰며 마음에 새겨 보세요.

004

우리가 살아도 주를 위하여 살고 죽어도 주를 위하여 죽나니 그러므로 사나 죽으나 우리가 주의 것이로다_롬 14:8

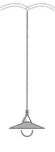

하나님, 우리는 몸과 마음, 영혼을 내 것이라고
생각하며 살았습니다. 하지만 바울은 우리가
하나님의 것이라고 말합니다. 나의 주인이 내가 아닌
하나님이라고 가르쳐 주시니 감사합니다.
이제는 살아도 주님을 위해서 살고,
죽어도 주님을 위해서 죽는 우리가 되게 해 주세요.
________도 하나님을 자신의 주인으로
고백하게 해 주세요.
예수님의 이름으로 기도합니다. 아멘.

지금까지 '내 것'이라고 여긴 것을 종이에 그리거나 써 보세요. 그런 다음 비행기로 접어서 멀리 날려 보세요.

말씀 암송하기

우리가 살아도 주를 위하여 살고 죽어도 주를 위하여 죽나니 그러므로 사나 죽으나 우리가 주의 것이로다_롬 14:8

주의 교훈으로 나를 인도하시고 후에는 영광으로 나를 영접하시리니
_시 73:24

말씀으로 우리를 인도하시고, 나중에는
영광 가운데 만나 주실 하나님을 찬양합니다.
이 땅에서 사는 동안 우리 가족을 말씀으로 인도해
주세요. 하나님의 인도하심을 따를 때, 감사가
넘치게 해 주세요. 예수님께서 재림하실 때,
하나님께서 우리를 영광 가운데 만나 주실 것을
기대하며 기쁘게 살아가는 ________가 되게 해 주세요.
예수님의 이름으로 기도합니다. 아멘.

당신을 인도해 주었거나 암송하고 있는 말씀이 있나요? 각자 암송하는 말씀을 외워 보세요.

아이와 교감하기

아이와 함께 하루의 삶을 나누고 서로의 마음을 다독여 주세요.

006

여호와가 우리 하나님이신 줄 너희는 알지어다 그는 우리를 지으신 이요 우리는 그의 것이니 그의 백성이요 그의 기르시는 양이로다_시 100:3

하나님, 많은 사람이 자기가 만든 작은 세상의
주인이 되어 살아갑니다. 그런 식으로 살 때 사람은
교만해지거나 우월감을 느끼며 욕심을 부리게 됩니다.
_______는 하나님을 자기 인생의 주인으로
고백하는 사람이 되게 해 주세요.
하나님을 왕으로 모시는 백성, 목자이신 하나님을
따라가는 양이 되게 해 주세요. 인생에서 창조자이자
왕이며, 목자이신 주님을 만나게 해 주세요.
예수님의 이름으로 기도합니다. 아멘.

엄마, 아빠는 목자, _______는 양이 되어서 목자를 따라가 보세요. 목자와 양 역할을 서로 바꾸어서도 해 보세요.

축복 기도문 쓰기

아이를 향한 축복의 기도를 글로 기록해 보세요.

007

아버지여 내게 주신 자도 나 있는 곳에 나와 함께 있어 아버지께서 창세전부터 나를 사랑하시므로 내게 주신 나의 영광을 그들로 보게 하시기를 원하옵나이다_요 17:24

하나님, 세상을 창조하기 전부터 하나님께서는
예수님을 사랑하시고 예수님에게 영광을 주셨습니다.
또한 예수님은 자신이 받으신 영광을
우리도 보게 해 달라고 기도하셨습니다.
우리가 예수님과 함께 있어서 하나님의 영광을
보게 될 날을 기대합니다.
________도 예수님과 동행하게 해 주시고,
예수님이 경험하신 하나님의 사랑과 영광을
볼 수 있도록 인도해 주세요.
예수님의 이름으로 기도합니다. 아멘.

하나님의 영광을 함께 보고 싶은 사람의 이름을 종이에 적어보세요. 그런 다음 손바닥 위에 올려놓고 함께 기도해요.

믿음의 유산

아이에게 믿음의 유산으로 남길 생각, 마음, 바람을 적어 보세요.

모든 성경은 하나님의 감동으로 된 것으로 교훈과 책망과 바르게 함과 의로 교육하기에 유익하니_딤후 3:16

하나님, 우리에게 성령의 역사로 기록된
생명의 말씀을 주시니 감사합니다.
______도 성경을 하나님이 주신 진리로
믿게 해 주세요. 성경 말씀으로 교훈과 책망을
받게 하시고, 성경 말씀을 듣고 배워서
바르고 의로운 길을 걸어가게 해 주세요.
저에게도 ______를 하나님의 말씀으로
잘 가르칠 수 있도록 지혜를 주세요.
예수님의 이름으로 기도합니다. 아멘.

성경 목록을 가사로 한 찬송을 검색해서 들어 보세요. 성경 목록을 노래로 외우면 성경을 쉽게 찾을 수 있습니다.

핵심 교리 이해하기

[소요리 문답 2문] 하나님께서 무슨 규칙을 우리에게 주시어 어떻게 자기를 영화롭게 하고 즐거워할 것을 지시하셨는가?

신구약 성경에 적힌 하나님의 말씀은 어떻게 우리가 하나님을 영화롭게 하고 즐거워할 것인지를 알려 주는 유일한 규칙입니다.

여호와의 말씀은 순결함이여 흙 도가니에 일곱 번 단련한 은 같도다
_시 12:6

하나님, 하나님의 말씀은 하나님 자신과 같으니
거짓이나 속임수, 불순한 것이 없습니다.
여러 번 불로 단련해서 불순물이 제거된 은처럼
순수합니다. 이렇게 순수하고 깨끗한 말씀을 듣고
읽으며 하나님 앞에서 회개하는 우리가 되기를
원합니다. ______도 순수한 말씀을 붙잡고
살아가는 하나님의 자녀가 되기를 원하며,
예수님의 이름으로 기도합니다. 아멘.

작은 종이에 '하나님 말씀'이라는 단어를 써서 준비해 주세요. 아이와 모래나 흙 놀이를 하며 숨겨 놓고 찾아보세요. 하나님 말씀의 순결함, 깨끗함을 설명해 주세요.

핵심 교리 적용하기

성경은 하나님을 영화롭게 하고 즐겁게 해 드리도록 인도하는 유일한 규칙입니다. 당신은 성경을 어떤 책으로 생각하나요? 디모데후서 3장 16절과 베드로후서 1장 21절을 찾아서 읽어 보세요.

010

너희는 귀를 기울이고 내게로 나아와 들으라 그리하면 너희의 영혼이 살리라 내가 너희를 위하여 영원한 언약을 맺으리니 곧 다윗에게 허락한 확실한 은혜이니라_사 55:3

하나님, 하루에도 여러 번 두렵거나 힘든 일을
만납니다. 불안하고 초조해질 때도 있습니다.
그럴 때 우리가 하나님의 말씀에 귀 기울이게
하시고, 하나님께 나아가 말씀을 듣게 해 주세요.
들은 말씀을 마음 안에 새겨서 힘을 얻게 하시고,
영혼을 살려 주세요. 다윗에게 주셨던 확실한
은혜를 ______에게도 허락해 주세요.
예수님의 이름으로 기도합니다. 아멘.

______가 좋아하는 찬양이나 챈트가 있나요? 음원을 듣거나 영상을 보고 따라서 불러 보세요.

오늘의 말씀 따라 쓰기

오늘의 말씀을 따라 쓰며 마음에 새겨 보세요.

011

오직 이것을 기록함은 너희로 예수께서 하나님의 아들 그리스도이심을 믿게 하려 함이요 또 너희로 믿고 그 이름을 힘입어 생명을 얻게 하려 함이니라_요 20:31

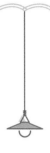

하나님, 우리가 기록된 말씀을 통해서 예수님이
하나님의 아들이고 우리를 구원하신 분임을
믿게 하시니 감사합니다. 우리에게 주신 말씀은
예수님의 이름을 힘입어 생명을 얻게 하려고
기록된 것임을 믿습니다. 성경을 더욱 사랑하고,
예수님이 우리에게 영생을 주시는 분임을 믿고
알아 가는 ______가 되게 해 주세요.
예수님의 이름으로 기도합니다. 아멘.

비타민 젤리나 우유처럼 먹으면 힘이 나는 음식이 있나요? 성경 말씀은 우리의 영혼에 힘을 주는 생명의 음식이에요. 말씀을 읽고 묵상할 계획을 세워서 함께 이야기해 보세요.

말씀 암송하기

오직 이것을 기록함은 너희로 예수께서 하나님의 아들 그리스도이심을 믿게 하려 함이요 또 너희로 믿고 그 이름을 힘입어 생명을 얻게 하려 함이니라_요 20:31

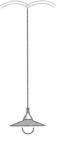

하나님의 말씀은 살아 있고 활력이 있어 좌우에 날 선 어떤 검보다도 예리하여 혼과 영과 및 관절과 골수를 찔러 쪼개기까지 하며 또 마음의 생각과 뜻을 판단하나니_히 4:12

하나님, 살아 있고 예리한 말씀을 우리에게 주시니
감사합니다. 세상의 가치나 세계관이 아닌
하나님의 말씀을 마음과 생각과 뜻을 정하는
기준으로 삼게 해 주세요. 잘못된 판단을 할 때면
예리하게 찔러서 알려 주시고,
하나님을 떠나지 않게 해 주세요.
_______의 인생을 말씀으로 이끌어 주시길 원합니다.
예수님의 이름으로 기도합니다. 아멘.

하나님의 말씀을 기준으로 삼아서 마음이나 생각을 바꾸었던 경험을 말해 보세요.

아이와 교감하기

아이와 함께 하루의 삶을 나누고 서로의 마음을 다독여 주세요.

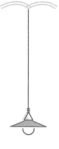

013

내가 이것을 너희에게 이름은 내 기쁨이 너희 안에 있어 너희 기쁨을 충만하게 하려 함이라_요 15:11

하나님, 우리는 어려울 때 힘들어하고, 좋은 일이
생기면 기뻐하며 하루하루를 살아갑니다. 여러 가지
감정을 잘 느끼고 성숙해지게 하시니 감사합니다.
무엇보다 참된 기쁨은 하나님과 예수님과
연결된 기쁨임을 알게 해 주세요.
______의 하루가 하나님과 예수님과 연결되어
기쁨을 누리게 해 주세요.
세상이 주는 기쁨을 뛰어넘는 진짜 기쁨으로
가득한 삶이 되도록 ______를 축복해 주세요.
예수님의 이름으로 기도합니다. 아멘.

기쁠 때의 표정을 지어 보세요. 어떤 일이 있을 때 기쁜지 이야기해 보세요.

축복 기도문 쓰기

아이를 향한 축복의 기도를 글로 기록해 보세요.

곧 거룩한 선지자들이 예언한 말씀과 주 되신 구주께서 너희의 사도들로 말미암아 명하신 것을 기억하게 하려 하노라_벧후 3:2

하나님, 베드로는 선지자들의 예언과
예수님의 명령을 기억하라고 했습니다.
베드로가 강조한 하나님의 말씀과 명령을
우리 ______도 기억할 수 있기를 원합니다.
말씀을 가까이하여 읽고 외워
머리와 마음에 새기게 해 주세요.
이 시대를 살아가는 동안 하나님의 말씀을
머리와 마음에 새기고 온전히 삶으로 드러내는
사람이 되게 해 주세요.
예수님의 이름으로 기도합니다. 아멘.

암송하는 성경 구절을 부모님과 번갈아서 외워 보세요. 외우는 구절이 없다면, 찾아서 읽어 보세요.

믿음의 유산

아이에게 믿음의 유산으로 남길 생각, 마음, 바람을 적어 보세요.

그들에게 일어난 이런 일은 본보기가 되고 또한 말세를 만난 우리를 깨우치기 위하여 기록되었느니라_고전 10:11

하나님, 과거에 배운 교훈을 기억하게 해 주세요.
성경 속 인물들이 하나님께 순종하거나 불순종한
일들을 통해 배우게 해 주세요. 성경을 꾸준히
읽고 배워서 성경의 이야기를 본보기로 삼아
말세를 살아갈 지혜를 얻기 원합니다.
_______도 더욱 하나님의 말씀을 통해 깨닫고
말씀대로 살아가게 해 주세요.
예수님의 이름으로 기도합니다. 아멘.

집에 있는 성경책을 모두 꺼내서 살펴보세요. 성경책마다 번역본, 모양이나 그림 등이 다를 거예요. 각자의 성경에 대해 설명해 보세요.

핵심 교리 이해하기

[소요리 문답 3문] 성경이 제일 요긴하게 교훈하는 것이 무엇인가?

성경이 교훈하는 주된 내용은 사람이 하나님에 대해 믿어야 할 바와 하나님이 사람에게 요구하시는 의무입니다.

016

너희가 성경에서 영생을 얻는 줄 생각하고 성경을 연구하거니와 이 성경이 곧 내게 대하여 증언하는 것이니라_요 5:39

하나님, 성경에서 영생을 얻는 줄 생각하고 성경을
연구하게 하시니 감사합니다. 글로 쓰인 성경 덕분에
수많은 사람이 하나님을 알게 되었습니다.
선교사님들을 통해 우리나라에도 성경을 보내 주셔서
정말 감사합니다. ______도 성경을 통해
예수님과 만나고 하나님을 더 깊이 알아 가게 해 주세요.
말씀을 사랑하고 읽기를 좋아하는
______가 되기를 원하며,
예수님의 이름으로 기도합니다. 아멘.

성경에서 '요한복음'을 찾아보세요. 부모님의 도움을 받거나 성경 목차를 참고해서 찾아보세요.

핵심 교리 적용하기

세상에는 많은 책이 있어요. 성경은 당신에게 어떤 책인가요? '나의 성경 사용법'을 기록해 보세요.

017

여호와의 율법은 완전하여 영혼을 소성시키며 여호와의 증거는 확실하여 우둔한 자를 지혜롭게 하며_시 19:7

하나님, 하나님의 말씀은 온전해서 우리 삶을
회복시켜 주십니다. 우리가 실망하거나 낙심할 때,
하나님의 말씀으로 일으켜 세워 주세요. 확실한
하나님의 말씀으로 인생의 이정표를 보여 주셔서
바른길로 걷게 해 주세요. 지혜가 부족할 때 말씀 속에서
지혜를 얻게 해 주세요. 오늘 하루도 확실한
하나님의 말씀이 ________와 함께하기를 원하며,
예수님의 이름으로 기도합니다. 아멘.

가족이 가훈으로 삼은 성경 구절이 있나요? 현관문에 붙여 두고 나가고 들어올 때마다 읽어 보세요.

오늘의 말씀 따라 쓰기

오늘의 말씀을 따라 쓰며 마음에 새겨 보세요.

018

예언은 언제든지 사람의 뜻으로 낸 것이 아니요 오직 성령의 감동하심을 받은 사람들이 하나님께 받아 말한 것임이라_벧후 1:21

하나님, 성경은 예언자들이 자기 마음대로 쓴 것이 아니라, 성령의 감동을 받은 이들이 하나님께서 하신 말씀을 받아서 기록한 것입니다. 성령님께서 함께하시고 성경 기자들의 교육 수준과 문화적인 배경을 사용해서 기록하신 성경을 믿습니다.
성경 말씀을 통해 세상을 향한 하나님의 생각을 더 잘 알아 가게 해 주세요. ______도 말씀을 통해 하나님을 더욱 깊이 알아 가게 해 주세요.
예수님의 이름으로 기도합니다. 아멘.

성경을 기록한 사람들은 경건한 마음으로 성경을 기록했어요. 그들을 떠올리며 좋아하는 말씀을 따라서 써 보세요.

말씀 암송하기

예언은 언제든지 사람의 뜻으로 낸 것이 아니요 오직 성령의 감동하심을 받은 사람들이 하나님께 받아 말한 것임이라_벧후 1:21

019

너희가 거듭난 것은 썩어질 씨로 된 것이 아니요 썩지 아니할 씨로 된 것이니 살아 있고 항상 있는 하나님의 말씀으로 되었느니라_벧전 1:23

하나님, 하나님의 말씀은 영원무궁하도록 있는
것이며, 이 말씀을 통해 사람이 새롭게 태어난다는
사실을 알게 하시니 감사합니다.
_______도 복음의 메시지를 마음 깊이
받아들여서 구원을 받게 해 주세요.
생명이 가득한 살아 있는 말씀으로
_______를 온전히 채워 주시고, 함께해 주세요.
예수님의 이름으로 기도합니다. 아멘.

펼친 모양의 성경을 종이에 그려 보세요. 그런 다음 그 속에 가족과 친구의 이름을 적어 보세요.

아이와 교감하기

아이와 함께 하루의 삶을 나누고 서로의 마음을 다독여 주세요.

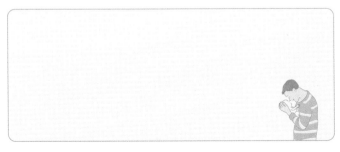

020

무엇이든지 전에 기록된 바는 우리의 교훈을 위하여 기록된 것이니 우리로 하여금 인내로 또는 성경의 위로로 소망을 가지게 함이니라_롬 15:4

하나님, 기록된 성경을 통해 당신의 백성을
교훈해 주시니 감사합니다.
바울 시대뿐 아니라 지금도 성경을 통해
교훈과 위로를 받게 하시니 감사합니다.
또한 성경을 통해 우리를 위로해 주시니 감사합니다.
_______도 성경 말씀을 읽고 들으며
자신을 향한 하나님의 위로를 경험하게 해 주세요.
예수님의 이름으로 기도합니다. 아멘.

A4 종이를 반으로 접어 겉면에는 '성경', 속에는 말씀이 주는 '교훈, 소망, 위로'를 적고 스티커와 색연필 등으로 함께 예쁘게 꾸며 보세요.

축복 기도문 쓰기

아이를 향한 축복의 기도를 글로 기록해 보세요.

021

우리가 보고 들은 바를 너희에게도 전함은 너희로 우리와 사귐이 있게 하려 함이니 우리의 사귐은 아버지와 그의 아들 예수 그리스도와 더불어 누림이라_요일 1:3

하나님, 말씀을 직접 보고 들은 요한과 다른 증인들이
자신들이 아는 것으로 멈추지 않고,
그 말씀을 우리에게 전달해 주었습니다.
저와 ______도 말씀을 통해 하나님과 예수님을
더욱 깊이 만나게 하시고, 말씀과 동행하게 해 주세요.
우리에게 말씀을 전해 준 이들에게
고마운 마음을 표현하게 하시고,
복음을 다른 사람에게 전달하게 해 주세요.
예수님의 이름으로 기도합니다. 아멘.

당신에게 복음을 전해 준 사람은 누구인가요? 그 사람에게 고마움을 표현하고 그를 위해 기도해 주세요.

믿음의 유산

아이에게 믿음의 유산으로 남길 생각, 마음, 바람을 적어 보세요.

022

하나님은 영이시니 예배하는 자가 영과 진리로 예배할지니라_요 4:24

하나님은 영이시기 때문에, 눈에 보이지 않고
손에 잡히지 않으십니다. 그러나 분명히 살아 계셔서
우리의 예배를 받으시는 분입니다. 이 사실을 믿고
하나님께 온 마음을 다해 예배드리는 ______가
되기를 원합니다. 습관적으로 예배드리지 않고
성령과 말씀으로 가득한 예배를 드리게 해 주세요.
______가 주일 예배와 가정 예배를 사모하는
하나님 자녀가 되기를 간절히 소원합니다.
예수님의 이름으로 기도합니다. 아멘.

성경책, 단정한 옷, 헌금 봉투 등 자녀와 함께 예배를 준비해 보세요.

핵심 교리 이해하기

[소요리 문답 4문] 하나님은 어떤 분이신가?

하나님은 신이신데 그의 존재하심과 지혜와 권능과 거룩하심과 공의와 인자하심과 진실하심이 무한하시며, 무궁하시며, 불변하십니다.

023

산이 생기기 전, 땅과 세계도 주께서 조성하시기 전 곧 영원부터 영원까지 주는 하나님이시니이다_시 90:2

하나님, 세상이 생기기 전부터 계셨던 하나님께서
세상을 만들어 주셨습니다. 세상을 창조하고
보기에 좋았다고 하신 하나님, 하나님이 창조하신
세상을 우리도 봅니다. 하늘, 땅, 강, 바다, 공기를 통해
하나님을 만나게 해 주세요. 이 모든 것의 주인이신
하나님을 찬양하는 ______가 되게 해 주세요.
예수님의 이름으로 기도합니다. 아멘.

자녀와 함께 세상의 아름다운 것을 사진으로 찍어 보세요. 찍은 사진을 보며 하나님의 창조에 대해 알려 주세요.

핵심 교리 적용하기

하나님은 어떤 분이신가요? 당신이 지금까지 아는 하나님, 당신이 만난 하나님에 대해 생각해 보세요.

024

여호와의 말씀이니라 사람이 내게 보이지 아니하려고 누가 자신을 은밀한 곳에 숨길 수 있겠느냐 여호와가 말하노라 나는 천지에 충만하지 아니하냐_렘 23:24

하나님, 하나님은 세상 어디에나 계시기 때문에
우리가 하나님을 피해서 숨을 수 없다는 것을
알려 주시니 감사합니다. 하나님은 우리의 잘못을
감시하는 분이 아니라, 보호하고 도와주시는 분입니다.
우리 ______가 살면서 하나님을 피해서 숨지 않고,
세상 어디에나 계신 하나님을 향해 반갑게 미소 짓고,
기도하며 찬양하게 해 주세요.
예수님의 이름으로 기도합니다. 아멘.

집 안이나 밖에서 숨바꼭질 놀이를 해 보세요. 술래가 되어서 우리가 찾을 수 있게 어디든 계시는 하나님의 모습을 찾아보세요.

오늘의 말씀 따라 쓰기

오늘의 말씀을 따라 쓰며 마음에 새겨 보세요.

우리 주는 위대하시며 능력이 많으시며 그의 지혜가 무궁하시도다
_시 147:5

하나님, ______가 자라면서 위대하신 하나님을
인격적으로 만나기 원합니다.
아직 어리고 약하고 부족하지만,
하나님은 능력이 많으신 분임을 깨닫고
의지하기 원합니다. 어려움에 부딪혀서
지혜가 필요할 때면 한없이 지혜로우신 하나님께
기도하게 해 주세요. ______가 인생의 주인이신
하나님을 만나고 기도하며 의지하는
하나님의 자녀가 되게 해 주세요.
예수님의 이름으로 기도합니다. 아멘.

일주일 동안 내 힘이나 지혜로 해결할 수 없었던 일을 말해 보세요. 그 일을 위해 함께 손잡고 하나님께 기도해 보세요.

말씀 암송하기

우리 주는 위대하시며 능력이 많으시며 그의 지혜가 무궁하시도다_시 147:5

026

우리에게 향하신 여호와의 인자하심이 크시고 여호와의 진실하심이 영원함이로다 할렐루야_시 117:2

하나님, 우리에게 인자하심과 진실하심을
베풀어 주시니 감사합니다. 사는 동안 진실하고
사랑이 넘치는 사람들을 통해 하나님의 무조건적인
사랑을 경험하게 해 주세요. 여러 가지 일을 통해
하나님께서 주시는 끊임없는 사랑과 신실하심을
경험하게 해 주세요. 차고 넘치는 영원한 사랑을
받고 전하는 ______가 되기를 원하며,
예수님의 이름으로 기도합니다. 아멘.

하나님은 어떤 분이라고 생각하나요? 각자가 생각하는 하나님을 노래나 그림, 글, 춤 등으로 표현해 보세요.

아이와 교감하기

아이와 함께 하루의 삶을 나누고 서로의 마음을 다독여 주세요.

027

여호와께서 그의 백성을 속량하시며 그의 언약을 영원히 세우셨으니 그의 이름이 거룩하고 지존하시도다_시 111:9

하나님, 하나님께서는 사람들을 구원하고 영원한
언약을 세우셨습니다. 거룩하고 위엄이 있으신
하나님을 찬양합니다. ______도 구원해 주셔서
영원토록 ______의 하나님이 되어 주세요.
세상의 종이 되지 않게 하시고, 거룩하신 하나님을
믿고 따르는 거룩한 하나님의 백성이 되게 해 주세요.
예수님의 이름으로 기도합니다. 아멘.

세계 지도나 지구본을 꺼내어 대한민국과 아는 나라를 찾아보세요. 그런 다음 하나님 나라는 어떤 곳인지 부모님이 이야기해 주세요.

축복 기도문 쓰기

아이를 향한 축복의 기도를 글로 기록해 보세요.

028

그는 반석이시니 그가 하신 일이 완전하고 그의 모든 길이 정의롭고 진실하고 거짓이 없으신 하나님이시니 공의로우시고 바르시도다_신 32:4

하나님, 우리가 정의롭고 진실하며 거짓 없고 올바르신
하나님을 의지하는 사람이 되게 해 주세요.
부정의와 거짓을 좇는 자가 아닌,
공의롭고 바른 하나님을 따르게 해 주세요.
흔들리고 변하는 세상 속에 살지만 변함없으신 하나님을
영혼의 반석으로 삼게 해 주세요.
하나님께서 ______의 인생에서 든든한
존재 근거가 되어 주세요.
예수님의 이름으로 기도합니다. 아멘.

'나에게 하나님은 ______이다.' 문장을 완성한 후 그 이유를 말해 보세요.

믿음의 유산

아이에게 믿음의 유산으로 남길 생각, 마음, 바람을 적어 보세요.

029

이스라엘아 들으라 우리 하나님 여호와는 오직 유일한 여호와이시니_신 6:4

하나님, 세상에는 신이 없다고 하거나
여러 신이 있다고 하는 사람이 있습니다.
하나님을 믿지 않거나 하나님이 아닌 다른 신을
섬기는 사람도 많습니다.
그러나 우리는 참 신이신 하나님,
오직 한 분이신 하나님을 믿습니다.
_______도 하나님 한 분만을 믿고 섬기게 해 주세요.
예수님의 이름으로 기도합니다. 아멘.

세상에 단 하나만 있는 것은 무엇인지 말해 보세요. 그런 다음 참된 신은 오직 하나님, 한 분이시라고 고백하고 기도해 보세요.

핵심 교리 이해하기

[소요리 문답 5문] 하나님 한 분밖에 또 다른 하나님이 계신가?

살아 계시고 참되신 하나님은 오직 하나님 한 분뿐입니다.

030

그들의 우상들은 은과 금이요 사람이 손으로 만든 것이라 입이 있어도 말하지 못하며 눈이 있어도 보지 못하며_시 115:4-5

하나님, 시편을 기록할 당시에 많은 사람이
우상을 섬겼습니다. 오늘날도 많은 사람들이
자기가 만든 신을 섬기며 살아갑니다.
돈, 권력, 명예, 건강, 자녀, 나 자신까지도
하나님보다 소중하게 여긴다면 우상입니다.
하나님 외에 우상을 섬기는 우리를 용서해 주세요.
_______도 하나님 외에 다른 의지하는 것이 있는지를
살펴보고 우상을 섬기지 않게 해 주세요.
예수님의 이름으로 기도합니다. 아멘.

지점토나 클레이로 좋아하는 것을 만들어 보세요. 그런 다음 만든 것을 하나님이라고 말하며 기도하거나 예배드린다면 어떤 일이 생길지 상상해서 말해 보세요.

핵심 교리 적용하기

사람들은 수많은 신을 섬깁니다. 당신 안에 있는 다른 신은 무엇입니까? 성경은 참 하나님, 살아 계신 하나님은 오직 한 분이라고 말합니다. 당신은 오직 하나님만을 섬길 수 있습니까?

031

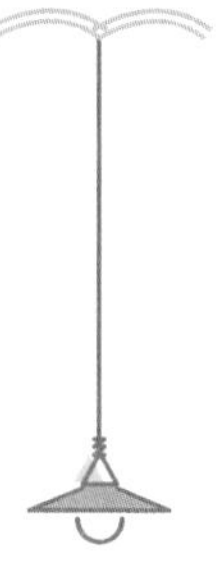

또 그들의 신들을 불에 던졌사오니 이는 그들이 신이 아니요 사람의 손으로 만든 것 곧 나무와 돌뿐이므로 멸하였나이다_왕하 19:18

하나님, 하나님을 뺀 다른 모든 신은 사람이
만든 것입니다. 세상에는 금이나 은, 나무나 돌로
우상을 만들어서 섬기는 사람들이 있습니다.
사람이 아무리 그럴 듯한 신을 만들고 그들의 이름을
부른다 해도, 그것은 하나님이 아닙니다.
우리가 우상에게 마음을 빼앗기지 않게 해 주세요.
오늘 하루도 ______가 온전히 하나님만을
믿고 따르며 섬기게 해 주세요.
예수님의 이름으로 기도합니다. 아멘.

일주일 동안 용돈과 시간, 에너지를 어디에 썼는지 점검해 보세요. 어디에 당신의 마음이 쏠리고 있는지를 말하고, 하나님께 기도해 보세요.

오늘의 말씀 따라 쓰기

오늘의 말씀을 따라 쓰며 마음에 새겨 보세요.

2월

창조의 하나님을 만나는 기도

해와 달과 별, 살랑살랑 부는 바람, 향긋한 꽃내음, 봄, 여름, 가을, 겨울…. 세상에는 참으로 아름다운 것이 많습니다. 누가 만든 것일까요? 아침마다 새롭게 '하루라는 시간'을 선물 받고, 세상에 깃든 성부 하나님, 성자 하나님, 성령 하나님의 숨결을 매일 느끼고 싶습니다.

누군가를 만날 때면, 그 사람 안에 깃든 하나님의 형상으로 인해 감탄하고 고마워하며 응원하기 원합니다. 우리 안에 두신 하나님의 뜻을 발견하고, 그 뜻대로 살기 원합니다. 하지만 때로, 아니 자주 우리는 우리 안에 있는 죄로 인해 괴로울 것이며, 회개하고 용서받는 경험을 통해 하나님께로 더 가까이 가게 될 것입니다.

우리가 찾을 수 있도록 숨어 계시는 하나님을 찾는 하루가 되기를 원합니다. 하나님과 숨바꼭질을 하는 나날이 모여 우리의 인생이 더욱 풍요로워지면 좋겠습니다. 아직은 쌀쌀한 날씨네요. 봄을 기다리는 겨울눈처럼 꿋꿋하게 하나님을 만나는 2월이 되기 원합니다.

2월에는 '창조의 하나님을 만나는 기도'를 해 봅니다.

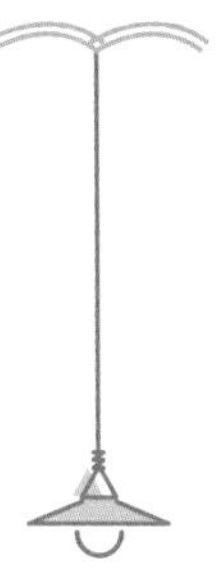

너희는 이같이 그들에게 이르기를 천지를 짓지 아니한 신들은 땅 위에서, 이 하늘 아래에서 망하리라 하라 … 그것들은 헛것이요 망령되이 만든 것인즉 징벌하실 때에 멸망할 것이나_렘 10:11, 15

하나님께서는 온 세상을 만드셨습니다.
그러나 사람이 만든 신은 하나님과 같은 지혜와 능력이 없습니다. 사람이 만든 우상은 하나님이 아니기에 헛것이고 없어질 것들입니다.
이 사실을 믿고 기억하는 _______가 되게 해 주세요.
천지를 만드신 하나님만을 주인으로 고백하게 하시고, 다른 것을 하나님처럼 믿거나 따르지 않게 해 주세요.
예수님의 이름으로 기도합니다. 아멘.

내가 마음과 시간을 많이 쓰는 곳을 말해 보세요. 하나님보다 더 좋아하는 것이 있나요?

말씀 암송하기

이스라엘아 들으라 우리 하나님 여호와는 오직 유일한 여호와이시니_신 6:4

033

만물을 살게 하신 하나님 앞과 본디오 빌라도를 향하여 선한 증언을 하신 그리스도 예수 앞에서 내가 너를 명하노니_딤전 6:13

바울이 하나님 앞에서 선한 증언을 했듯이
우리도 담대하게 선포합니다.
세상에 있는 것에게 생명을 주신 하나님,
우리 ______에게도 생명을 주세요.
______가 하나님만이 생명의 근원임을 알게
하시고, 영원한 생명의 자리로 초대해 주신 것을
감사하는 사람이 되게 해 주세요. 하나님이 주신
생명을 꼭 붙잡고 오늘 하루를 살아가기를 원하며,
예수님의 이름으로 기도합니다. 아멘.

집에서 기르는 동물이나 식물이 있나요? 생명이 깃든 것들을 잘 돌보려면 어떻게 해야 할까요?

아이와 교감하기

아이와 함께 하루의 삶을 나누고 서로의 마음을 다독여 주세요.

034

우리가 그를 힘입어 살며 기동하며 존재하느니라 너희 시인 중 어떤 사람들의 말과 같이 우리가 그의 소생이라 하니 … 하나님을 금이나 은이나 돌에다 사람의 기술과 고안으로 새긴 것들과 같이 여길 것이 아니니라_행 17:28-29

하나님이 주신 은혜로 인해 우리가 그 안에서
살아가고 움직이게 하시니 감사합니다. 우리를
하나님의 자녀로 불러 주시니 더욱 감사합니다.
우리가 하나님이 지으신 피조물임을 늘 기억하게
하시고, 하나님이 아닌 철학, 가치, 사상을 따르거나
그것들을 우상으로 삼지 않게 해 주세요.
특별히 ______가 하나님을 주인으로 삼게 하시고,
감사하며 살아가게 해 주세요.
예수님의 이름으로 기도합니다. 아멘.

하트를 그리고, 그 안에 ______가 주인으로 삼았던 것들을 연필로 적어 보세요(부모님도 꼭 함께해 보세요). 그런 다음 이제는 모두 지우개로 지우고 '하나님'이라고 고쳐 보세요.

축복 기도문 쓰기

아이를 향한 축복의 기도를 글로 기록해 보세요.

035

오직 여호와는 참 하나님이시요 살아 계신 하나님이시요 영원한 왕이시라 그 진노하심에 땅이 진동하며 그 분노하심을 이방이 능히 당하지 못하느니라_렘 10:10

오직 참되고 살아 계신 하나님이 우리의 영원한
왕이심을 고백합니다. 우리가 만나는 우상들은
모두 미련하고 쓸데없음을 깨닫게 하시고,
하나님만을 믿고 섬기게 해 주세요.
______가 하나님이 아닌 우상을 섬길 때,
진노하고 분노하시는 하나님을
기억할 수 있도록 붙잡아 주세요.
______가 사는 동안 하나님만을 섬기게 해 주세요.
예수님의 이름으로 기도합니다. 아멘.

화난 얼굴을 그려 보세요. 사람들은 언제 화를 내나요? 하나님은 언제 화가 나실지 부모님과 함께 이야기해 보세요.

믿음의 유산

아이에게 믿음의 유산으로 남길 생각, 마음, 바람을 적어 보세요.

태초에 말씀이 계시니라 이 말씀이 하나님과 함께 계셨으니 이 말씀은 곧 하나님이시니라_요 1:1

하나님, 예수님이 이 땅에 태어나기 전부터
영원하신 하나님과 함께 계셨음을 알게 하시니
감사합니다. 시간을 초월해서 낳은 아들,
예수님을 우리와 함께하도록
보내 주셔서 감사드립니다. ______가 사는 동안
무한하고 영원한 하나님의 아들이
유한한 인간이 되셨음을 꼭 기억하게 해 주세요.
예수님의 이름으로 기도합니다. 아멘.

목사님이 예배 때 누구의 이름으로 축도하시나요? 하나님의 이름은 세 개예요. 성부, 성자, 성령 하나님이라고 써 보세요.

핵심 교리 이해하기

[소요리 문답 6문] 하나님의 신격에 몇 위가 계신가?

하나님은 성부, 성자, 성령으로 존재하는 한 분 하나님이십니다.

성결의 영으로는 죽은 자들 가운데서 부활하사 능력으로 하나님의 아들로 선포되셨으니 곧 우리 주 예수 그리스도시니라_롬 1:4

하나님, 우리에게 예수님을 보내어 우리의 죄를
위해 생명을 내어 주게 하시니 감사합니다.
예수님께서 죽으셨을 뿐 아니라
다시 살아나 하나님의 아들로 선포되셨으니
더욱 감사드립니다. 주님 안에서 ______도
예수님을 인생의 주인으로 받아들이게 하시고,
부활하신 예수님을 마음에 새기고 살아가게 해 주세요.
예수님의 이름으로 기도합니다. 아멘.

예수님은 어떤 분인지 말해 보세요. 예수님을 '하나님의 아들'로 믿고 있는지 입술로 고백해 보세요.

핵심 교리 적용하기

삼위일체 하나님은 사람이 논리나 철학을 가지고 만들어 낸 것이 아닙니다. 성경에는 하나님이 성부, 성자, 성령으로 드러나십니다. 삼위일체 하나님을 당신의 하나님으로 고백할 수 있습니까?

038

주 예수 그리스도의 은혜와 하나님의 사랑과 성령의 교통하심이 너희 무리와 함께 있을지어다_고후 13:13

하나님, 사도 바울은 고린도교회에 하나님과 예수님과 성령님이 함께해 주시기를 간절히 기도했습니다. ______도 하나님의 사랑을 충분히 받게 해 주세요. ______를 위해 이 땅에 내려와 죽으신 예수님의 은혜에 감사하게 해 주세요. 지금도 성령님이 ______와 함께해 주심을 믿습니다. 세 분 하나님께서 ______와 늘 함께해 주세요. 예수님의 이름으로 기도합니다. 아멘.

목사님이 축도를 어떤 모습으로 하시나요? 부모님이 아이에게 손을 얹고 축복 기도를 해 주세요.

오늘의 말씀 따라 쓰기

오늘의 말씀을 따라 쓰며 마음에 새겨 보세요.

039

예수께서 세례를 받으시고 곧 물에서 올라오실새 하늘이 열리고 하나님의 성령이 비둘기같이 내려 자기 위에 임하심을 보시더니 하늘로부터 소리가 있어 말씀하시되 이는 내 사랑하는 아들이요 내 기뻐하는 자라 하시니라_마 3:16-17

하나님, 예수님이 세례를 받으실 때
하나님과 성령님이 함께하신 장면을 떠올려 봅니다.
기뻐하며 사랑하고 함께하셨던
삼위일체 하나님께서 _____와 함께해 주세요.
하나님이 인도하시는 길을 걸으며, 사랑과 기쁨이
넘치는 삶을 살아가는 _____가 되게 해 주세요.
예수님의 이름으로 기도합니다. 아멘.

_______가 세례 받은 사진을 보며 은혜를 나누어 보세요. 아직 세례 받기 전이라면, 상상하면서 기쁨을 미리 나누어 보세요.

말씀 암송하기

주 예수 그리스도의 은혜와 하나님의 사랑과 성령의 교통하심이 너희 무리와 함께 있을지어다_고후 13:13

040

만일 너희 속에 하나님의 영이 거하시면 너희가 육신에 있지 아니하고 영에 있나니 누구든지 그리스도의 영이 없으면 그리스도의 사람이 아니라_롬 8:9

하나님, 그리스도의 영을 모셔 들인 사람은
하나님의 생명으로 사는 그리스도의 사람이라는 것을
알게 하시니 감사합니다.
우리가 예수님께서 보내신 성령님과 함께
거하는 자가 되기를 원합니다.
우리가 진정한 그리스도인으로 살아가게 해 주세요.
______도 하나님과 친밀한 관계를
맺도록 인도해 주세요.
예수님의 이름으로 기도합니다. 아멘.

가슴에 손을 얹은 다음 눈을 감고 하나님 아버지, 하나님의 아들 예수님, 성령님을 불러 보세요. 우리를 성령님이 거하시는 사람으로 불러 주신 것을 감사하며 기도하세요.

아이와 교감하기

아이와 함께 하루의 삶을 나누고 서로의 마음을 다독여 주세요.

041

베드로가 이르되 아나니아야 어찌하여 사탄이 네 마음에 가득하여 네가 성령을 속이고 땅값 얼마를 감추었느냐 땅이 그대로 있을 때에는 네 땅이 아니며 판 후에도 네 마음대로 할 수가 없더냐 어찌하여 이 일을 네 마음에 두었느냐 사람에게 거짓말한 것이 아니요 하나님께로다_행 5:3-4

하나님, 아나니아와 삽비라가 성령을 속인 것은
하나님께 거짓말을 한 것이었습니다. 이 일을 통해
성령님이 하나님이심을 알려 주시니 감사합니다.
______가 성령 하나님을 기쁘시게 하고 진심으로
섬기는 하루를 살게 해 주세요. 눈에 보이는 사람을
의식하기보다는 눈에 보이지 않는 성령 하나님을
기억하며 살게 해 주세요. 성령 하나님을 속이지 않고
진실하게 살아가는 ______가 되게 해 주세요.
예수님의 이름으로 기도합니다. 아멘.

손가락을 걸고 하나님께 거짓말하지 않기로 약속해요.

축복 기도문 쓰기

아이를 향한 축복의 기도를 글로 기록해 보세요.

042

그러므로 너희는 가서 모든 민족을 제자로 삼아 아버지와 아들과 성령의 이름으로 세례를 베풀고 … 가르쳐 지키게 하라 볼지어다 내가 세상 끝 날까지 너희와 항상 함께 있으리라 하시니라_마 28:19-20

하나님, 태초에 천지를 만드신 하나님과
말씀으로 함께하신 성자 예수님, 땅이 혼돈할 때
수면 위에 운행하셨던 성령님은 세상의 처음부터
함께 계셨고 일하셨음을 알게 하시니 감사합니다.
성부, 성자, 성령 하나님께서 세상 끝 날까지
함께하겠다고 약속해 주시니 더욱 감사합니다.
______가 사는 동안 하나님을 기억하고
동행하는 삶을 살게 해 주세요.
예수님의 이름으로 기도합니다. 아멘.

세상을 창조하고 지금까지 함께 하시는 성부, 성자, 성령 하나님을 향한 감사의 마음을 말이나 글, 그림으로 표현해 보세요.

믿음의 유산

아이에게 믿음의 유산으로 남길 생각, 마음, 바람을 적어 보세요.

043

모든 일을 그의 뜻의 결정대로 일하시는 이의 계획을 따라 우리가 예정을 입어 그 안에서 기업이 되었으니_엡 1:11

하나님, 우리를 당신의 자녀로 삼으시고
뜻하신 대로 살아가게 하시니 감사합니다.
우리를 향한 하나님의 계획을 지금 모두 알지는
못하지만, 신실하신 하나님을 의지하고 맡깁니다.
하나님께서 지금까지 저와 함께하셨듯이
______의 인생도 책임지고
당신의 뜻대로 인도해 주세요.
예수님의 이름으로 기도합니다. 아멘.

하나님은 우리를 향해 어떤 뜻과 계획을 품고 계실까요? 각자의 미래를 향한 하나님의 계획표를 만들어 보세요.

핵심 교리 이해하기

[소요리 문답 7문] 하나님의 예정이 무엇인가?

하나님의 예정은 그의 영원한 목적으로, 자신의 영광을 위하여 모든 되어 가는 일들을 미리 정하신 것입니다.

044

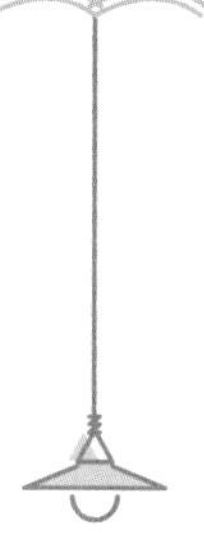

우리가 지금은 거울로 보는 것같이 희미하나 그때에는 얼굴과 얼굴을 대하여 볼 것이요 지금은 내가 부분적으로 아나 그때에는 주께서 나를 아신 것 같이 내가 온전히 알리라_고전 13:12

하나님, 지금 우리는 우리를 향한 하나님의 계획을 모르거나 희미하게 알 뿐입니다. 그러나 언젠가는 하나님의 뜻과 계획을 분명하게 보고, 온전하게 알게 될 것을 믿습니다. ______도 자신을 향한 하나님의 뜻을 알게 해 주세요. 먼저 하나님의 사랑과 지혜가 깃든 말씀에 순종하게 하시고, 하나님이 보여 주실 뜻을 기대하게 해 주세요. 예수님의 이름으로 기도합니다. 아멘.

동화책과 휴지 속대를 준비해 주세요. 한쪽 눈은 감고 나머지 눈을 휴지 속대에 댄 후 동화책에 있는 그림의 일부만 보고 어떤 그림인지 맞혀 보세요. 부분만 보고 전체를 맞히는 게임이에요. 이 땅에서 우리가 예수님을 아는 것도 이와 비슷하답니다.

핵심 교리 적용하기

오늘 당신이 할 일을 적어 보세요. 하나님의 영광을 위하려면 무엇을 계획하고 실행해야 할까요?

여호와의 계획은 영원히 서고 그의 생각은 대대에 이르리로다_시 33:11

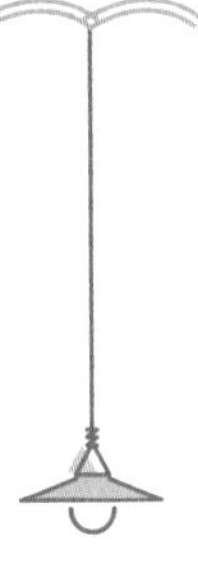

하나님, 사람의 생각이나 마음은
이랬다저랬다 합니다. 하지만 하나님의 뜻과 계획은
변함이 없으십니다. 우리가 영원히 신뢰할 만한
하나님이 계셔서 정말 좋습니다. 우리 ______도
시시때때로 변하고 믿을 수 없는 세상에 살지만,
변함없고 영원하신 하나님을 기억하고 믿게 해 주세요.
하나님의 말씀을 듣고 자신을 향한 하나님의 뜻과
계획을 의지하는 ______가 되게 해 주세요.
예수님의 이름으로 기도합니다. 아멘.

종이를 반으로 접어 왼쪽에는 변하는 것, 오른쪽에는 변하지 않는 것을 그리거나 적어 보세요. 그런 다음 무엇을 믿고 의지할지 선택해 보세요.

오늘의 말씀 따라 쓰기

오늘의 말씀을 따라 쓰며 마음에 새겨 보세요.

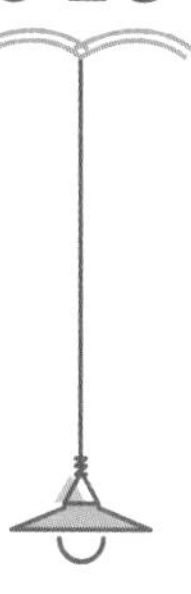

우리는 그가 만드신 바라 그리스도 예수 안에서 선한 일을 위하여 지으심을 받은 자니 이 일은 하나님이 전에 예비하사 우리로 그 가운데서 행하게 하려 하심이니라_엡 2:10

우리를 하나님의 걸작품으로 만들어 주셔서 감사합니다. 하나님의 선한 일을 위해서 지으시고, 미리 준비하여 하나님 안에서 행하게 하시니 더욱 감사드립니다. 우리가 하나님의 소중한 사람임을 기억하게 하시고, 무엇보다 하나님께 쓰임 받는 사람이 되게 해 주세요. _______가 하나님의 멋진 작품이 되기를 원하며, 예수님의 이름으로 기도합니다. 아멘.

눈을 감고 종이에 자신의 얼굴을 그려 보세요. 어떻게 그렸나요? 하나님이 그리시는 우리의 모습은 어떨지 함께 말해 보세요.

말씀 암송하기

우리는 그가 만드신 바라 그리스도 예수 안에서 선한 일을 위하여 지으심을 받은 자니 이 일은 하나님이 전에 예비하사 우리로 그 가운데서 행하게 하려 하심이니라_엡 2:10

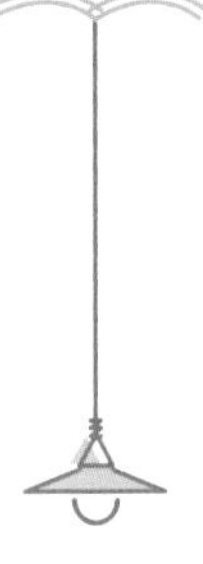

047

내가 시초부터 종말을 알리며 아직 이루지 아니한 일을 옛적부터 보이고 이르기를 나의 뜻이 설 것이니 내가 나의 모든 기뻐하는 것을 이루리라 하였노라_사 46:10

하나님, 세상의 시작부터 끝까지 변함없는
하나님의 뜻이 있음을 알게 하시니 감사합니다.
이스라엘 백성은 이방 신들과 하나님 사이에서
마음이 흔들리고 하나님을 잊었지만,
우리는 그러지 않기를 원합니다. 세운 뜻을
반드시 이루시는 하나님을 기억하며,
하나님만 섬기는 ______가 되게 해 주세요.
예수님의 이름으로 기도합니다. 아멘.

자녀가 아기일 때 쓰던 물건(옷, 책, 장난감 등)을 꺼내 보세요. 그때부터 지금까지 시간 속에서 변한 것과 변하지 않은 것은 무엇인가요?

아이와 교감하기

아이와 함께 하루의 삶을 나누고 서로의 마음을 다독여 주세요.

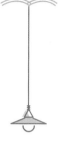

048

그가 하나님께서 정하신 뜻과 미리 아신 대로 내준 바 되었거늘 너희가 법 없는 자들의 손을 빌려 못 박아 죽였으나_행 2:23

하나님, 하나님은 예수님을 이 땅에 보내어
죄인인 우리를 대신해서 십자가에 못 박혀
죽게 하셨습니다. 유대의 지도자들이나 로마 정부는
하나님의 구원 계획을 막을 수 없었고,
이 모든 것이 하나님이 정하신 뜻 안에 있었음을
알게 됩니다. 우리를 향한 하나님의 구원 계획에
감사드립니다. ______도 하나님의 뜻과
구원 계획을 믿고 따르는 사람이 되게 해 주세요.
예수님의 이름으로 기도합니다. 아멘.

집에 있는 지점토, 블록, 레고 등 다양한 재료로 십자가를 만들어 보세요.

축복 기도문 쓰기

아이를 향한 축복의 기도를 글로 기록해 보세요.

049

깊도다 하나님의 지혜와 지식의 풍성함이여, 그의 판단은 헤아리지 못할 것이며 그의 길은 찾지 못할 것이로다_롬 11:33

하나님, 우리는 하나님께서 인도하실 길을 알 수 없고,
하나님의 지혜와 지식, 생각을 다 헤아리지
못합니다. 그러나 우리의 길을 인도하실 하나님을
신뢰합니다. 지금은 알지 못하나 언젠가 알게 되며,
지금은 이해하지 못하나 고개를 끄덕이게 하실
그날을 기대합니다. 우리 ______도 신실하신
하나님의 뜻을 의지하게 해 주세요.
한 걸음씩 걸으며 자신의 인생을 향한
하나님의 뜻을 헤아리게 해 주세요.
예수님의 이름으로 기도합니다. 아멘.

지금은 알지만 그때는 몰랐던 하나님의 뜻이 있나요? 지금은 모르지만 나중에 알고 싶은 하나님의 길도 말해 보세요.

믿음의 유산

아이에게 믿음의 유산으로 남길 생각, 마음, 바람을 적어 보세요.

050

8주차 : 하나님의 창조
소요리 문답 9문(050-056)

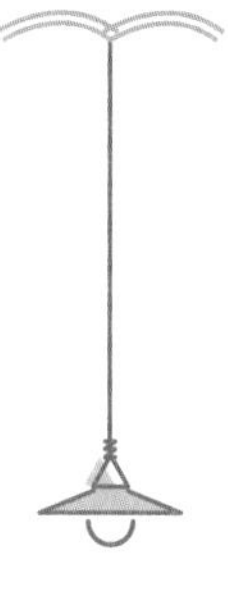

믿음으로 모든 세계가 하나님의 말씀으로 지어진 줄을 우리가 아나니 보이는 것은 나타난 것으로 말미암아 된 것이 아니니라_히 11:3

창조의 하나님, 뒤죽박죽 혼돈의 상태에
질서를 부여해서 세상을 만들어 주시니 감사합니다.
아무것도 없는 무(無)에서 모든 것을 만들어 내시되,
그 모든 것을 말씀으로 창조하셨음을 믿습니다.
하나님의 말씀에는 놀라운 능력이 있음을 깨닫게
하시니 감사합니다. ______가 세상을 창조하신
하나님을 믿게 하시고, 하나님의 음성을 잘 듣고
반응하는 사람이 되게 해 주세요.
예수님의 이름으로 기도합니다. 아멘.

아빠는 책방, 엄마는 주방, ______는 놀이방을 30분 동안 정리한 후 소감을 나누어 보세요.

핵심 교리 이해하기

[소요리 문답 9문] 창조하신 일이 무엇인가?

하나님은 아무것도 없는 것에서 말씀으로 세상을 창조하셨습니다. 6일 동안 만드셨고, 만드신 모든 것이 매우 좋았습니다.

051

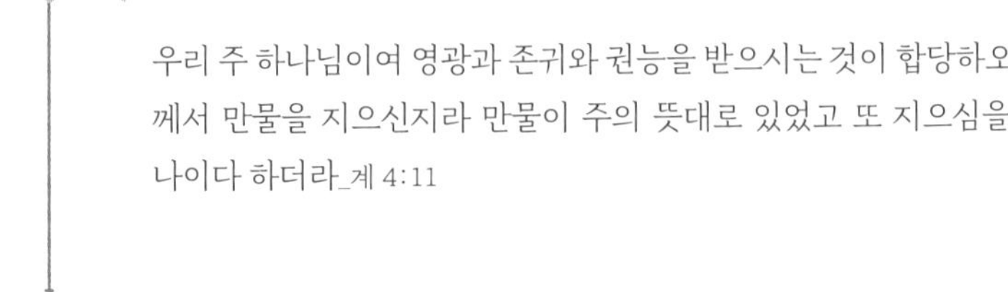
우리 주 하나님이여 영광과 존귀와 권능을 받으시는 것이 합당하오니 주께서 만물을 지으신지라 만물이 주의 뜻대로 있었고 또 지으심을 받았나이다 하더라_계 4:11

하나님, 하나님은 세상의 모든 것을 뜻하신 대로
만드셨습니다. 하늘과 땅, 세상에 있는 모든
피조물을 통해 모든 것은 그 존재하는 목적이 있음을
말씀해 주시니 감사합니다.
______도 하나님께서 만드신 세상을
넓고 깊게 그리고 자세히 보고 경험하게 해 주세요.
만물 안에 두신 하나님의 뜻을 발견하며
자신의 인생을 바라보게 해 주세요.
예수님의 이름으로 기도합니다. 아멘.

하나님이 창조하신 것을 주변에서 찾아보세요. 그 속에 담긴 하나님의 뜻, 그것을 지으신 하나님의 목적은 무엇인지 말해 보세요.

핵심 교리 적용하기

하나님을 모를 때 당신은 세상의 창조에 대해 어떻게 생각했나요? 하나님을 믿은 후에는 세상의 창조에 대해 어떤 생각을 가지게 되었나요?

052

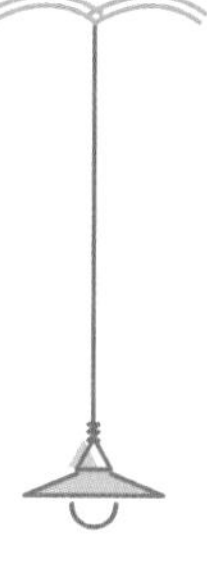

하나님이 지으신 그 모든 것을 보시니 보시기에 심히 좋았더라 저녁이 되고 아침이 되니 이는 여섯째 날이니라_창 1:31

하나님, 하나님께서 지으시고 보기에 심히
좋았다고 하신 세상을 우리도 보게 하시니
감사합니다. 창조 때의 모습과는 달라졌지만
지금 세상도 여전히 아름답습니다. 하루를 지내면서
세상의 아름다움과 선한 모습을 많이 보게 해 주세요.
______가 하나님의 시선으로 세상을 바라보게
하시고, 훼손된 것을 하나님의 뜻에 맞게 돌보고
가꾸는 사람이 되게 해 주세요.
예수님의 이름으로 기도합니다. 아멘.

일출이나 일몰을 사진으로 남겨 보세요. 하나님께서 주신 아름다운 세상의 모습을 소개해 보세요.

오늘의 말씀 따라 쓰기

오늘의 말씀을 따라 쓰며 마음에 새겨 보세요.

그가 말씀하시매 이루어졌으며 명령하시매 견고히 섰도다_시 33:9

하나님께서는 세상을 오직 말씀으로 창조하셨습니다.
말씀하시니 실제 명령하신 그대로 이루어졌습니다.
말씀하신 분이 능력이 있으신 하나님이시고,
그분의 말씀 자체에 능력이 있기 때문입니다.
우리 ______도 하나님의 말씀에는
능력이 있다고 고백하며 하나님의 능력을 경험하는
사람이 되기를 원합니다. 하나님께서 함께해 주세요.
예수님의 이름으로 기도합니다. 아멘.

'무엇이 무엇이 똑같을까? (하나님) 말씀이 내 말과 똑같아요'로 동요를 개사해서 불러 보세요.

말씀 암송하기

믿음으로 모든 세계가 하나님의 말씀으로 지어진 줄을 우리가 아나니 보이는 것은 나타난 것으로 말미암아 된 것이 아니니라_히 11:3

054

만물이 그로 말미암아 지은 바 되었으니 지은 것이 하나도 그가 없이는 된 것이 없느니라_요 1:3

빛, 하늘, 땅과 바다, 해, 달, 별, 시간, 바다 생물,
사람 등 세상에 있는 것은 모두 하나님께서
만드신 것입니다. 세상은 저절로 생긴 것이 아니며,
생명체는 진화된 것이 아닙니다.
세상은 그것을 지은 분이 계시며,
그분이 하나님이심을 믿습니다.
______도 하나님을 세상을 만드신 분으로
고백하게 해 주세요.
하나님의 주권을 인정하며 살아가게 해 주세요.
예수님의 이름으로 기도합니다. 아멘.

하나님이 만드신 자연물 중에 어떤 것이 가장 멋진가요? 각자가 생각하는 1위에서 5위까지 이야기해 보세요.

아이와 교감하기

아이와 함께 하루의 삶을 나누고 서로의 마음을 다독여 주세요.

055

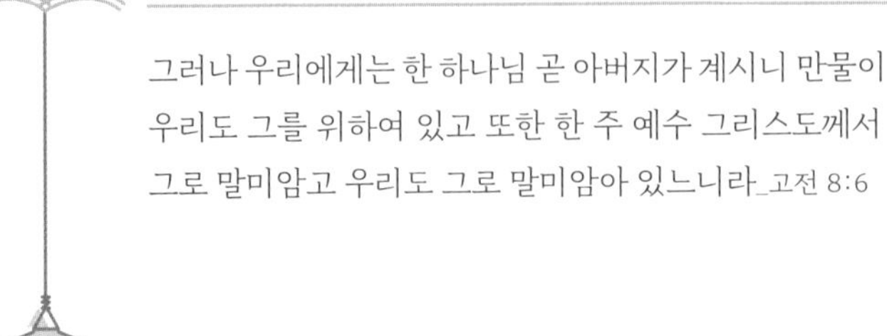

그러나 우리에게는 한 하나님 곧 아버지가 계시니 만물이 그에게서 났고 우리도 그를 위하여 있고 또한 한 주 예수 그리스도께서 계시니 만물이 그로 말미암고 우리도 그로 말미암아 있느니라_고전 8:6

거대한 우주와 초록별 지구를 만드신 분이 하나님이며, 함께 창조하신 분이 예수님임을 알게 하시니 감사합니다. 온 세상을 창조하고도 능력과 위력을 자랑하지 않으시는 하나님, 피조물에 대한 권리를 주장하지 않고 당신을 드러내지 않으시는 하나님을 찬양합니다. 하나님은 온 세상의 주인이십니다. 우리 ______도 하나님을 창조주이자 자신의 주인으로 고백하게 해 주세요.
예수님의 이름으로 기도합니다. 아멘.

동네 놀이터, 넓은 풀밭, 높은 산, 탁 트인 바다, 개울이나 강 등 하나님의 손길을 만날 수 있는 곳을 찾아보세요. 그곳에서 하나님께 감사의 인사를 드려요.

축복 기도문 쓰기

아이를 향한 축복의 기도를 글로 기록해 보세요.

056

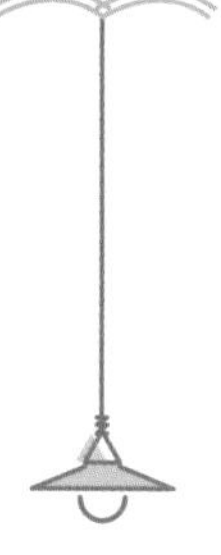

주의 영을 보내어 그들을 창조하사 지면을 새롭게 하시나이다_시 104:30

태초에 성령님과 함께 세상을 창조하신 하나님,
감사드립니다. 오늘날에도 여전히 땅을 새롭게
하시니 감사드립니다. 우리가 보지 못한
까마득한 과거부터 우리가 살아가는 현재까지
하나님의 호흡이 닿는 곳마다 새롭게 창조되는
놀라운 은혜를 경험하게 해 주세요.
_____도 하나님의 창조 사역을 온몸으로
경험하고 찬양하게 해 주세요.
예수님의 이름으로 기도합니다. 아멘.

하나님이 창조하신 세상에서 가장 좋아하는 것은 무엇인가요? 하나님께서 무척 좋았다고 하신 마음을 말이나 표정으로 표현해 보세요.

믿음의 유산

아이에게 믿음의 유산으로 남길 생각, 마음, 바람을 적어 보세요.

하나님이 이르시되 우리의 형상을 따라 우리의 모양대로 우리가 사람을 만들고_창 1:26

하나님, 우리를 당신의 형상대로 만들어 주셔서
감사합니다. 사람을 만드시되 성부, 성자, 성령,
삼위일체 하나님께서 함께하셨다니 더욱 감사합니다.
우리가 하나님의 지식과 의와 거룩함을 따라 지음 받은
존재라는 것을 잊지 않게 해 주세요.
______도 하나님을 알면 알수록
더 하나님을 닮아가고,
하나님께 영광 돌릴 수 있게 해 주세요.
예수님의 이름으로 기도합니다. 아멘.

가족에게서 하나님을 닮은 모습을 찾아보세요. 하나님의 어떤 모습을 닮았는지 서로 말해 주세요.

핵심 교리 이해하기

[소요리 문답 10문] 하나님께서 사람을 어떻게 지으셨는가?

하나님께서는 사람을 남자와 여자로 지으셨으며, 하나님의 형상대로 지식과 공의와 거룩함이 있게 만드셨고, 모든 피조물을 주관하도록 하셨습니다.

058

여호와 하나님이 땅의 흙으로 사람을 지으시고 생기를 그 코에 불어넣으시니 사람이 생령이 되니라_창 2:7

흙으로 사람을 만들고 생기를 불어넣어 주신 하나님,
감사합니다. 사람을 만든 재료인 흙이 특별하지
않고 유한한 것을 생각하니 하나님 앞에서 겸손하게
됩니다. 또한 흙에 호흡을 불어넣어
당신의 영이 거하는 살아 있는 존재가 되게 하시니
정말 감사합니다. 우리가 숨을 들이쉬고 내쉴 때마다
하나님의 살아 있는 생명체임을 잊지 않게 해 주세요.
______도 그 사실을 잊지 않기 원하며,
예수님의 이름으로 기도합니다. 아멘.

야외로 나가세요. 그리고 천천히 걸으면서 숨을 깊게 쉬어 보세요. 숨을 들이쉴 때는 하나님의 생기를, 내쉴 때는 자신 안의 죄를 담아서 호흡하면서 걸어 보세요.

핵심 교리 적용하기

우리가 하나님의 형상대로 지음 받았다는 사실을 알고 있나요? 요즘 당신은 하나님의 형상답게 살고 있나요? 하나님을 힘써 알아 가고, 의롭게 살아가며, 거룩하게 살려고 노력하는지 살펴보세요.

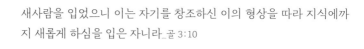

059

새사람을 입었으니 이는 자기를 창조하신 이의 형상을 따라 지식에까지 새롭게 하심을 입은 자니라_골 3:10

하나님, 예수님께서 우리를 구원해 주심으로
새사람이 되게 하시니 감사합니다. 우리가 성장하는
과정에서 다른 사람이 아닌, 우리를 창조하신
하나님의 모습을 닮게 해 주세요. 하나님의 형상에
담긴 지, 정, 의의 모습을 닮게 하시고,
하나님을 아는 지식만큼 새롭게 되는 하루하루가
되게 해 주세요. ______가 자신이 아는 만큼을
삶으로 드러내는 그리스도인이 되게 해 주세요.
예수님의 이름으로 기도합니다. 아멘.

새싹, 갓 태어난 송아지, 강아지 등 새로 태어난 것은 어떤 모습인가요? 누구를 닮았을까요? 사람은 누구를 닮았을지 이야기해 보세요.

오늘의 말씀 따라 쓰기

오늘의 말씀을 따라 쓰며 마음에 새겨 보세요.

하나님을 따라 의와 진리의 거룩함으로 지으심을 받은 새사람을 입으라_엡 4:24

하나님, 우리를 타락한 모습 그대로, 매일 죄짓는
죄인으로 살게 하지 않고 예수님을 보내어
구원해 주시니 감사합니다. 하나님의 형상을 따라
의와 진리의 거룩함으로 새롭게 창조해 주시니
정말 감사합니다. ______도 자라면서 믿음과 행동이
더욱 일치한 사람, 하나님의 지식과 의와 거룩함을
따르는 사람이 되게 해 주세요.
예수님의 이름으로 기도합니다. 아멘.

새사람을 입게 해 주신 하나님께 감사의 표현을 해 보세요.

말씀 암송하기

하나님을 따라 의와 진리의 거룩함으로 지으심을 받은 새사람을 입으라
_엡 4:24

3월

하나님의 섭리를 만나는 기도

하나님께서는 흙으로 사람을 만드셨습니다. 흙을 재료로 삼아 얼굴, 팔, 다리를 정성껏 만든 후 생명을 불어넣으셨습니다. 그러자 사람은 생명이 담긴 하나님의 작품이 되었습니다. 하나님은 사람이 순종할 수 있는 명령을 내리고 그와 언약을 맺으셨습니다. 하지만 안타깝게도 처음 사람은 신실하지 않았고, 하나님의 마음을 저버렸습니다. 불순종으로 인해 온 인류를 타락으로 몰아넣었습니다. 인류의 대표 선수가 죄를 지어서 모두가 죄를 짓게 된 것입니다.

약속을 어겼으니 멸망하도록 그대로 두면 될 일인데, 하나님은 그러지 않으셨습니다. 하나밖에 없는 아들을 세상에 보내어 모든 사람의 죗값을 동시에 지불하셨습니다. 사람에게 주어진 은혜였습니다. 마침 3월은 사순절 혹은 고난주간을 품은 달입니다. 하나님의 섭리와 함께 죄인을 위해 이 땅에 오신 예수님을 묵상해 봅니다. 너나없이 다 한마음이 되어서 부활의 주님을 만나기 원합니다.

3월에는 '하나님의 섭리를 만나는 기도'를 해 봅니다.

061

여호와 하나님이 아담을 깊이 잠들게 하시니 잠들매 그가 그 갈빗대 하나를 취하고 살로 대신 채우시고 여호와 하나님이 아담에게서 취하신 그 갈빗대로 여자를 만드시고_창 2:21-22

사람을 창조하되 남자와 여자로 만드신 하나님,
감사합니다. 남자와 여자는 모두 하나님 앞에서
존귀한 존재입니다. 남자와 여자가 각자
자신에게 주어진 역할을 잘 감당하고,
서로를 도우면서 하나님을 더욱 깊이 사랑하게
해 주세요. ______도 하나님이 만드신 사람을
더욱 존중하고 귀하게 여기는 사람이 되게 해 주세요.
예수님의 이름으로 기도합니다. 아멘.

남자와 여자의 장점을 각각 이야기해 보세요. 각각의 장점을 어떻게 사용하면 좋을지도 말해 보세요.

아이와 교감하기

아이와 함께 하루의 삶을 나누고 서로의 마음을 다독여 주세요.

아담이 이르되 이는 내 뼈 중의 뼈요 살 중의 살이라 이것을 남자에게서 취하였은즉 여자라 부르리라 하니라_창 2:23

하나님, 아담은 자신의 갈비뼈를 가지고
하나님께서 창조하신 하와를 본 순간,
"내 뼈 중의 뼈요 살 중의 살"이라며 하나님을
찬양했습니다. 세상의 부부들이 서로를 향해 가졌던
소중한 첫 마음을 잊지 않게 하시고, 잊었다면
회복시켜 주세요. 우리 ______도 잘 성장해서
믿음의 배우자를 만날 수 있도록 인도해 주세요.
예수님의 이름으로 기도합니다. 아멘.

______는 어떤 남편(아내)과 결혼하고 싶은지 이야기해 보세요.

축복 기도문 쓰기

아이를 향한 축복의 기도를 글로 기록해 보세요.

063

하나님이 그들에게 복을 주시며 하나님이 그들에게 이르시되 생육하고 번성하여 땅에 충만하라, 땅을 정복하라, 바다의 물고기와 하늘의 새와 땅에 움직이는 모든 생물을 다스리라 하시니라_창 1:28

사람을 만들어 복을 주시고, 생육하고 번성하여
땅에 충만하라고 하신 하나님, 감사합니다.
세상을 다스릴 때 무력이나 권위가 아닌,
사랑과 책임감을 가지고 보살피기를 원합니다.
세상에 있는 다른 피조물을 나와 동일한 생명을 지닌
존재로 여기고 하나님의 명령을 대신해서 행하는
청지기가 되게 해 주세요. 우리 ________도 하나님을
기쁘시게 하는 선한 청지기가 되게 해 주세요.
예수님의 이름으로 기도합니다. 아멘.

________가 사랑과 책임감을 가지고 하나님이 명령하신 대로 보살펴야 할 것은 무엇일까요?

믿음의 유산

아이에게 믿음의 유산으로 남길 생각, 마음, 바람을 적어 보세요.

여호와 하나님이 그 사람에게 명하여 이르시되 동산 각종 나무의 열매는 네가 임의로 먹되 선악을 알게 하는 나무의 열매는 먹지 말라_창 2:16-17a

하나님, 하나님은 에덴동산을 만들고, 사람에게 선악을 알게 하는 나무를 뺀 다른 나무의 열매는 마음껏 먹어도 된다고 하셨습니다. 이것은 죄를 짓지 않은 상태의 사람과 맺은 언약으로, 사람의 순종에 대해 생명의 약속을 주신 것이었습니다. ______도 말씀을 알아 가면서 하나님께 순종하게 해 주세요. 순종함으로 ______의 영혼이 하나님을 만나게 하시고, 하나님의 형상대로 살게 해 주세요. 예수님의 이름으로 기도합니다. 아멘.

가족 안에서 지켜야 할 규칙이 있나요? 각자(엄마, 아빠, ______)의 '규칙 실천 표'를 만들어 서로 나누어 보세요.

핵심 교리 이해하기

[소요리 문답 12문] 사람이 창조함을 받은 본 지위에 있을 때에 하나님께서 저를 향하여 섭리하시는 중에 무슨 특별한 작정을 하셨는가?

하나님은 사람을 창조하신 뒤, 완전한 순종을 조건으로 생명의 언약을 맺고, 선악을 알게 하는 나무의 열매를 먹는 것을 금하셨습니다.

065

오직 그 말씀이 네게 매우 가까워서 네 입에 있으며 네 마음에 있은즉 네가 이를 행할 수 있느니라_신 30:14

오래전에 온 인류의 대표인 아담과 하와가
하나님이 주신 말씀을 어겨서 모든 사람이
사망 가운데 있게 되었습니다. 그러나 하나님께서는
계속해서 말씀을 입과 마음에 두면
행할 수 있을 거라고 하십니다.
우리가 하나님의 말씀을 내 입과 마음에 두기를 원합니다.
______도 용서가 필요한 죄인임을 기억함과 동시에
말씀을 가까이하게 해 주세요.
예수님의 이름으로 기도합니다. 아멘.

회개나 용서의 찬양을 찾아서 부르면서 각자의 죄를 고백해 보세요.

핵심 교리 적용하기

하나님이 인간에게 선악을 알게 하는 나무의 열매는 먹지 말라고 하면서 그것을 먹게 되는 날에는 어떻게 될 거라고 하셨나요(창 2:17)?

066

죄가 율법 있기 전에도 세상에 있었으나 율법이 없었을 때에는 죄를 죄로 여기지 아니하였느니라_롬 5:13

하나님, 아담은 하나님께 불순종해서 죽음에
이르렀습니다. 이 모든 행동의 책임이 사람에게
있음을 고백합니다. 죄를 지은 것은 실수가 아니라
하나님과 같아지려는 교만한 생각 때문이었습니다.
하나님의 말씀을 알게 되면서 그것이 얼마나 큰
죄인지를 깨닫게 해 주시니 감사합니다.
______도 말씀에 비추어 자신이 죄를 지었음을 알고
하나님 앞에 엎드리게 해 주세요.
예수님의 이름으로 기도합니다. 아멘.

가족들만의 '기도 노트'를 만들어 보세요. 가족들의 기도 제목을 나누고 적은 후, 무릎을 꿇고 각자의 교만을 고백하며 회개 기도를 드려 보세요.

오늘의 말씀 따라 쓰기

오늘의 말씀을 따라 쓰며 마음에 새겨 보세요.

067

율법은 믿음에서 난 것이 아니니 율법을 행하는 자는 그 가운데서 살리라 하였느니라_갈 3:12

하나님은 사람을 창조하시고, 완전한 순종을
조건으로 사람과 생명 언약을 맺으셨습니다.
선악을 알게 하는 나무의 열매는 먹지 말라는
말씀에 순종할 때 생명을 얻는다는 내용이었습니다.
하지만 아담은 약속대로 행하지 않았습니다.
순종하지 않았던 아담과 달리,
우리는 하나님 말씀에 순종하기를 원합니다.
______도 더욱 말씀을 알아 가게 하시고,
말씀 안에서 행하게 해 주세요.
예수님의 이름으로 기도합니다. 아멘.

큰 사과나무를 그려 보세요. 포스트잇이나 색종이로 사과 열매를 표현하고 그 안에 하나님이 주신 십계명을 적어 보세요.

말씀 암송하기

율법은 믿음에서 난 것이 아니니 율법을 행하는 자는 그 가운데서 살리라 하였느니라_갈 3:12

너는 그리스도 예수 안에 있는 믿음과 사랑으로써 내게 들은바 바른말을 본받아 지키고_딤후 1:13

하나님, 사람을 향해 특별한 일을
계획하고 그것을 말씀으로 기록해 주시니 감사합니다.
바울이 디모데에게 믿음과 사랑으로 하나님의 말씀을
들려주었듯이, 부모나 조부모가 다음 세대에게
말씀을 전하게 해 주세요. 다음 세대는 받은 말씀을
본받아 지키게 해 주세요. ______도 하나님의
말씀을 본받아 지키는 자녀가 되기를 원하며,
예수님의 이름으로 기도합니다. 아멘.

바울은 디모데에게 말씀을 전했어요. 엄마, 아빠는 ______에게 어떻게 말씀을 전하고 있나요?

아이와 교감하기

아이와 함께 하루의 삶을 나누고 서로의 마음을 다독여 주세요.

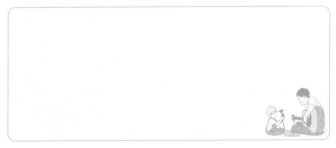

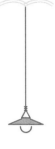

069

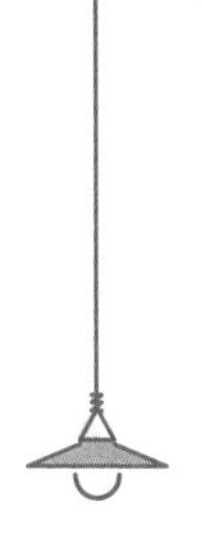

오늘 있다가 내일 아궁이에 던져지는 들풀도 하나님이 이렇게 입히시거든 하물며 너희일까 보냐 믿음이 작은 자들아_눅 12:28

하나님, 하나님께서는 세상을 창조하고
사람을 지으셨습니다. 이 모든 것의 주인이
하나님이신데도 우리는 걱정하며 염려할 때가
많습니다. 신실하신 하나님을 더욱 의지하며 주님께로
나아가게 해 주세요. 믿음이 작은 자가 아니라
믿음이 큰 자가 되기를 원합니다.
_______도 자신을 향한 하나님의 인도하심을
구체적으로 경험할 수 있도록 믿음을 더해 주세요.
예수님의 이름으로 기도합니다. 아멘.

집 밖으로 나가서 이름 모르는 들꽃이나 들풀을 찾아보세요. 이 식물을 만드실 때의 하나님을 떠올리며 찬양해 보세요.

축복 기도문 쓰기

아이를 향한 축복의 기도를 글로 기록해 보세요.

070

또 무엇이 부족한 것처럼 사람의 손으로 섬김을 받으시는 것이 아니니 이는 만민에게 생명과 호흡과 만물을 친히 주시는 이심이라_행 17:25

부족한 것이 없으신 부요한 하나님, 하나님께서는
친히 자신을 낮추어 사람과 언약을 맺고
생명을 주셨습니다.
우리가 드리는 것에 비해 하나님은 너무나도
많은 것을 주셨습니다. 하나님께서 주신 것을
세어 볼수록 더욱 하나님께 감사하게 됩니다.
_______도 조건 없이 가장 좋은 것을 선물로 주신
하나님을 알게 해 주세요.
예수님의 이름으로 기도합니다. 아멘.

예쁜 상자나 주머니를 준비하세요. 그리고 하루 동안 하나님이 주신 좋은 것을 생각날 때마다 적어서 넣고 잠자기 전에 하나씩 꺼내서 이야기해 보세요.

믿음의 유산

아이에게 믿음의 유산으로 남길 생각, 마음, 바람을 적어 보세요.

071

11주차 : 인간의 범죄
소요리 문답 13문(071-077)

여자가 그 나무를 본즉 먹음직도 하고 보암직도 하고 지혜롭게 할 만큼 탐스럽기도 한 나무인지라 여자가 그 열매를 따 먹고 자기와 함께 있는 남편에게도 주매 그도 먹은지라_창 3:6

하나님, 사람은 선악과를 먹지 말라는
하나님의 명령을 거역해서 창조된
처음 상태로부터 타락했습니다. 인류가 타락한
상태에서 태어난 우리도 죄인인 채로 하나님을
알게 되었습니다. 우리가 하나님 앞에서 죄인임을
기억하고 구원의 하나님 앞에 나아가게 해 주세요.
________도 하나님 앞에서 죄를 고백하고
용서를 구하게 해 주세요.
예수님의 이름으로 기도합니다. 아멘.

조용한 공간을 마련한 후 가만히 눈을 감고 오늘 하루 하나님을 신뢰하지 못하고 불순종했던 모습을 떠올려 보세요.

핵심 교리 이해하기

[소요리 문답 13문] 우리 시조가 창조함을 받은 본 지위에 그대로 있었는가?

아담과 하와가 하나님을 대항해서 죄를 지음으로 창조된 원래의 상태에서 타락하게 되었습니다.

072

아담이 이르되 하나님이 주셔서 나와 함께 있게 하신 여자 그가 그 나무 열매를 내게 주므로 내가 먹었나이다_창 3:12

하나님, 아담은 선악과를 먹지 말라고 하신
하나님의 명령을 어긴 후 하와를 탓합니다.
핑계를 대는 아담이 꼭 저와 비슷합니다.
잘못한 것을 당당하게 인정하고 누군가에게
책임이나 핑계를 돌리지 않는 사람이 되고 싶습니다.
________도 자기변명하느라 바쁜 사람이 아니라
솔직하게 죄를 인정하는 사람이 되게 해 주세요.
예수님의 이름으로 기도합니다. 아멘.

나의 잘못을 남에게 덮어씌운 일이 있나요? 용기를 내어 그 사람에게 직접 용서를 구해 보세요.

핵심 교리 적용하기

죄는 하나님이 창조하신 목적에서 벗어나는 것입니다. 하나님에 대해 경건하지 않고, 다른 사람에 대해 불의하게 된 것입니다(롬 1:18). 당신은 현재 어떤 상태에 있나요?

073

여호와 하나님이 여자에게 이르시되 네가 어찌하여 이렇게 하였느냐 여자가 이르되 뱀이 나를 꾀므로 내가 먹었나이다_창 3:13

하나님, 하와도 아담처럼 자신이 하나님 앞에서 지은 죄를 잘못했다고 하지 않고 뱀을 탓합니다. 우리는 서로를 탓하며, 잘못에 대해 책임지려고 하지 않을 때가 많습니다. 실수나 잘못을 깨닫게 될 때, 하나님 앞에 정직하게 회개하고 상대방에게도 용서를 구하게 해 주세요. ________도 정직한 마음과 믿음을 가지도록 하나님께서 가르쳐 주세요. 예수님의 이름으로 기도합니다. 아멘.

자신이 정말 죄인이라는 것을 인정하나요? 자신의 솔직한 모습을 하나님께 정직하게 고백해 보세요.

오늘의 말씀 따라 쓰기

오늘의 말씀을 따라 쓰며 마음에 새겨 보세요.

074

뱀이 그 간계로 하와를 미혹한 것같이 너희 마음이 그리스도를 향하는 진실함과 깨끗함에서 떠나 부패할까 두려워하노라_고후 11:3

하나님, 뱀이 하와를 유혹했던 일을 떠올려 봅니다.
유혹을 받아 흔들리는 우리는 하나님을 떠나기 쉬운
존재입니다. 우리 안에 예수님을 향한 진실함과
깨끗함을 주세요. 우리 자신을 점검하고 돌아보게
하시며, 마음이나 생각이 썩지 않도록 도와주세요.
________도 예수님을 향한 진실함과 깨끗함을 지닌
사람이 되도록 함께해 주세요.
예수님의 이름으로 기도합니다. 아멘.

화이트보드에 자신의 더러운 마음들을 적고 하나님께 회개 기도를 드려 보세요. 그런 후에는 다른 사람이 하나씩 깨끗하게 지워 주세요.

말씀 암송하기

그러므로 한 사람으로 말미암아 죄가 세상에 들어오고 죄로 말미암아 사망이 들어왔나니 이와 같이 모든 사람이 죄를 지었으므로 사망이 모든 사람에게 이르렀느니라_롬 5:12

075

그러므로 한 사람으로 말미암아 죄가 세상에 들어오고 죄로 말미암아 사망이 들어왔나니 이와 같이 모든 사람이 죄를 지었으므로 사망이 모든 사람에게 이르렀느니라_롬 5:12

하나님, 한 사람의 불순종으로 인해
죄가 세상에 들어왔습니다. 모든 사람의 대표가
불순종함으로 인류 모두가 죄를 짓게
되었습니다. 이런 죄 문제를 해결할 수 없는
우리를 위해 하나님의 아들이신 예수님을 보내 주시니
감사합니다. ________도 자신이 죄인인 것을 알게
하시고, 죄를 해결해 주실 예수님을 인격적으로
만날 수 있게 해 주세요.
예수님의 이름으로 기도합니다. 아멘.

집 안의 구석구석에 '죄'라고 쓴 종이쪽지를 숨겨 두고 '죄' 찾기를 해 보세요. 찾은 종이쪽지는 한곳에 모으고 기도한 후 휴지통에 버려 주세요.

아이와 교감하기

아이와 함께 하루의 삶을 나누고 서로의 마음을 다독여 주세요.

076

내가 깨달은 것은 오직 이것이라 곧 하나님은 사람을 정직하게 지으셨으나 사람이 많은 꾀들을 낸 것이니라_전 7:29

하나님, 하나님께서 지으신 처음 사람은
자기 뜻을 결정해서 좋은 생각을 할 수도 있고,
그러지 않을 수도 있는 자유를 가지고 있었습니다.
그러나 하나님과 맺은 언약을 어겨서 죄를 짓고
말았습니다. 그로 인해 우리도 죄의 영향 아래
있습니다. 하지만 우리를 위해 목숨을 내어 주신
예수님을 의지합니다. ______도 이 사실을 알고,
아주 사소한 것까지 하나님께 말하게 해 주세요.
자신을 돌아보게 해 주세요.
예수님의 이름으로 기도합니다. 아멘.

머리로는 알고 있지만 지키고 싶지 않은 말씀이나 하나님과의 약속이 있나요? 있다면, 목록을 적어 보세요.

축복 기도문 쓰기

아이를 향한 축복의 기도를 글로 기록해 보세요.

077

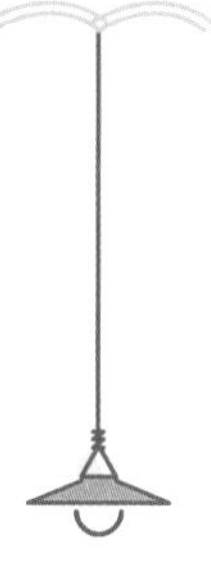

그러므로 사람이 선을 행할 줄 알고도 행하지 아니하면 죄니라_약 4:17

하나님, 우리는 하나님의 말씀에 순종하지
않을 때가 많습니다. 선한 방식을 아는데도 생각대로
하지 않을 때가 많습니다. 야고보 사도를 통해 그것이
죄임을 알게 하시니 감사합니다.
선한 일이면 행할 수 있는 용기와 능력을 주세요.
_______도 생각만 하는 사람이 아니라
행하는 사람이 되게 해 주세요.
예수님의 이름으로 기도합니다. 아멘.

각자 하나님의 뜻을 드러내는 선한 일을 생각하고 쪽지에 적어보세요. 그것을 현관문에 붙인 다음 하루 동안 행하고 점검해 보세요.

믿음의 유산

아이에게 믿음의 유산으로 남길 생각, 마음, 바람을 적어 보세요.

078

인류의 모든 족속을 한 혈통으로 만드사 온 땅에 살게 하시고 그들의 연대를 정하시며 거주의 경계를 한정하셨으니_행 17:26

하나님, 아담이 죄를 지었는데 왜 우리가 타락하게 된 거냐고 따질 때가 있었습니다. 그러나 이제는 하나님이 아담을 온 인류의 대표로 삼아 언약을 맺으셨기에, 인류 전체가 죄에 대한 책임을 지게 되었음을 알게 되었습니다. 하나님의 명령을 거역한 것에 대한 책임을 우리가 함께 지고 있으니, 우리의 죄를 회개합니다. ______도 하나님 앞에서 자신이 죄인임을 기억하고 기도하게 해 주세요. 예수님의 이름으로 기도합니다. 아멘.

종이를 가로 10센티미터, 세로 1센티미터로 자르고 아는 사람들의 이름을 쓴 후에 동그랗게 말아서 사슬로 연결해 보세요. 이 사람들을 포함한 세상 사람 모두가 죄인임을 깨닫고 기도하는 시간을 가져 보세요.

핵심 교리 이해하기

[소요리 문답 16문] 모든 인종은 아담의 첫 범죄 중에 타락하였는가?

모든 사람은 아담 안에서 그와 함께 타락했습니다. 아담과 맺은 언약은 그만을 위한 것이 아니라 그 자손까지 맺은 것이기 때문입니다.

079

여호와 하나님이 그 사람에게 명하여 이르시되 동산 각종 나무의 열매는 네가 임의로 먹되 선악을 알게 하는 나무의 열매는 먹지 말라 네가 먹는 날에는 반드시 죽으리라 하시니라_창 2:16-17

처음 사람에게 죄를 짓지 않을 자유를 허락하신 하나님, 할 것과 하지 않을 것을 스스로 결정할 자유를 주셔서 감사합니다. 처음 사람이 지은 죄로 인해 후손인 우리에게까지 죄가 연결되어 내려왔음을 알게 되었습니다. 하나님께서 하지 말라고 하신 일에 대해 분명하게 알고 지키는 우리가 되게 해 주세요. ________도 하나님의 명령을 잘 기억하여 지키도록 인도해 주세요.

예수님의 이름으로 기도합니다. 아멘.

에덴동산에 있던 수많은 과일나무는 어떤 종류였을까를 상상해서 그리고 과일 이름을 써 보세요. 선악과도 그려 보세요.

핵심 교리 적용하기

아담의 불순종으로 인해 모든 죄가 전가되어서 인류가 모두 죄인이 되었다는 것을 알고 있나요? 우리 모두가 죄인이라는 실제적인 증거를 말해 보세요.

080

사망이 한 사람으로 말미암았으니 죽은 자의 부활도 한 사람으로 말미암는도다 아담 안에서 모든 사람이 죽은 것같이 그리스도 안에서 모든 사람이 삶을 얻으리라_고전 15:21-22

모든 사람은 아담의 범죄 안에서 죄를 지었고,
예수님의 의로운 죽음 안에서 생명을 얻었습니다.
아담과 예수님의 행위는 개인 차원에 머물지 않고
모든 사람에게 영향을 미치게 되었다는 사실을 마음에
새깁니다. ______도 아담의 죄를 가지고 태어난
동시에 성령으로 잉태되신 예수님과 연결된 존재임을
기억하고, 주신 삶에 감사하는 자가 되게 해 주세요.
예수님의 이름으로 기도합니다. 아멘.

가족의 가계도를 그려 보세요. 아이를 중심으로 위쪽에 엄마, 아빠, 이모, 고모, 삼촌, 할머니, 할아버지를 쓰면서 위로, 위로 올라가며 그려 보세요.

오늘의 말씀 따라 쓰기

오늘의 말씀을 따라 쓰며 마음에 새겨 보세요.

081

오직 각 사람이 시험을 받는 것은 자기 욕심에 끌려 미혹됨이니 욕심이 잉태한즉 죄를 낳고 죄가 장성한즉 사망을 낳느니라_약 1:14-15

하나님, 죄는 잘 보이지 않지만 하나님의 뜻을
어기고 불순종하면 점점 커져서 엄청난 결과를
가져옵니다. 개인은 물론 사회와 자연 가운데 들어온
죄가 얼마나 많은 것을 망치고 파괴했는지 모릅니다.
죄가 죄를 낳으면서 퍼져 가는 것을 깨닫고,
죄를 지으려던 마음을 멈출 수 있게 해 주세요.
______도 죄 앞에서 단호하게 "NO"라고 말하는
사람이 되게 해 주세요.
예수님의 이름으로 기도합니다. 아멘.

'NO 카드'를 만들어 보세요. 욕심과 악한 마음들이 커져서 마음대로 하고 싶을 때, 카드를 꺼내면서 "NO!"라고 외쳐 보세요.

말씀 암송하기

오직 각 사람이 시험을 받는 것은 자기 욕심에 끌려 미혹됨이니 욕심이 잉태한즉 죄를 낳고 죄가 장성한즉 사망을 낳느니라_약 1:14-15

082

그들이 그날 바람이 불 때 동산에 거니시는 여호와 하나님의 소리를 듣고 아담과 그의 아내가 여호와 하나님의 낯을 피하여 동산 나무 사이에 숨은지라_창 3:8

하나님, 처음 사람은 하나님과 좋은 관계를 맺고
함께했지만, 타락한 후에는 하나님을 피해서
숨게 되었습니다. 우리는 과연 하나님께로 당당하게
나아가는지, 아니면 하나님을 피해서 숨는지
생각해 봅니다. 하나님의 소리를 들을 때, 무서워서
숨지 않고 기뻐하며 하나님께로 나아가게 해 주세요.
_______도 자신 있게 하나님께로 나아가게 해 주세요.
예수님의 이름으로 기도합니다. 아멘.

집 안에서 이름을 부르면 달려오는 놀이를 해 보세요. 이름을 부르고, 몇 초 만에 달려오는지 시간을 재 보세요.

아이와 교감하기

아이와 함께 하루의 삶을 나누고 서로의 마음을 다독여 주세요.

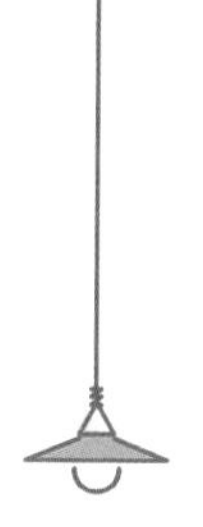

이르되 내가 동산에서 하나님의 소리를 듣고 내가 벗었으므로 두려워하여 숨었나이다_창 3:10

하나님, 죄를 짓기 전의 아담은 하나님과 동산을
거닐면서 이야기를 나눴습니다. 하지만 죄를 지은
후에는 달라졌습니다. 자신의 상태를 알아챈 그는
하나님을 두려워하여 숨고 말았습니다.
우리 안에도 수치와 두려움, 도망치는 모습이 있습니다.
하나님, 우리가 죄를 지으면 하나님께 고백하고
용서를 구하게 해 주세요.
우리 ______도 죄를 깨달은 후에는 하나님께 나아가
고백하고 용서받는 사람이 되게 해 주세요.
예수님의 이름으로 기도합니다. 아멘.

잠자기 전에 죄를 고백하는 시간을 정해 보세요. 그런 다음 각자의 마음을 나눠 보세요.

축복 기도문 쓰기

아이를 향한 축복의 기도를 글로 기록해 보세요.

084

죄의 삯은 사망이요 하나님의 은사는 그리스도 예수 우리 주 안에 있는 영생이니라_롬 6:23

하나님, 하나님의 뜻을 어기는 일이 작아 보여도
결국에는 우리 안에 있는 하나님의 형상을
망가뜨렸고, 하나님의 사랑과 능력을 빼앗아 가고
말았습니다. 하지만 죄를 지어 망가진 하나님의 형상을
예수님께서 회복시켜 주시니 감사합니다.
우리 ______도 유일한 해결책인
예수 그리스도의 복음을 듣고 보혈을 믿게 해 주세요.
예수님의 이름으로 기도합니다. 아멘.

죄를 지어 하나님과 원수였던 우리를 죽음에서 건지기 위해 오신 예수님을 기억하며 오늘의 성경 말씀을 암송해 보세요.

믿음의 유산

아이에게 믿음의 유산으로 남길 생각, 마음, 바람을 적어 보세요.

우리는 그리스도 안에서 그의 은혜의 풍성함을 따라 그의 피로 말미암아 속량 곧 죄 사함을 받았느니라_엡 1:7

은혜가 풍성하신 하나님, 죄로 인해
하나님과 멀어졌던 우리를 자녀로 삼아 주시니
감사합니다. 하나님께서는 우리의 지혜나 도덕적인
노력으로는 받을 수 없는 구원을 예수님을 통해서
받게 해 주셨습니다. 하나님의 은혜와 구속해 주신
사랑을 기억하는 하루가 되게 해 주세요.
_______도 인생의 주인이신 예수님을 인격적으로
만나 하나님의 은혜를 경험하게 해 주세요.
예수님의 이름으로 기도합니다. 아멘.

<아 하나님의 은혜로>(새찬송가 310장)를 부른 후에 찬송가 가사의 어느 부분이 마음에 와 닿는지 말해 보세요.

핵심 교리 이해하기

[소요리 문답 20문] 하나님께서 모든 인종을 죄와 비참한 지위에서 멸망하게 버려두셨는가?

하나님께서는 죄인을 죄와 비참한 지위에서 멸망하도록 두지 않으셨습니다. 구원받을 자들을 선택하고 은혜의 언약을 세워서 구속자로 말미암아 죄와 비참한 지위에서 건져 내고 구원에 이르게 하셨습니다.

086

영생의 소망을 위함이라 이 영생은 거짓이 없으신 하나님이 영원 전부터 약속하신 것인데_딛 1:2

죄로 인해 하나님과 단절된 우리에게 예수님을
보내어 죄의 감옥에서 나오게 하신 하나님,
감사합니다. 한평생 죄의 노예로 살 수밖에 없던
우리에게 예수님을 보내신 은혜를 찬양합니다.
죄가 없고 거룩하신 예수님은 우리를 대신해서
죽으셨습니다. 이 사실을 ______도 알게 하시고,
영원 전부터 약속하고 지키신
하나님께 감사드리게 해 주세요.
예수님의 이름으로 기도합니다. 아멘.

성경에서 하나님이 약속을 지키신 사건을 알고 있나요? 신실하신 하나님과 우리의 모습을 비교해서 이야기해 보세요.

핵심 교리 적용하기

예수님께서는 우리에게 구원을 베풀기 위해 오셨습니다. 이 과정에서 당신은 무엇을 했나요?

087

우리 구주 하나님의 자비와 사람 사랑하심이 나타날 때에 우리를 구원하시되 우리가 행한바 의로운 행위로 말미암지 아니하고 오직 그의 긍휼하심을 따라 중생의 씻음과 성령의 새롭게 하심으로 하셨나니_딛 3:4-5

죄 가운데 헤매는 우리를 가엾게 여기고 사랑하여
구원해 주신 하나님, 하나님께서는 우리를 우리의
의로운 행위가 아닌 하나님의 은혜로 구원해
주셨습니다. 우리가 처음 예수님을 믿을 때부터
성령님의 능력으로 새롭게 해 주셨습니다.
죄를 씻어서 새롭게 해 주신 은혜에 감사드립니다.
______도 자신을 죄로부터 깨끗하게 씻어 주신
은혜를 기억하게 해 주세요.
예수님의 이름으로 기도합니다. 아멘.

손을 씻을 때는 비누, 연필 자국을 지울 때는 지우개가 필요해요. 죄를 씻으려면 무엇이 필요할까요? 함께 이야기해 보세요.

오늘의 말씀 따라 쓰기

오늘의 말씀을 따라 쓰며 마음에 새겨 보세요.

우리 구주 예수 그리스도로 말미암아 우리에게 그 성령을 풍성히 부어 주사 우리로 그의 은혜를 힘입어 의롭다 하심을 얻어 영생의 소망을 따라 상속자가 되게 하려 하심이라_딛 3:6-7

하나님, 예수님을 보내어 죄의 노예로 살던
우리를 구해 주시니 감사합니다. 또한 성령을
풍성하게 부어 우리를 의롭게 하시고, 영생을 품고
사는 하나님 나라의 상속자가 되게 하시니 더욱
감사합니다. ______도 죄의 종이었던 자신을
하나님 나라의 상속자가 되게 해 주신
하나님과 예수님과 성령님의 은혜를 알게 해 주세요.
예수님의 이름으로 기도합니다. 아멘.

할아버지가 아빠에게, 아빠가 ______에게 상속해 줄 것은 무엇인가요? 하나님 아버지께서 ______에게 상속해 주시는 것은 무엇인가요? 상속에 대해 생각하는 시간을 가져 보세요.

말씀 암송하기

우리 구주 예수 그리스도로 말미암아 우리에게 그 성령을 풍성히 부어 주사 우리로 그의 은혜를 힘입어 의롭다 하심을 얻어 영생의 소망을 따라 상속자가 되게 하려 하심이라_딛 3:6-7

089

그러므로 율법의 행위로 그의 앞에 의롭다 하심을 얻을 육체가 없나니 율법으로는 죄를 깨달음이니라 이제는 율법 외에 하나님의 한 의가 나타났으니 율법과 선지자들에게 증거를 받은 것이라_롬 3:20-21

하나님, 율법을 통해 모든 사람이 죄인이라는 것과 율법을 지키는 것으로는 구원을 얻을 수 없다는 것을 알게 하시니 감사합니다. 율법과 선지자들의 외침을 통해 메시아이신 예수 그리스도를 기다리게 하신 하나님, 우리는 예수님 앞으로 나아가야 하는 존재임을 고백합니다. 우리 ______도 예수님만이 구원 얻는 길임을 알게 해 주세요. 예수님의 이름으로 기도합니다. 아멘.

종이를 이어서 1미터 정도의 달리기 레인을 그리고 세상 사람들이 주장하는 구원 얻는 방법을 출발점에 적어 보세요. 단추나 작은 동전을 튕기면서 도착 지점까지 경주해 보세요. 마지막에는 '예수님'이라고 적어 주세요.

아이와 교감하기

아이와 함께 하루의 삶을 나누고 서로의 마음을 다독여 주세요.

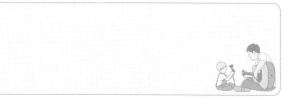

090

곧 창세전에 그리스도 안에서 우리를 택하사 우리로 사랑 안에서 그 앞에 거룩하고 흠이 없게 하시려고_엡 1:4

하나님, 세상을 창조하기 전에
그리스도 안에서 우리를 택하셨다는 말씀을 들으니
너무나 감격스럽습니다. 우리가 세상에 태어나기 전에
이미 우리를 사랑하기로 작정하셨다니
정말 감사합니다. 우리가 구원의 신비를 매일,
조금씩 더 알아 가게 해 주세요.
________도 손 내미신 하나님을 만나게 해 주세요.
예수님의 이름으로 기도합니다. 아멘.

________에게 구원 선물을 주기 위해 이 땅에 오신 예수님을 소개해 주세요. 예수님이 구원자라고 고백하게 해 주세요.

축복 기도문 쓰기

아이를 향한 축복의 기도를 글로 기록해 보세요.

예수님과의 동행 기도

하나님은 세상을 창조한 후, 지켜보고만 계실까요? 저절로 돌아가는 시스템을 만들고 낡거나 고장 난 부분만 손대는 제품 제작자처럼 말입니다. 아닙니다. 하나님은 이 땅과 사람을 향해 직접 뛰어드셨습니다. 성경을 보면 한 사람, 한 민족, 상황이나 사건 가운데서 섭리하신 하나님을 수없이 만나게 됩니다.

무엇보다 하나님께서는 죄악으로 인해 대책 없던 세상에 예수님을 보내셨습니다. 예수님은 성령의 능력으로 동정녀 마리아의 몸에서 태어나셨습니다. 평범한 아이로 보였을지 모르지만 아니었습니다. 예수님의 비범함을 눈치챈 사람이 몇 있었습니다. 특별하게 기름 부어 세우신 선지자, 제사장, 왕처럼 성령의 기름 부음을 받은 분임을 알아챈 사람들이었습니다.

예수님과 동행할 때 우리는 이 땅을 향한 하나님의 뜻을 만나게 됩니다. 예수님을 깊이 묵상하고 기도할수록 하나님의 뜻은 더 선명하게 다가옵니다.

4월에는 '예수님과의 동행 기도'를 해 봅니다.

091

세상 중에서 내게 주신 사람들에게 내가 아버지의 이름을 나타내었나이다 그들은 아버지의 것이었는데 내게 주셨으며 그들은 아버지의 말씀을 지키었나이다_요 17:6

하나님, 예수님은 하나님께서 당신에게 주신
사람들에게 하나님을 드러내셨습니다.
또한 하나님의 사람들은 예수님께도 속하게
되었습니다. 제자들이 소속감의 증거로 말씀을
지킨 것처럼 우리도 하나님의 말씀을 지키기 원합니다.
________도 말씀을 지키는
예수님의 작은 제자로 살게 해 주세요.
예수님의 이름으로 기도합니다. 아멘.

________는 예수님의 제자인가요? 예수님만 따르겠다는 서약서를 만들고 읽어 보세요.

믿음의 유산

아이에게 믿음의 유산으로 남길 생각, 마음, 바람을 적어 보세요.

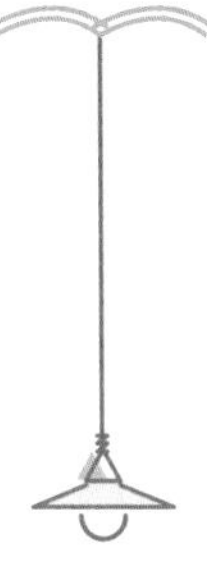

여호와께서는 그 모든 행위에 의로우시며 그 모든 일에 은혜로우시도다_시 145:17

하나님, 세상이 돌아가는 이치를 운명이라고 여긴 사람들이 있었습니다. 하지만 우리는 세상의 역사와 사람들의 인생을 하나님께서 주관하심을 믿습니다. 하나님께서 행하시는 모든 일은 의롭고 은혜로우십니다. 거룩하고 지혜롭게 모든 일을 행하시는 하나님이 우리의 하나님이셔서 정말 좋습니다. ________도 참 좋으신 하나님의 뜻을 믿고 의지하게 해 주세요. 예수님의 이름으로 기도합니다. 아멘.

지금까지 인도하신 하나님의 은혜를 가지고 인생 그래프(x축은 나이, y축은 하나님의 은혜)를 그리고 함께 이야기해 보세요.

핵심 교리 이해하기

[소요리 문답 11문] 하나님의 섭리하시는 일이 무엇인가?

하나님이 섭리하시는 일은 지극히 거룩함과 지혜와 권능으로써 모든 창조물과 그 모든 행동을 보존하고 다스리시는 일입니다.

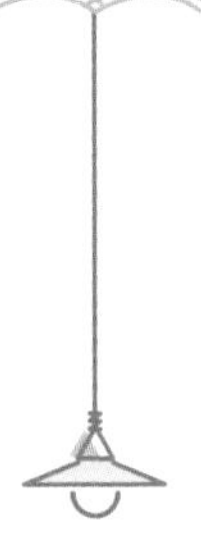

여호와여 주께서 하신 일이 어찌 그리 많은지요 주께서 지혜로 그들을 다 지으셨으니 주께서 지으신 것들이 땅에 가득하니이다_시 104:24

하나님, 하나님께서 만드신 사람, 나무, 풀을
바라봅니다. 하나도 같은 것이 없습니다. 세상 속에서
하나님께서 하신 일을 세어 봅니다. 얼마나 많은지
다 셀 수가 없습니다. 하신 일마다 우리의 생각을
뛰어넘으며, 선하고 지혜로우십니다. 하나님이
창조하신 작품을 만날 때마다 감탄하게 됩니다.
________도 하나님이 만드신 세상에서 하나님의
솜씨를 만나고 찬양하는 하루가 되게 해 주세요.
예수님의 이름으로 기도합니다. 아멘.

돋보기를 가지고 공원이나 야외로 나가서 하나님이 만드신 나무, 열매, 풀, 돌 등을 자세히 살펴보세요. 하나님의 작품에 이름도 붙여 주세요.

핵심 교리 적용하기

하나님은 하늘과 땅, 그 안에 있는 모든 것을 유지하고 다스리십니다. 말씀으로 창조하고 만물과 인간을 다스리시는 하나님의 섭리를 생생하게 경험한 일이 있나요? 어떤 일이었나요?

094

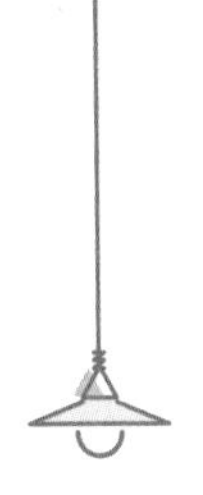

이는 하나님의 영광의 광채시요 그 본체의 형상이시라 그의 능력의 말씀으로 만물을 붙드시며 죄를 정결하게 하는 일을 하시고 높은 곳에 계신 지극히 크신 이의 우편에 앉으셨느니라_히 1:3

예수님은 세상을 창조할 때 하나님과 함께하셨고,
능력의 말씀으로 만물을 붙드셨습니다.
하나님의 형상이신 예수님을 보면 하나님을 분명히
알 수 있습니다. 사람이자 하나님이신 예수님께서
우리의 죄를 깨끗하게 해 주시니 감사드립니다.
하나님 우편에 앉아 계시다가 재림하실 예수님을
우리 인생의 주인으로 모시게 해 주세요.
________도 예수님을 꼭 붙들기를 원하며,
예수님의 이름으로 기도합니다. 아멘.

<예수님은 누구신가>(새찬송가 96장)를 찾아서 들어 보세요. 따라서 불러도 좋아요.

오늘의 말씀 따라 쓰기

오늘의 말씀을 따라 쓰며 마음에 새겨 보세요.

095

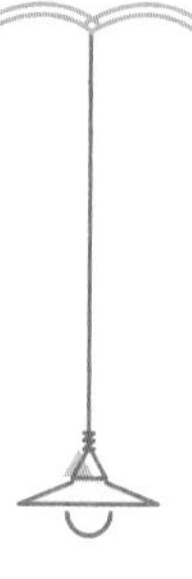

여호와께서 그의 보좌를 하늘에 세우시고 그의 왕권으로 만유를 다스리시도다_시 103:19

하늘에 보좌를 두고 우리를 다스리시는 하나님,
감사합니다. 왕이신 하나님, 당신을 찬양하고
그 뜻에 복종하기 원합니다. 하나님을 온전히
찬양하고 그 다스리심 앞에 엎드립니다.
______도 하나님이 계신 것을 믿고 당신 앞에
겸손하게 무릎 꿇는 사람이 되게 해 주세요.
예수님의 이름으로 기도합니다. 아멘.

하나님의 의자(보좌)를 만들어 보세요. 하나님이 앞에 계신다면 무슨 말을 하고 싶나요? 우리의 표정과 행동이 어떤 모습일지 이야기해 보세요.

말씀 암송하기

여호와여 주께서 하신 일이 어찌 그리 많은지요 주께서 지혜로 그들을 다 지으셨으니 주께서 지으신 것들이 땅에 가득하니이다_시 104:24

096

오직 주는 여호와시라 하늘과 하늘들의 하늘과 일월성신과 땅과 땅 위의 만물과 바다와 그 가운데 모든 것을 지으시고 다 보존하시오니 모든 천군이 주께 경배하나이다_느 9:6

느헤미야와 백성은 무너진 성벽을 재건한 후,
하나님 앞에서 금식하면서 기도했습니다. 자신들의
죄를 회개했고, 세상을 만들고 보존하신 하나님을
찬양하며 경배했습니다. 영적으로 무너진 곳을
먼저 일으켜 세운 것입니다. 우리도 하나님을
천지 만물을 만들고 보존하신 분으로 높여 드립니다.
우리의 삶을 인도해 주세요. ______도 하나님만 섬기며
높이는 사람이 되게 해 주세요.
예수님의 이름으로 기도합니다. 아멘.

건강, 관계, 돈, 학업, 직장 등 가족의 삶에서 건강하게 세워야 할 부분이 있나요? 종이에 써서 잘 보이는 곳(싱크대, 책상, 노트북, 신발장, 식탁 등)에 붙여 두세요.

아이와 교감하기

아이와 함께 하루의 삶을 나누고 서로의 마음을 다독여 주세요.

참새 두 마리가 한 앗사리온에 팔리지 않느냐 그러나 너희 아버지께서 허락하지 아니하시면 그 하나도 땅에 떨어지지 아니하리라_마 10:29

하나님, 하나님께서는 참새 두 마리를 예로 들어
하나님이 허락하지 않으면 아무리 작은 일도
일어나지 않는다고 하시니, 그 말씀을 믿고 의지합니다.
우리 한 사람, 한 사람은 물론 세상의 아주 작은 것까지
모두 보고 알고 계시는 하나님, 우리의 걱정과 두려움을
맡깁니다. ______도 어렵고 힘든 일을 만났을 때
하나님만 믿고 의지하게 해 주세요.
예수님의 이름으로 기도합니다. 아멘.

집 주변에는 어떤 새가 사나요? 새 소리를 들어 보세요. 새를 돌보시는 하나님이 ______에게는 어떻게 하시는지 생각해 보세요.

축복 기도문 쓰기

아이를 향한 축복의 기도를 글로 기록해 보세요.

098

내가 너와 함께 있어 네가 어디로 가든지 너를 지키며 너를 이끌어 이 땅으로 돌아오게 할지라 내가 네게 허락한 것을 다 이루기까지 너를 떠나지 아니하리라 하신지라_창 28:15

하나님, 아브라함과 이삭의 하나님께서
야곱에게도 나타나 그가 어디로 가든지 함께하고
지키며 이끌어서 돌아오게 하겠다고 약속하십니다.
하나님께서는 약속한 것을 반드시 지키십니다.
우리도 말씀과 수많은 믿음의 선배를 통해 약속한 것을
꼭 지키시는 하나님을 만나게 해 주세요.
______도 약속하신 대로 꼭 지키시는
하나님을 믿고 의지하게 해 주세요.
예수님의 이름으로 기도합니다. 아멘.

하나님의 약속이 담긴 말씀 중에서 한 구절을 적어 하루 동안 가지고 다녀 보세요. 그러면서 틈틈이 약속을 읽고 하나님을 생각해 보세요.

믿음의 유산

아이에게 믿음의 유산으로 남길 생각, 마음, 바람을 적어 보세요.

말씀이 육신이 되어 우리 가운데 거하시매 우리가 그의 영광을 보니 아버지의 독생자의 영광이요 은혜와 진리가 충만하더라_요 1:14

하나님, 예수님은 성령으로 마리아에게 잉태되어
사람으로 태어나셨고, 사람으로 태어나신
예수님 덕분에 우리가 하나님을 생생하게 만났습니다.
완전한 하나님이고, 완전한 사람이신 예수님 덕분에
우리가 하나님을 보았고, 만질 수 있었습니다.
예수님을 우리의 주인으로 삼아 은혜와 진리로
충만하게 해 주세요. ______도 예수님을 아주
친밀하게 만날 수 있게 해 주세요.
예수님의 이름으로 기도합니다. 아멘.

아기로 태어나신 예수님을 우리 눈으로 직접 봤다면 어땠을까요? 말, 노래, 그림, 글 등으로 표현해 보세요.

핵심 교리 이해하기

[소요리 문답 21문] 하나님의 선택하신 자의 구속자가 누구신가?

하나님이 선택하신 구속자는 예수님뿐이신데, 하나님의 영원한 아들로서 사람이 되셨습니다. 성령으로 잉태되어 마리아에게서 나신 예수님은 완전한 사람인 동시에 완전한 하나님이셨습니다.

자녀들은 혈과 육에 속하였으매 그도 또한 같은 모양으로 혈과 육을 함께 지니심은 죽음을 통하여 죽음의 세력을 잡은 자 곧 마귀를 멸하시며_히 2:14

하나님, 죄가 없는 예수님은 우리를 위해 당신의 목숨을
주셨습니다. 죽음의 권세를 잡은 마귀의 손아귀
안에 있던 우리를 건져 내셨습니다.
완전한 하나님이자 완전한 사람이신 예수님 덕분에
우리가 새 생명을 얻게 되었으니 감사드립니다.
_______도 죽음의 권세가 아닌
생명의 자리에 속한 사람이 되게 해 주세요.
예수님의 이름으로 기도합니다. 아멘.

하나님이신 예수님은 사람으로 오신 후 세상에서 여러 가지 한계를 경험하셨을 거예요. 아기부터 청년이 될 때까지 예수님에게 어떤 일이 생겼을까요?

핵심 교리 적용하기

하나님께서는 마리아의 몸에 성령의 능력으로 생명을 넣어서 아기 예수님을 잉태하게 하셨습니다. 당신은 이 사실을 믿나요?

이에 말씀하시되 내 마음이 매우 고민하여 죽게 되었으니 너희는 여기 머물러 나와 함께 깨어 있으라 하시고_마 26:38

하나님, 십자가를 지기 전에
예수님은 겟세마네 동산에서 기도하셨습니다.
죄가 없는 예수님이 하나님과 단절되어 깊은 고통
가운데 계셨습니다. 그때 예수님은 제자들에게
'여기 머물며 함께 깨어 있어 달라'고 하셨지만,
그들은 잠들었습니다. 하나님, 우리는 예수님과 함께
깨어서 기도하기 원합니다.
______도 늘 깨어 있기를 원하며,
예수님의 이름으로 기도합니다. 아멘.

<갈보리 산 위에>(새찬송가 150장)를 조용하게 틀어 놓고 가족과 함께 예수님을 생각하며 기도해 보세요.

오늘의 말씀 따라 쓰기

오늘의 말씀을 따라 쓰며 마음에 새겨 보세요.

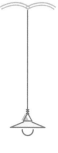

천사가 대답하여 이르되 성령이 네게 임하시고 지극히 높으신 이의 능력이 너를 덮으시리니 이러므로 나실 바 거룩한 이는 하나님의 아들이라 일컬어지리라_눅 1:35

하나님, 하나님은 마리아를 성령으로 잉태되게 함으로
예수님을 이 땅에 보내셨습니다. 이해할 수 없는 일이
자신에게 일어났을 때 마리아는 "말씀대로 내게
이루어지이다"라며 하나님의 뜻을 받아들였습니다.
때때로 우리도 이해할 수 없는 일을 만나게 됩니다.
그럴 때 순종하는 마음으로 하나님의 뜻을
받아들이기 원합니다. ______도 하나님께
순종하는 사람이 되게 해 주세요.
예수님의 이름으로 기도합니다. 아멘.

주변에 아기를 가진 사람(이모, 고모, 교회 지인 등)이 있나요? 산모와 아기를 위해 기도해 주세요. 작은 선물을 전달해 주는 것도 좋아요.

말씀 암송하기

말씀이 육신이 되어 우리 가운데 거하시매 우리가 그의 영광을 보니 아버지의 독생자의 영광이요 은혜와 진리가 충만하더라_요 1:14

103

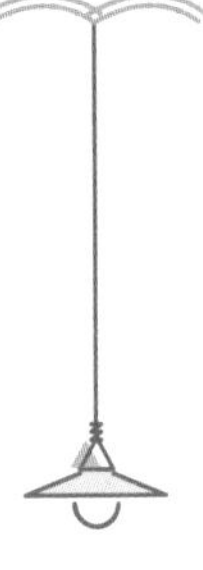

때가 차매 하나님이 그 아들을 보내사 여자에게서 나게 하시고 율법 아래에 나게 하신 것은 율법 아래에 있는 자들을 속량하시고 우리로 아들의 명분을 얻게 하려 하심이라_갈 4:4-5

예수님은 여자에게서 나신 분으로, 율법에 복종하고 그 율법을 성취하셨습니다. 죄가 없으셨던 예수님은 완전한 제물이 되실 수 있었습니다. 우리의 죄를 대신해서 십자가에 달려 죽으시고 우리를 죄에서 구원해 주신 예수님, 감사합니다. 예수님 덕분에 우리는 하나님의 아들, 딸이 되었습니다. ______도 그 사실을 믿고 감사하는 아이가 되게 해 주세요. 예수님의 이름으로 기도합니다. 아멘.

방문 고리에 걸 '도어 사인'(door sign)을 만들어 보세요. "하나님의 자녀 ______"라고 쓰고 예쁘게 꾸며 보세요. 방문을 열 때마다 하나님의 자녀가 된 것에 대해 감사할 수 있어요.

아이와 교감하기

아이와 함께 하루의 삶을 나누고 서로의 마음을 다독여 주세요.

우리에게 있는 대제사장은 우리의 연약함을 동정하지 못하실 이가 아니요 모든 일에 우리와 똑같이 시험을 받으신 이로되 죄는 없으시니라_히 4:15

하나님, 우리를 위해 예수님을 보내 주셔서 감사합니다.
예수님은 사람이기에 우리의 연약한 부분을 아십니다.
어렵고 힘든 일을 직접 경험하셨고,
우리의 상황을 공감하며 우리와 함께해 주셨습니다.
한편, 시험당하는 일이 있어도 유혹에 넘어가지 않고
잘 이겨 내셨습니다. 우리도 예수님처럼 다른 사람을
이해하고 공감하며, 유혹을 받을 때 잘 이겨 내게
해 주세요. _______도 그렇게 되기를 원하며,
예수님의 이름으로 기도합니다. 아멘.

요즘 힘들거나 후회되는 일이 있나요? 예수님도 우리처럼 힘들고 어려운 일을 겪었지만 이겨 내고 승리하셨어요. 이 사실을 믿음으로 고백하고, 우리도 예수님처럼 할 수 있다고 외쳐 보아요.

축복 기도문 쓰기

아이를 향한 축복의 기도를 글로 기록해 보세요.

그 약혼한 마리아와 함께 호적하러 올라가니 마리아가 이미 잉태하였더라_눅 2:5

하나님이신 예수님은 사람으로 태어나셨습니다.
예수님은 오직 말씀과 우리를 구원하는 일에
당신의 능력을 사용하셨습니다. 또한 사람이 되셔서
우리의 연약함과 고통을 감당하셨습니다.
하나님이고 사람이신 예수님과 우리가 더욱 깊이
교제할 수 있게 하시니 감사합니다. 앞으로 더욱
주님을 사랑하고 주님과 함께하는 우리가 되게 해 주세요.
______도 예수님을 인격적으로 만나게 해 주세요.
예수님의 이름으로 기도합니다. 아멘.

예수님께서 우리를 사랑해서 이 땅에 오신 것처럼, 우리에게도 사랑할 사람들이 있어요. 누구인지 이름을 말하고, 그들을 위해 사용할 수 있는 능력(함께 있기, 이야기 들어 주기, 요리하기 등)을 말해 보세요.

믿음의 유산

아이에게 믿음의 유산으로 남길 생각, 마음, 바람을 적어 보세요.

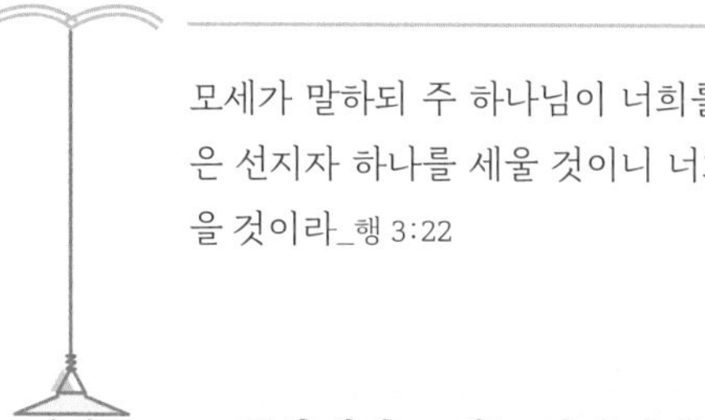

106

모세가 말하되 주 하나님이 너희를 위하여 너희 형제 가운데서 나 같은 선지자 하나를 세울 것이니 너희가 무엇이든지 그의 모든 말을 들을 것이라_행 3:22

구약에서 모세는 하나님께서 백성을 위해
자신과 같은 선지자를 세우신다고 말했습니다.
베드로는 모세의 말을 인용해서 하나님께서 세우신
선지자, 이스라엘 백성이 오랫동안 기다려 온
메시아가 바로 예수님이라고 말하며,
모두 예수님의 말을 들으라고 합니다.
우리도 예수님이 바로 하나님의 뜻을 전하신
선지자라고 믿고 순종합니다. ______도 예수님을
주인으로 삼아 온전히 순종하게 해 주세요.
예수님의 이름으로 기도합니다. 아멘.

성경에 나오는 선지자 이름을 말해 보세요. 성경책을 펴서 성경 목록을 보면 말할 수 있어요.

핵심 교리 이해하기

[소요리 문답 23문] 그리스도께서 우리의 구속자로 무슨 직분을 행하시는가?

예수님은 우리를 구속하신 구속자로, 선지자와 제사장과 왕의 직분을 행하십니다.

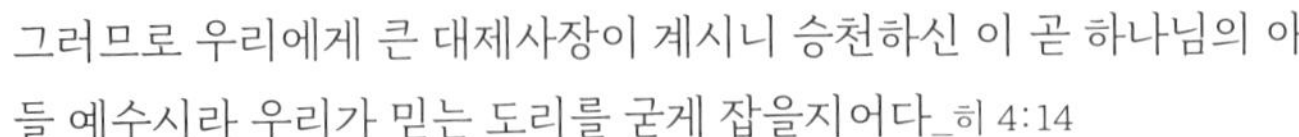

그러므로 우리에게 큰 대제사장이 계시니 승천하신 이 곧 하나님의 아들 예수시라 우리가 믿는 도리를 굳게 잡을지어다_히 4:14

하나님의 아들, 예수 그리스도를 큰 대제사장으로
우리에게 보내 주시니 감사합니다. 예수님은
세상의 제사장들보다 훨씬 크고 우월하십니다.
대제사장은 매년 한 번 지성소에 들어가서 백성을 위한
속죄제를 드렸습니다. 반면 예수님은 딱 한 번
당신의 몸을 제물로 드림으로 모든 사람의 죄를
다 용서해 주셨습니다. 이 사실을 믿고 예수님께로
나아가는 ______가 되게 해 주세요.
예수님의 이름으로 기도합니다. 아멘.

예수님이 우리의 모든 죄를 단번에 용서하신 것을 믿나요? 혹시 용서받지 못한 것 같아서 두 번, 세 번, 그 이상 반복해서 용서를 구하지는 않나요? 예수님의 용서를 진심으로 받아들여 보세요.

핵심 교리 적용하기

예수님은 백성의 죄를 씻어 주는 제사장, 하나님의 말씀을 선포하는 선지자, 능력의 말씀으로 백성을 다스리는 왕이 되셨습니다. 당신은 예수님의 세 가지 모습을 모두 경험했나요?

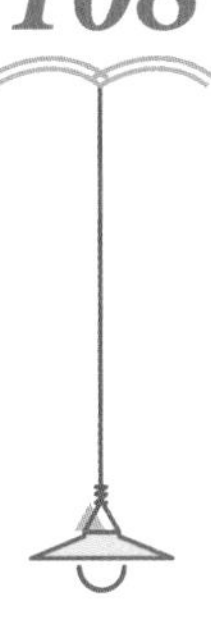

또한 이와 같이 그리스도께서 대제사장 되심도 스스로 영광을 취하심이 아니요 오직 말씀하신 이가 그에게 이르시되 너는 내 아들이니 내가 오늘 너를 낳았다 하셨고_히 5:5

하나님, 하나님의 뜻대로 대제사장이 되어 주신 예수님을 보내주시니 감사합니다. 예수님은 스스로 영광을 취하지 않고 도리어 우리를 위해 세상에서 고난당하고 당신의 몸을 제물로 드려 우리를 구원해 주셨습니다. 이 사실을 기억하며 하나님께 감사와 영광을 돌려 드립니다. 우리 ________도 자신을 위해 죽으신 주님께 감사하며 살아가게 해 주세요. 예수님의 이름으로 기도합니다. 아멘.

예수님께서 하나님의 뜻에 순종하신 것처럼, 하나님은 우리가 부모님이나 선생님께 순종하는 것을 기뻐하세요. 요즘 순종하기 힘든 일이 있나요? 예수님이라면 어떻게 하셨을지 함께 이야기해 보세요.

오늘의 말씀 따라 쓰기

오늘의 말씀을 따라 쓰며 마음에 새겨 보세요.

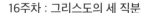

그 옷과 그 다리에 이름을 쓴 것이 있으니 만왕의 왕이요 만주의 주라 하였더라_계 19:16

하나님, 세상 마지막에 만왕의 왕이요, 만주의 주인 예수님께서 하늘의 군대와 함께 백마를 타고 오신다는 것을 알려 주시니 감사합니다. 이 땅을 사는 동안 우리가 심판이 없을 것처럼 마음대로 살지 않게 해 주세요. 만왕의 왕인 예수님이 재림하실 것을 믿고 기대하면서 준비하게 해 주세요. ______도 다시 오실 예수님을 기다리며 살게 해 주시기를 원합니다. 예수님의 이름으로 기도합니다. 아멘.

예수님께서 하늘의 군대와 함께 백마를 타고 오시는 모습을 상상해 보세요. 그런 다음 "예수님만이 진짜 나의 왕이세요! 예수님만이 온 세상의 주인이세요!" 하고 마음을 담아 고백해 보세요.

말씀 암송하기

그러므로 우리에게 큰 대제사장이 계시니 승천하신 이 곧 하나님의 아들 예수시라 우리가 믿는 도리를 굳게 잡을지어다_히 4:14

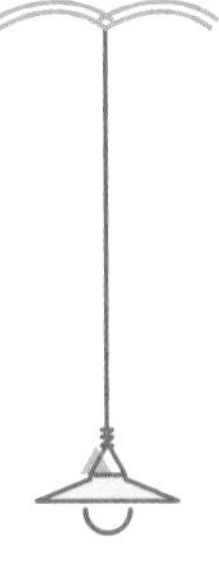

이는 한 아기가 우리에게 났고 한 아들을 우리에게 주신 바 되었는데 그의 어깨에는 정사를 메었고 그의 이름은 기묘자라, 모사라, 전능하신 하나님이라, 영존하시는 아버지라, 평강의 왕이라 할 것임이라_사 9:6

하나님, 우리에게 보내 주신 예수님은
전능하신 하나님이고, 평강을 주는 왕이십니다.
우리가 생각할 수 없는 기이한 일을 행하고 뛰어난
지혜를 지닌 분이십니다. 우리가 영원히 존재하시는
하나님인 예수님을 믿고 따르는 자가 되게 해 주세요.
_______도 예수님과 깊이 교제하며 알아 가게
인도해 주세요.
예수님의 이름으로 기도합니다. 아멘.

'기묘자', '모사'가 무슨 뜻인지 알아보세요. 예수님의 능력을 나타내는 별명을 지어 보세요.

아이와 교감하기

아이와 함께 하루의 삶을 나누고 서로의 마음을 다독여 주세요.

그리스도께서는 참것의 그림자인 손으로 만든 성소에 들어가지 아니하시고 바로 그 하늘에 들어가사 이제 우리를 위하여 하나님 앞에 나타나시고_히 9:24

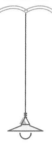

하나님, 우리의 중보자인 예수님은
우리를 대신해서 하나님 앞에 서셨습니다.
대제사장들이 성소에 들어가서 우리 죄를 사했던 것과
달리 하나님 아버지 앞에 서셨습니다.
죄인인 우리 편이 되어 주신 예수님 덕분에 우리가 죄를
용서받았습니다. ________도 예수님을 온전히
따르며 하나님을 섬기게 해 주세요.
예수님의 이름으로 기도합니다. 아멘.

용서 쿠폰을 만들어 보세요. 종이로 만든 카드에 각자가 잘못한 일을 적고 그 위에 빨간 색연필로 '예수님'이라고 적어 보세요. 우리가 어떠한 잘못을 했든 예수님의 이름으로 용서받을 수 있어요.

축복 기도문 쓰기

아이를 향한 축복의 기도를 글로 기록해 보세요.

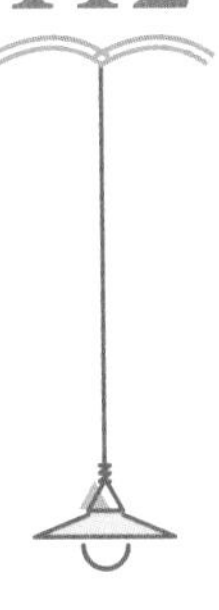

인자가 온 것은 섬김을 받으려 함이 아니라 도리어 섬기려 하고 자기 목숨을 많은 사람의 대속물로 주려 함이니라_막 10:45

노예의 값을 지불하고 자유롭게 하듯이,
우리를 대신해서 당신의 목숨을 내어 주신 예수님께
감사드립니다. 예수님은 우리에게 섬김을 받기보다
우리를 섬겨 주셨습니다. 예수님은 당신의 죽음으로
죄 아래서 종으로 살던 우리를 해방시켜 주셨습니다.
섬김을 받기보다 우리를 섬겨 주신 예수님을 믿고
감사하는 우리와 ________가 되게 해 주세요.
예수님의 이름으로 기도합니다. 아멘.

쇠사슬에 묶여 있는 노예의 사진을 찾아보세요. 그리고 죄의 노예였던 우리를 자유롭게 해 주신 예수님을 기억하는 시간을 가져 보세요.

믿음의 유산

아이에게 믿음의 유산으로 남길 생각, 마음, 바람을 적어 보세요.

이제부터는 너희를 종이라 하지 아니하리니 종은 주인이 하는 것을 알지 못함이라 너희를 친구라 하였노니 내가 내 아버지께 들은 것을 다 너희에게 알게 하였음이라_요 15:15

하나님, 가벼운 내용이나 마음은 편지나 문자,
카톡으로 전달하지만, 중요한 내용은 직접 가서
전할 때가 많습니다. 하나님께서는 구원에 관한
중요한 이야기를 여러 가지 모양으로 전해 주셨습니다.
특별히 하나님의 아들이신 예수님을 직접 보내어
우리를 친구로 삼고, 복음을 전해 주시니
정말 감사합니다. ________도 예수님의 친구가 되어
예수님과 친밀하게 사귈 수 있게 인도해 주세요.
예수님의 이름으로 기도합니다. 아멘.

좋아하는 친구를 만난다면 무엇을 하고 싶은지 적어 보세요. 그리고 우리의 가장 좋은 친구이신 예수님과 그 일을 함께해 보세요.

핵심 교리 이해하기

[소요리 문답 24문] 그리스도께서 어떻게 선지자의 직분을 행하시는가?

예수님은 구원의 말씀을 선포하는 선지자이십니다. 우리를 구원하시려는 하나님의 뜻을 그 말씀과 성령으로 우리에게 나타내십니다.

이 구원에 대하여는 너희에게 임할 은혜를 예언하던 선지자들이 연구하고 부지런히 살펴서_벧전 1:10

하나님, 선지자들과 예수님을 우리에게 보내 주셔서
감사합니다. 선지자들은 하나님의 말씀을 맡아서
부지런히 연구하고 백성에게 선포했습니다.
예수님도 자신의 뜻이 아닌 하나님의 뜻을
우리에게 전하셨습니다. 예수님께서 하신 말씀은
모두 하나님의 뜻대로 전하신 것임을 믿습니다.
예수님께서 전하신 구원과 은혜를
믿고 따르는 우리가 되기를 원합니다.
_______도 성경 말씀을 듣고 순종하게 해 주세요.
예수님의 이름으로 기도합니다. 아멘.

하나님의 말씀을 연구하고 전하는 분들(목사님, 전도사님, 선생님 등)이 말씀을 잘 해석하고 전할 수 있도록 기도하세요.

핵심 교리 적용하기

천사나 선지자들을 보내서 당신의 뜻을 전하신 하나님은 최고의 대변인으로 예수님을 보내셨습니다. 예수님이 당신에게 전달해 주신 하나님의 메시지는 무엇인가요?

115

거짓을 예언하는 선지자들이 언제까지 이 마음을 품겠느냐 그들은 그 마음의 간교한 것을 예언하느니라_렘 23:26

하나님, 거짓 선지자들은 거짓된 내용을 전해서 백성이 하나님의 뜻을 제대로 알 수 없게 만들었습니다. 하나님과 백성 사이를 멀어지게 만들었습니다. 하지만 예수님은 거짓 선지자가 아닌 참 선지자이셨습니다. 하나님과 멀어졌던 우리를 하나님과 가까워지게 하셨습니다. 하나님의 뜻을 정확하게 알도록 하셨습니다. 참 선지자이셨던 예수님을 마음 깊이 모시는 ________가 되게 해 주세요. 예수님의 이름으로 기도합니다. 아멘.

만일 ________가 선지자라면 어떤 말을 전했을까요? 선지자로 꾸미고 하나님의 말씀을 전해 보세요.

오늘의 말씀 따라 쓰기

오늘의 말씀을 따라 쓰며 마음에 새겨 보세요.

보혜사 곧 아버지께서 내 이름으로 보내실 성령 그가 너희에게 모든 것을 가르치고 내가 너희에게 말한 모든 것을 생각나게 하리라_요 14:26

예수님은 당신이 제자들을 떠난 후에도 성령님이
오셔서 당신이 가르치고 말한 것을 생각나게
할 거라고 하셨습니다. 하나님께서 보내신 성령님이
계속해서 예수님을 기억나게 하고 함께하신다니
감사합니다. 성령님, 제자들뿐 아니라 우리에게도
오셔서 우리가 성경의 진리에서 벗어나지 않게
하시고, 예수님이 가르치신 것을 기억나게 해 주세요.
________도 하나님의 뜻을 벗어나지 않도록
성령님께서 함께해 주세요.
예수님의 이름으로 기도합니다. 아멘.

책이나 장난감으로 장애물을 설치한 후, 한 사람은 눈을 가리고 다른 사람이 지시하는 대로 걸어서 결승선까지 가 보세요. 역할을 바꿔서도 해 보세요.

말씀 암송하기

보혜사 곧 아버지께서 내 이름으로 보내실 성령 그가 너희에게 모든 것을 가르치고 내가 너희에게 말한 모든 것을 생각나게 하리라_요 14:26

117

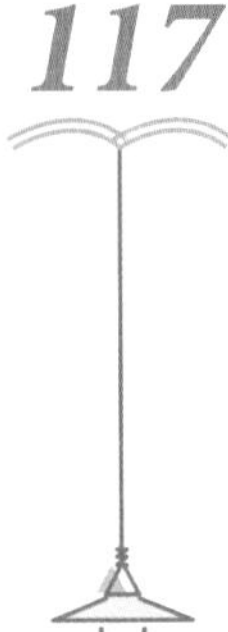

본래 하나님을 본 사람이 없으되 아버지 품속에 있는 독생하신 하나님이 나타내셨느니라_요 1:18

하나님, 많은 사람이 하나님을 만나서 영광을 경험했지만
실제로 하나님을 똑똑히 본 사람은 없었습니다.
하지만 하나님의 아들인 예수님께서 이 땅에 오신 후,
우리는 하나님을 보게 되었습니다. 예수님으로 인해
우리는 하나님을 보고, 만지고, 함께할 수 있었습니다.
그런 은혜를 주신 하나님, 감사합니다.
________도 예수님을 통해 하나님을 만나게 해 주세요.
예수님의 이름으로 기도합니다. 아멘.

빈 상자 안에 여러 가지 물건을 넣은 후 눈을 감고 만져 보세요. 어떤 물건인지 맞혀 보세요. 맞히지 못했다면 다른 사람의 설명을 듣고 맞혀 보세요. 훨씬 맞히기 쉬울 거예요. 예수님은 우리에게 하나님이 어떤 분인지 알려 주시는 분이에요.

아이와 교감하기

아이와 함께 하루의 삶을 나누고 서로의 마음을 다독여 주세요.

그러나 진리의 성령이 오시면 그가 너희를 모든 진리 가운데로 인도하시리니 그가 스스로 말하지 않고 오직 들은 것을 말하며 장래 일을 너희에게 알리시리라_요 16:13

하나님, 진리의 성령님께서 우리를 예수님의 진리 가운데로 인도해 주시니 감사합니다. 하나님으로부터 들은 것들과 장래 일을 우리에게 알려 주시는 성령님 덕분에 우리는 예수님이 누구이며 앞으로 우리에게 무엇을 해 주실지를 알게 됩니다. ________도 성령님을 통해 예수님을 더욱 깊이 알아 가게 해 주세요. 예수님의 이름으로 기도합니다. 아멘.

모르는 길을 안내해 주는 것은 무엇인가요? 모르는 것을 가르쳐 주는 사람은 누구인가요? 성경에서 우리를 예수님께로 인도하시는 분은 누구인지 말해 보세요.

축복 기도문 쓰기

아이를 향한 축복의 기도를 글로 기록해 보세요.

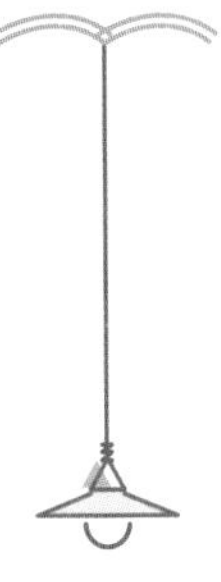

119

옛적에 선지자들을 통하여 여러 부분과 여러 모양으로 우리 조상들에게 말씀하신 하나님이 이 모든 날 마지막에는 아들을 통하여 우리에게 말씀하셨으니 이 아들을 만유의 상속자로 세우시고 또 그로 말미암아 모든 세계를 지으셨느니라_히 1:1-2

하나님께서는 야곱에게는 꿈으로, 선지자들에게는 환상으로, 아브라함과 모세에게는 직접 말씀하셨습니다. 오랜 시간 동안 여러 방법으로 말씀하신 하나님께서는 마지막에 아들인 예수님을 보내어 당신을 알려 주셨습니다. 모든 것의 상속자이신 예수님을 통해 하나님을 알게 되니 감사합니다. ________도 예수님을 통해 놀라운 하나님을 만나게 해 주세요.
예수님의 이름으로 기도합니다. 아멘.

하나님은 여러 사람과 여러 방법을 통해 말씀하셨고, 마지막에는 예수님을 통해서 말씀하셨어요. 서로 하나님을 알게 된 방법이나 하나님을 알도록 도와준 사람은 누구였는지 이야기해 보세요.

믿음의 유산

아이에게 믿음의 유산으로 남길 생각, 마음, 바람을 적어 보세요.

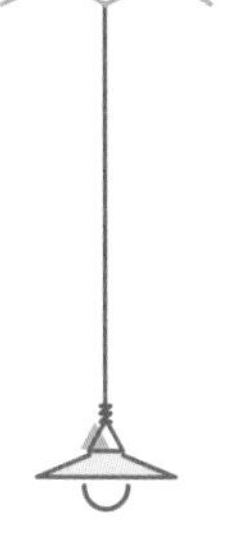

그러므로 자기를 힘입어 하나님께 나아가는 자들을 온전히 구원하실 수 있으니 이는 그가 항상 살아 계셔서 그들을 위하여 간구하심이라_히 7:25

하나님, 구약의 제사장이 백성의 죄를 가지고
하나님께 나아가 용서해 달라고 기도했던 것처럼,
예수님도 우리를 위해 하나님 오른편에서
기도해 주시니 감사합니다.
우리가 이 사실을 기억하고 예수님의 이름으로
담대하게 나아가게 해 주세요.
_______도 예수님을 힘입어서
하나님께 나아가게 해 주세요.
예수님의 이름으로 기도합니다. 아멘.

도움이 필요한 친구나 아픈 사람들의 이름을 적어 보세요. 예수님께서 우리를 위해 기도해 주시는 것처럼 도움이 필요한 사람들을 위해 기도해 주세요.

핵심 교리 이해하기

[소요리 문답 25문] 그리스도께서 어떻게 제사장의 직분을 행하시는가?

예수님은 당신을 제물로 드려 하나님과 우리를 화평한 관계가 되게 하셨습니다. 그분은 항상 우리를 위해 간구하십니다. 이것이 예수님께서 행하신 제사장의 직분입니다.

5월

예수님께 무릎 꿇는 기도

구약 시대에 이스라엘에서는 여러 차례 소와 양을 제물로 드려서 죄를 해결해야 했습니다. 피비린내와 동물의 울음소리가 끊이지 않았을 예루살렘의 모습을 상상해 봅니다. 죄를 짓고 용서받고, 다시 죄를 짓고 용서받는 모습이 무한 반복되는 도돌이표 같습니다.

이런 개인과 역사의 죄 문제를 단번에 해결해 주신 분, 예수님께 무릎 꿇습니다. 율법으로 우리가 죄인임을 알았으나 해결할 수 없었던 죄를 예수님께서 해결해 주셨습니다. 당신을 제물로 드려서 단 한 번에 우리의 모든 죄를 용서하셨습니다.

하나님인 예수님께서 인간이 되셨습니다. 치욕의 자리인 십자가와 죽음의 자리로 낮아지셨습니다. 당신을 한없이 낮추신 예수님을 만날 때마다 겸손하게 무릎 꿇게 됩니다. 5월에는 낮아지고, 낮아지며, 또 낮아지신 예수님을 만납니다.

5월에는 '예수님께 무릎 꿇는 기도'를 해 봅니다.

하물며 영원하신 성령으로 말미암아 흠 없는 자기를 하나님께 드린 그리스도의 피가 어찌 너희 양심을 죽은 행실에서 깨끗하게 하고 살아 계신 하나님을 섬기게 하지 못하겠느냐_히 9:14

예수님, 당신을 제물로 드려서
우리를 죄에서 구원해 주시니 감사합니다.
예수님께서 흘리신 피로 우리의 양심을 정결하게
해 주신 덕분에 우리는 살아 계신 하나님을
온전히 섬길 수 있게 되었습니다.
_______도 예수님을 통해 죄 사함을 받고
하나님을 기쁨으로 섬기게 해 주세요.
예수님의 이름으로 기도합니다. 아멘.

자녀가 맡아서 하는 집안일이 있나요? 예수님을 믿고 하나님께 순종하며 기쁨으로 섬기게 된 것처럼, 가정에서도 섬김의 기쁨을 맛보게 해 주세요.

핵심 교리 적용하기

구약의 제사장은 율법대로 소나 양을 죽여서 태우고 피를 뿌려서 죄를 사하는 제사를 드렸습니다. 예수님께서는 당신의 몸을 제물로 드려서 단번에 모든 사람의 죄를 대신 없애셨습니다. 당신은 이 사실을 믿나요?

곧 이때에 자기의 의로우심을 나타내사 자기도 의로우시며 또한 예수 믿는 자를 의롭다 하려 하심이라_롬 3:26

하나님, 의로우신 하나님께서는 예수님을 믿는 사람을 의롭다고 하셨습니다. 구약 시대의 사람들은 예수님을 자세하게 몰랐지만, 예수님을 기대하는 믿음으로 구원을 받았습니다. 예수님이 오신 후의 사람들은 오신 예수님을 믿고 구원을 받습니다.
이 사실에 근거해서 죄 사함을 받게 해 주세요.
_______도 구원의 길은 예수님을 믿는 믿음뿐임을 기억하게 해 주세요.
예수님의 이름으로 기도합니다. 아멘.

구약 시대에는 죄를 지으면 제물을 드리는 제사를 통해 용서받았어요. 예수님이 오신 후에는 예수님께서 직접 제물이 되어 단 한 번에 해결해 주셨답니다. 우리를 구원하시는 예수님의 구원 티켓을 만들어 보세요.

오늘의 말씀 따라 쓰기

오늘의 말씀을 따라 쓰며 마음에 새겨 보세요.

123

그리스도는 모든 믿는 자에게 의를 이루기 위하여 율법의 마침이 되시니라_롬 10:4

예수님은 율법을 성취하셨고, 믿는 자에게
의를 이루셨습니다. 더 이상 율법은 하나님의 백성을
지배하지 못하지만, 여전히 하나님이 누구이신지
가르쳐 주고, 하나님을 어떻게 믿어야 할지를 알려
줍니다. 율법이 우리를 구원하지는 못하지만,
유일한 구원자이신 예수님께로 향하게 한다는
이 사실을 우리 ______도 잘 알게 해 주세요.
예수님의 이름으로 기도합니다. 아멘.

십계명을 알고 있나요? 십계명을 지켜서 구원을 받게 되는 것은 아니지만, 하나님께서 무엇을 기뻐하시는지 알 수 있어요. 가족이 함께 십계명을 암송해 보세요.

말씀 암송하기

그리스도는 모든 믿는 자에게 의를 이루기 위하여 율법의 마침이 되시니라_롬 10:4

그러므로 그가 범사에 형제들과 같이 되심이 마땅하도다 이는 하나님의 일에 자비하고 신실한 대제사장이 되어 백성의 죄를 속량하려 하심이라_히 2:17

하나님, 예수님을 이 땅에 보내셔서
우리의 죄 문제를 해결해 주시니 감사합니다.
예수님은 완전한 인간이자 완전한 하나님이셨습니다.
구약의 대제사장은 여러 번 제사를 드려야 했지만,
예수님은 단 한 번에 모든 문제를 해결하셨습니다.
이 사실을 믿고 우리의 죄를 온전히 맡깁니다.
_______도 예수님께 자신의 죄 문제를 맡기게 해 주세요.
예수님의 이름으로 기도합니다. 아멘.

가족이 각자 회개할 죄를 종이에 적어 보세요. 종이를 모두 봉투에 넣은 후, 봉투에 '예수님께'라고 적고 성경책 속에 넣어 보세요.

아이와 교감하기

아이와 함께 하루의 삶을 나누고 서로의 마음을 다독여 주세요.

125

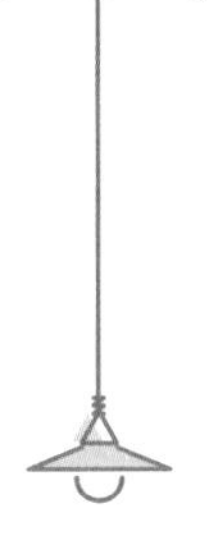

그가 시험을 받아 고난을 당하셨은즉 시험받는 자들을 능히 도우실 수 있느니라_히 2:18

하나님, 예수님께서 이 땅에 살면서 수많은 유혹과
고난을 당하셨다는 말에 위로를 받게 됩니다.
그렇기에 예수님은 우리의 연약함에 공감해 주실 수
있습니다. 또한 예수님은 시험은 받았지만
죄는 짓지 않으셨기 때문에 우리를 능히 도와주실 수
있습니다. 어려운 일을 겪을 때, 예수님께 나아가
기도하게 해 주세요. ______도 시험을 이기면서
더욱 예수님을 붙잡게 해 주세요.
예수님의 이름으로 기도합니다. 아멘.

탁구공에 '예수님'이라고 쓰고 숟가락에 올려놓은 후 거실에서 방까지 옮겨 보세요. 다른 가족은 부채질을 하며 방해해 보세요. 끝까지 흔들리지 않고 예수님께만 집중해 보세요.

축복 기도문 쓰기

아이를 향한 축복의 기도를 글로 기록해 보세요.

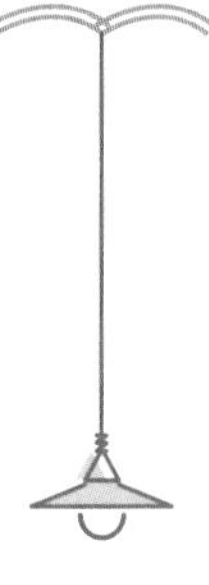

그러므로 우리는 긍휼하심을 받고 때를 따라 돕는 은혜를 얻기 위하여 은혜의 보좌 앞에 담대히 나아갈 것이니라_히 4:16

하나님, 오늘도 우리는 하나님 앞에 섭니다.
긍휼과 은혜를 베푸시는 하나님께 나아갑니다.
두려워하지 않고, 담대하게 나아갑니다.
세상 모든 것의 주인인 하나님께 나아가 당당하게
기도합니다. 우리에게 은혜 베풀기를 기뻐하시는
하나님께 간절히 기도하는 우리가 되게 해 주세요.
하나님께 기도할 때, 주실 은혜를 얻기 위해
담대하게 구하는 ________가 되게 해 주세요.
예수님의 이름으로 기도합니다. 아멘.

담대하다는 것은 겁이 없다는 뜻이에요. 무엇을 가장 무서워하는지 이야기를 나누고 하나님께 담대한 마음을 달라고 함께 기도해 보세요.

믿음의 유산

아이에게 믿음의 유산으로 남길 생각, 마음, 바람을 적어 보세요.

주의 권능의 날에 주의 백성이 거룩한 옷을 입고 즐거이 헌신하니 새벽 이슬 같은 주의 청년들이 주께 나오는도다_시 110:3

하나님, 다윗은 영적인 전쟁을 시로 기록했습니다.
하나님과 악한 세력 간의 전쟁에서 하나님의 백성은
거룩한 옷을 입고 즐겁게 헌신한다고 했습니다.
마치 새벽이슬 같은 청년의 모습으로 왕이신
하나님을 위해 싸우는 것입니다. 우리도 왕이신
하나님을 헌신적으로 섬기게 해 주세요.
______도 하나님을 위해 즐겁게 헌신하는
거룩한 주의 청년이 되게 해 주세요.
예수님의 이름으로 기도합니다. 아멘.

스무 살의 ______를 떠올리며 축복의 말을 해 주세요.

핵심 교리 이해하기

[소요리 문답 26문] 그리스도께서 어떻게 왕의 직분을 행하시는가?

그리스도께서 왕의 직분을 행하는 것은 우리를 다스리고 보호하며 예수님과 우리의 원수를 막아서 이기는 것입니다.

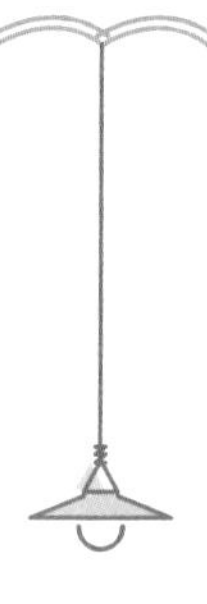

대저 여호와는 우리 재판장이시요 여호와는 우리에게 율법을 세우신 이요 여호와는 우리의 왕이시니 그가 우리를 구원하실 것임이라_사 33:22

우리의 재판장이시고, 율법을 세우신 분이며,
왕이신 하나님을 찬양합니다. 하나님은 세상을
다스리는 최고의 통치자이십니다.
우리는 다른 누구보다 하나님을 믿고 의지합니다.
우리의 구원자이신 하나님을 바라봅니다.
왕이신 하나님께서 다스릴 때 우리에게 평화를
허락해 주세요. ________도 자신의 인생에서
왕이고 구원자이신 하나님을 만나게 해 주세요.
예수님의 이름으로 기도합니다. 아멘.

'나의 하나님은 ________이십니다.' 문장을 완성해 보세요. 왜 그렇게 말했는지 설명해 주세요.

핵심 교리 적용하기

예수님은 우리를 다스리고 보호해 주는 참된 왕이십니다. 이번 주에 내가 경험한 왕이신 예수님의 다스림은 무엇인가요?

129

그가 모든 원수를 그 발아래에 둘 때까지 반드시 왕 노릇 하시리니_고전 15:25

예수님께서는 십자가에서 죄와 죽음을 이기셨고,
부활한 후 모든 악을 이기실 것입니다. 예수님은
죄와 죽음을 모두 정복하고 통치하십니다.
마지막 날에 예수님께서 사탄에 대해
승리하실 것도 믿습니다.
_______도 우리의 소망 되신 예수 그리스도를 믿고
용감하게 살아가게 해 주세요.
예수님의 이름으로 기도합니다. 아멘.

사탄을 이기신 왕, 예수님을 만난다면 뭐라고 말하고 싶은가요?

오늘의 말씀 따라 쓰기

오늘의 말씀을 따라 쓰며 마음에 새겨 보세요.

나다나엘이 대답하되 랍비여 당신은 하나님의 아들이시요 당신은 이스라엘의 임금이로소이다_요 1:49

하나님, 나다나엘은 나사렛에서 선한 것이
나올 수 없다는 생각을 했지만 "와 보라"는 말을 듣고
예수님을 보러 갔습니다. 결국 그는 예수님을
하나님의 아들이시고, 이스라엘의 임금이시라고
고백하는 제자가 되었습니다. 우리도 선입견에 갇혀서
예수님을 거부하지 않고 예수님께로 가서
그분을 만나는 사람이 되기 원합니다.
______도 왕이신 주님을 만나는 자녀가 되기를 원하며,
예수님의 이름으로 기도합니다. 아멘.

왕이신 예수님을 모르는 친구나 이웃에게 예수님을 전해 보세요. "예수님을 만나러 올래?" 하며 용기 내어 초대해 보세요.

말씀 암송하기

그가 모든 원수를 그 발아래에 둘 때까지 반드시 왕 노릇 하시리니_고전 15:25

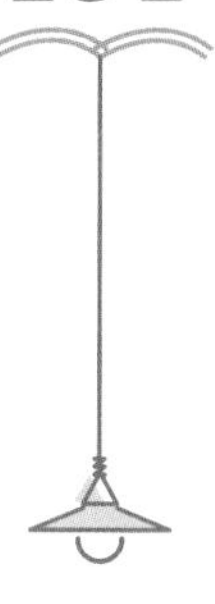

보라 장차 한 왕이 공의로 통치할 것이요 방백들이 정의로 다스릴 것이며_사 32:1

하나님, 악한 왕의 통치를 많이 받은 이스라엘 백성은 공의로운 통치자를 갈망했습니다. 선한 왕이 정의롭게 백성을 다스리기를 바랐습니다.
하나님의 정의가 선포되고 의로운 통치가 완벽하게 일어나는 것은 오직 예수님이 통치하실 때입니다.
_______도 예수님께서 다스리시는 나라에 대한 소망을 품고 이 땅에서 살아가게 해 주세요.
예수님의 이름으로 기도합니다. 아멘.

악한 왕의 통치를 받는 이스라엘 백성은 무엇을 갈망했나요? 예수님의 통치는 어떠했나요? 함께 이야기해 보세요.

아이와 교감하기

아이와 함께 하루의 삶을 나누고 서로의 마음을 다독여 주세요.

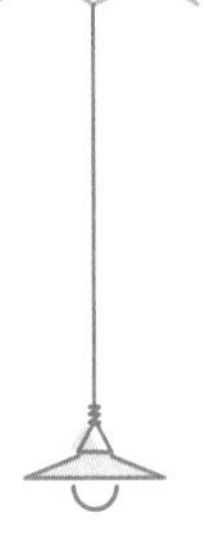

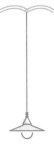

그런즉 이스라엘 온 집은 확실히 알지니 너희가 십자가에 못 박은 이 예수를 하나님이 주와 그리스도가 되게 하셨느니라 하니라_행 2:36

하나님, 이스라엘 백성이 십자가에 못 박은
예수님을 주와 그리스도가 되게 하시니 감사합니다.
예수님을 당신의 오른편에 앉혀 영광스럽게
높여 주셨습니다. 우리는 예수님이 죽으시고
부활하여 하나님 우편에 앉아 계신 것을 믿습니다.
_______도 예수님을 자신의 인생의 주인이자
하나님이 보내신 분임을 확실히 알고
따를 수 있게 해 주세요.
예수님의 이름으로 기도합니다. 아멘.

예수님의 십자가와 부활, 승천하신 것을 이야기할 수 있나요? 잘 모르는 부분을 메모하고 부모님과 이야기해 보세요.

축복 기도문 쓰기

아이를 향한 축복의 기도를 글로 기록해 보세요.

133

모든 통치와 권세와 능력과 주권과 이 세상뿐 아니라 오는 세상에 일컫는 모든 이름 위에 뛰어나게 하시고_엡 1:21

하나님, 죽은 자 가운데서 다시 살아나신 예수님은
하늘 보좌에 앉아 악의 세력을 비롯한 모든 것을
통치하십니다. 예수님이 이 세상은 물론 모든
이름 위에 뛰어나신 분임을 믿고 섬기게 해 주세요.
______도 우주의 모든 것을 영원토록 다스리시는
예수님을 자신의 주인으로 고백하게 해 주세요.
예수님의 이름으로 기도합니다. 아멘.

각자 아끼는 물건을 한 가지씩 골라서 큰 바구니에 넣고 '이 물건의 주인은 하나님'이라고 고백해 보세요. 오늘 하루는 이 물건을 사용하지 말아 볼까요?

믿음의 유산

아이에게 믿음의 유산으로 남길 생각, 마음, 바람을 적어 보세요.

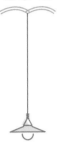

134

첫아들을 낳아 강보로 싸서 구유에 뉘었으니 이는 여관에 있을 곳이 없음이러라_눅 2:7

하나님, 존귀하신 예수님이 어둡고 더러운 마구간에서
태어나셨습니다. 사람들이 간절히 기다리던 메시아가
왕궁이 아닌 허름한 구유에 누워 계셨습니다.
이 땅에 겸손하게 오신 예수님,
예수님을 우리에게 보내 주신 하나님 감사합니다.
______도 아기로 오신 예수님,
낮아지신 예수님을 만나게 해 주세요.

집에 있는 타월이나 담요로 _____를 감싸서 안아 주세요. ______는 어떤 기분인지 말해 보세요. 그런 다음 구유에 누인 아기 예수님의 모습을 상상해서 말해 보세요.

핵심 교리 이해하기

[소요리 문답 27문] 그리스도의 낮아지심이 어떠한가?

예수님은 천한 신분으로 태어나셨고 율법 아래 복종하며 사셨습니다. 이 세상에서 비참함을 겪으시고 십자가에 달려 죽으셨으며 죽음의 권세 아래 거하셨습니다.

135

그는 근본 하나님의 본체시나 하나님과 동등됨을 취할 것으로 여기지 아니하시고 오히려 자기를 비워 종의 형체를 가지사 사람들과 같이 되셨고 사람의 모양으로 나타나사 자기를 낮추시고 죽기까지 복종하셨으니 곧 십자가에 죽으심이라_빌 2:6-8

하나님, 세상에 오신 예수님은 하나님으로서의
모든 권리를 내려놓으셨습니다. 아기로 태어나고,
사람으로 사셨으며, 우리의 죄를 지고
십자가에 달려 죽으셨습니다. 사람으로, 죄인으로,
죽음의 자리로 낮아지고, 낮아지며,
또 낮아지셨습니다. 영광과 능력을 내려놓고
종이 되신 예수님께 감사합니다. 우리를 사랑해서
당신을 낮추신 예수님의 은혜를 알고 감사하는
________가 되게 해 주세요.
예수님의 이름으로 기도합니다. 아멘.

어린아이나 거동이 불편한 할머니, 할아버지와 길을 걸어 보았나요? 그 사람의 속도와 보폭에 맞추어서 걸은 기억을 말해 보세요. 없다면 한번 해 보고, 하나님이신 예수님이 사람으로 사셨던 일과 연결해서 말해 보세요.

핵심 교리 적용하기

하나님이신 예수님이 사람으로, 죄인으로, 죽음의 상태로 낮아지셨습니다. 하나님이신 예수님이 낮아지고 낮아지신 이유는 무엇일까요?

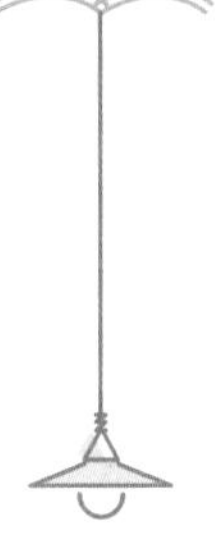

우리 주 예수 그리스도의 은혜를 너희가 알거니와 부요하신 이로서 너희를 위하여 가난하게 되심은 그의 가난함으로 말미암아 너희를 부요하게 하려 하심이라_고후 8:9

하나님이신 예수님은 모든 권리와 능력을 내려놓고
사람이 되셨습니다. 사람의 한계 안에서 살고
죽으셨습니다. 부요하신 하나님이 여러 면에서
가난한 사람이 되어 주신 덕분에 우리는 구원과 영생을
얻게 되었습니다. 우리를 예수님의 은혜를 아는
부요한 자가 되게 해 주시니 감사합니다.
우리 _______도 부요하신 예수님의 은혜로
구원과 영생을 얻게 해 주세요.
예수님의 이름으로 기도합니다. 아멘.

세상 최고의 부자는 누구일까요? 부자 하나님이 우리에게 주신 것은 무엇일까요?

오늘의 말씀 따라 쓰기

오늘의 말씀을 따라 쓰며 마음에 새겨 보세요.

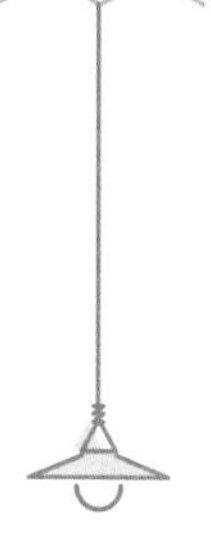

그는 멸시를 받아 사람들에게 버림받았으며 간고를 많이 겪었으며 질고를 아는 자라 마치 사람들이 그에게서 얼굴을 가리는 것같이 멸시를 당하였고 우리도 그를 귀히 여기지 아니하였도다_사 53:3

하나님, 예수님에 대한 예언을 읽으니 마음이 아픕니다. 사람들은 예수님을 보고 고개를 돌리고 멸시하며 벌레 취급했습니다. 죄가 없는 분이 벌을 받고 조롱받으며 고통을 겪으셨습니다. 우리의 고통과 잘못, 추악함 때문에 예수님이 그런 일을 당하셨습니다. 예수님을 그렇게 만든 우리의 죄를 용서해 주세요. ________도 자신의 죄를 고백하고 용서를 구하기를 원하며, 예수님의 이름으로 기도합니다. 아멘.

보드 마커로 손바닥에 '죄'라고 쓴 후 손바닥을 보며 자신의 죄를 고백해 보세요. 그리고 손을 깨끗하게 씻으세요(보드 마커는 잘 지워져요).

말씀 암송하기

그는 근본 하나님의 본체시나 하나님과 동등됨을 취할 것으로 여기지 아니하시고 오히려 자기를 비워 종의 형체를 가지사 사람들과 같이 되셨고 사람의 모양으로 나타나사 자기를 낮추시고 죽기까지 복종하셨으니 곧 십자가에 죽으심이라_빌 2:6-8

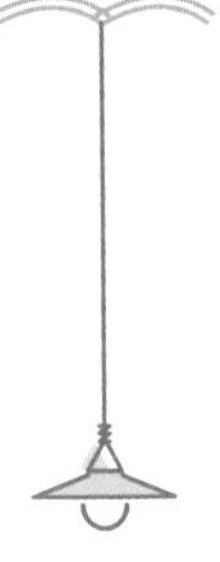

제 구 시쯤에 예수께서 크게 소리 질러 이르시되 엘리 엘리 라마 사박다니 하시니 이는 곧 나의 하나님, 나의 하나님, 어찌하여 나를 버리셨나이까 하는 뜻이라_마 27:46

예수님은 십자가에 달려 죽기 전에,
"나의 하나님, 어찌하여 나를 버리셨나이까"라고
소리치셨습니다. 죄를 지어 하나님과 멀리 떨어져 있던
우리를 위해서 예수님이 하나님께 버림받으신 것입니다.
예수님의 대신 죽으심으로 인해 우리는
하나님과 다시 연결되었습니다. ________도 이 사실을
알고 예수님께 감사하게 해 주세요.
예수님의 이름으로 기도합니다. 아멘.

낯선 곳에서 부모님이나 일행과 잠시 떨어져서 두려움을 느낀 적이 있나요? 예수님은 어떠셨을까요?

아이와 교감하기

아이와 함께 하루의 삶을 나누고 서로의 마음을 다독여 주세요.

이르시되 아버지여 만일 아버지의 뜻이거든 이 잔을 내게서 옮기시옵소서 그러나 내 원대로 마시옵고 아버지의 원대로 되기를 원하나이다 하시니_눅 22:42

예수님은 아버지 하나님의 뜻에 순종해서
이 땅에 오셨습니다. 십자가 죽음을 앞두고 간절히
기도하며 당신의 소원대로가 아니라 하나님의 뜻대로
되기를 원한다고 하셨습니다. 당신의 뜻을 내려놓고
하나님의 뜻대로 하신 은혜에 감사드립니다.
________도 온전히 하나님의 뜻을 구하고
하나님의 뜻대로 결정하는 사람이 되게 해 주세요.
예수님의 이름으로 기도합니다. 아멘.

종이 두 장에 각각 '내 마음대로', '하나님의 마음대로'라고 써 보세요. 하나님의 마음대로 하는 일, 내 마음대로 하는 일을 생각나는 대로 쓴 후 비교하며 함께 이야기해 보세요.

축복 기도문 쓰기

아이를 향한 축복의 기도를 글로 기록해 보세요.

그리스도께서 우리를 위하여 저주를 받은바 되사 율법의 저주에서 우리를 속량하셨으니 기록된 바 나무에 달린 자마다 저주 아래에 있는 자라 하였음이라_갈 3:13

하나님께 불순종한 결과로 온 세상에
저주가 임했습니다. 아무런 죄가 없으신 예수님께서는
우리를 대신해서 십자가에 달려 저주를
담당하셨습니다. 죄를 지은 우리를 위해 당신의
목숨을 주신 예수님, 율법을 어긴 모든 사람의
죄와 저주를 홀로 담당하신 예수님을
믿고 따르겠습니다. ________도 회개하고
예수님을 따르게 해 주세요.
예수님의 이름으로 기도합니다. 아멘.

집에 있는 블록, 종이, 나무 젓가락 등 여러 가지 재료로 십자가를 만들어 보세요. 그런 다음 예수님을 생각하며 감사의 기도를 드려 보세요.

믿음의 유산

아이에게 믿음의 유산으로 남길 생각, 마음, 바람을 적어 보세요.

내가 받은 것을 먼저 너희에게 전하였노니 이는 성경대로 그리스도께서 우리 죄를 위하여 죽으시고 장사 지낸 바 되셨다가 성경대로 사흘 만에 다시 살아나사_고전 15:3-4

하나님, 예수님이 성경대로 우리를 위해 죽으시고,
무덤에 묻히셨다가 3일 만에 다시 살아나셨음을
믿습니다. 예수님을 죽음으로부터 살리고,
영원히 하나님 오른편에 앉아 있게 하신 분은
하나님이십니다. 우리는 예수님의 낮아지심과
높아지심을 믿습니다.
_______도 그것을 믿음으로 고백하게 해 주세요.
예수님의 이름으로 기도합니다. 아멘.

예쁜 카드에 각자의 신앙 고백을 써 보세요. 그런 다음 가족의 신앙 고백문을 현관문에 붙여 보세요.

핵심 교리 이해하기

[소요리 문답 28문] 그리스도의 높아지심이 어떠한가?

예수님은 사흘 만에 죽은 자 가운데서 다시 살아나셨고 하늘로 올라가셨으며 하나님의 우편에 앉아 계시다가 마지막 날에 세상을 심판하러 오십니다.

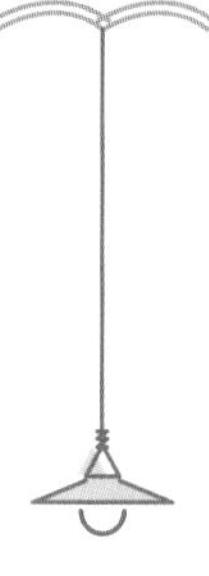

이 말씀을 마치시고 그들이 보는데 올려져 가시니 구름이 그를 가리어 보이지 않게 하더라_행 1:9

하나님, 부활하신 예수님은 40일 동안
제자들과 함께 계신 후 하늘로 올라가셨습니다.
예수님은 제자들 앞에서 사라진 그대로
나중에 다시 오신다고 하셨습니다.
다시 오셔서 세상을 심판하고 다스리신다고 말입니다.
이 광경을 두 눈으로 보았던 제자들이 예수님의
다시 오심을 기다렸듯이, 우리도 예수님을 기다리기
원합니다. ________도 다시 오실 주님을 기대하며
기다리게 해 주세요.
예수님의 이름으로 기도합니다. 아멘.

친구에게 알려 주고 싶은 복음의 비밀을 한 문장으로 적어서 전해 보세요.

핵심 교리 적용하기

죽음에서 부활하신 예수님은 40일 동안 제자들과 함께하셨고, 제자들이 보는 앞에서 승천하셨습니다. 하나님 우편에 계신 예수님이 지금 하고 계신 일은 무엇이고, 앞으로 하실 일은 무엇일까요?

143

그의 능력이 그리스도 안에서 역사하사 죽은 자들 가운데서 다시 살리시고 하늘에서 자기의 오른편에 앉히사_엡 1:20

하나님께서는 십자가에서 숨이 멎어 무덤에 묻힌
예수님을 다시 살리셨습니다. 부활하신 예수님은
여러 제자와 먹고 이야기하며 부활에 대한 소망을
품게 하셨습니다. 지금은 하나님 오른편에 앉아
계십니다. 우리는 예수님이 아기로 오셨고,
죽은 후 부활하여 하늘로 가셨으며, 다시 오실 것을
믿습니다. 이 땅에 사는 동안 부활 소망을 품고
살아가는 ________가 되기를 원하며,
예수님의 이름으로 기도합니다. 아멘.

예수님의 부활에 관련된 찬양을 찾아서 들어 보세요.

오늘의 말씀 따라 쓰기

오늘의 말씀을 따라 쓰며 마음에 새겨 보세요.

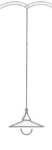

이르되 갈릴리 사람들아 어찌하여 서서 하늘을 쳐다보느냐 너희 가운데서 하늘로 올려지신 이 예수는 하늘로 가심을 본 그대로 오시리라 하였느니라_행 1:11

하나님, 예수님이 하늘로 올라가신 그대로
이 땅에 다시 오실 것을 알려 주시니 감사합니다.
예수님이 오실 때까지 제자들이 하늘만 바라보지 않고
복음을 전해야 했듯이, 우리도 이 땅에서
제자의 삶을 살기 원합니다. 주신 은혜와 은사를
잘 활용해서 우리가 만났던 예수 그리스도를
전하게 해 주세요. ________도 예수님을 만나고,
믿고, 전하는 사람이 되게 해 주세요.
예수님의 이름으로 기도합니다. 아멘.

예수님이 다시 오실 때까지 어떤 준비를 하면 좋을까요? 지금 할 수 있는 것을 말해 보세요.

말씀 암송하기

이르되 갈릴리 사람들아 어찌하여 서서 하늘을 쳐다보느냐 너희 가운데서 하늘로 올려지신 이 예수는 하늘로 가심을 본 그대로 오시리라 하였느니라_행 1:11

이는 정하신 사람으로 하여금 천하를 공의로 심판할 날을 작정하시고 이에 그를 죽은 자 가운데서 다시 살리신 것으로 모든 사람에게 믿을 만한 증거를 주셨음이니라 하니라_행 17:31

하나님, 바울은 하나님께서 심판하실 날이 있고,
예수님의 부활을 통해 모든 사람에게 믿을 만한
증거를 주셨다고 말합니다. 부활을 모르는
이방인들에게 복음을 전할 때, 바울은 그들의
눈높이에 맞추되, 진리 자체를 바꾸지는 않았습니다.
우리도 복음을 전할 때 유연한 태도를 지니되,
타협하지 않게 해 주세요. ________도 신앙의
유연함과 올곧음을 지닌 사람이 되게 해 주세요.
예수님의 이름으로 기도합니다. 아멘.

오늘 ________는 어린이 전도자예요. 가족 중 한 사람에게 복음을 전해 보세요. 믿지 않는 가족이라면 전도자의 마음이 어떨지 이야기해 보세요.

아이와 교감하기

아이와 함께 하루의 삶을 나누고 서로의 마음을 다독여 주세요.

만물이 그에게서 창조되되 하늘과 땅에서 보이는 것들과 보이지 않는 것들과 혹은 왕권들이나 주권들이나 통치자들이나 권세들이나 만물이 다 그로 말미암고 그를 위하여 창조되었고_골 1:16

하나님, 하나님께서는 눈에 보이는 것과
보이지 않는 것, 하늘 위의 것과 아래의 것 등 모든 것을
만드셨습니다. 세상의 모든 물리적인 것과 영적인 것이
다 하나님으로부터 시작되었습니다. 이 모든 것을
창조하신 하나님의 은혜에 감사드립니다.
_______도 자기를 둘러싼 모든 세상이 하나님으로부터
시작되었고, 하나님을 위해 창조되었음을
알게 해 주세요.
예수님의 이름으로 기도합니다. 아멘.

하나님은 모든 것을 창조하셨어요. 하나님이 창조하신 것 중에서 가장 멋있는 것을 한 가지씩 이야기해 보세요.

축복 기도문 쓰기

아이를 향한 축복의 기도를 글로 기록해 보세요.

또 내가 새 하늘과 새 땅을 보니 처음 하늘과 처음 땅이 없어졌고 바다도 다시 있지 않더라_계 21:1

하나님, 우리는 세상의 마지막에 하나님께서 주실
새 하늘과 새 땅이 어떤 모습일지 정확하게 모릅니다.
그러나 그날이 올 것을 압니다. 세상을 살아갈 때,
세상에는 끝이 있다는 것, 새로운 세상이 있음을
믿고 살기를 원합니다. 하나님이 택하신 사람들이
하나님과 함께 있을 것을 믿습니다.
우리도 그들 중에 있게 하시고,
________도 함께 있게 해 주세요.
예수님의 이름으로 기도합니다. 아멘.

아직 하나님을 모르는 가족, 친척, 친구가 있을 거예요. 그중 한 명의 이름을 부르며 하나님의 택한 사람이 되기를 기도해 보세요.

믿음의 유산

아이에게 믿음의 유산으로 남길 생각, 마음, 바람을 적어 보세요.

영접하는 자 곧 그 이름을 믿는 자들에게는 하나님의 자녀가 되는 권세를 주셨으니_요 1:12

하나님, 세례 요한은 예수님을 환영하고 믿는 사람을
하나님께서 자녀로 삼으신다고 했습니다.
예수님을 자기 삶의 주인으로 받아들이고
신뢰하는 사람은 누구든지 영적으로 거듭나서
하나님의 자녀가 된다는 말입니다. 죄의 종이었던
우리를 하나님의 자녀로 삼아 주신 은혜에
감사드립니다. ________도 예수님을 인격적으로
받아들여 예수님의 이름을 믿게 해 주세요.
예수님의 이름으로 기도합니다. 아멘.

하나님의 자녀가 되어서 가장 좋은 점을 한 가지씩 이야기해 보세요.

핵심 교리 이해하기

[소요리 문답 29문] 우리로 어떻게 그리스도의 사신 구속에 참여하게 하시는가?

예수님께서는 내 죄를 대신해서 죽으셨습니다. 이 사실을 믿으면 누구든 구원을 받습니다. 이때 성령님께서는 우리 안에 역사해서 이것을 믿도록 하셨습니다.

예수께서 대답하시되 진실로 진실로 네게 이르노니 사람이 물과 성령으로 나지 아니하면 하나님의 나라에 들어갈 수 없느니라_요 3:5

예수님은 한밤중에 찾아온 니고데모에게
물과 성령으로 태어나야 하나님 나라에 들어갈 수
있다고 하셨습니다. 하나님 나라는 민족이나
인종이나 자기 노력으로 들어가는 것이 아니라,
영적으로 거듭나야 들어갈 수 있다는 말입니다.
우리도 영적으로 정결하고 변화되게 해 주세요.
________도 물과 성령으로 거듭나게 해 주세요.
예수님의 이름으로 기도합니다. 아멘.

요한복음 3장을 읽고, 예수님과 니고데모가 되어 역할극을 해 보세요.

핵심 교리 적용하기

보혜사(파라클레이토스) 성령님은 '옆에서 돕는 자'라는 뜻대로, 예수님을 믿는 사람들이 믿음으로 살아갈 수 있도록 우리를 도와주십니다. 이런 성령님의 도움을 받은 경험을 말해 보세요.

우리를 구원하시되 우리가 행한바 의로운 행위로 말미암지 아니하고 오직 그의 긍휼하심을 따라 중생의 씻음과 성령의 새롭게 하심으로 하셨나니 우리 구주 예수 그리스도로 말미암아 우리에게 그 성령을 풍성히 부어 주사_딛 3:5-6

하나님, 구원은 우리의 열심이나 행위가 아닌
하나님의 긍휼하심으로 받는다는 것을 알게 하시니
감사합니다. 우리를 거듭나고 새롭게 해 이전과는
다른 삶을 살게 하시니 더욱 감사합니다.
앞으로도 계속 성령님의 은혜가 풍성하게 흘러넘치게
해 주세요. ______도 풍성한 하나님의 은혜를
경험하는 인생을 살아가게 해 주세요.
예수님의 이름으로 기도합니다. 아멘.

수도꼭지 아래에 컵을 놓은 다음 물을 적게 틀었다가 많이 틀었다가 해 보세요. 물이 컵을 채운 후 넘치는 것을 보면서 우리 인생에서 성령의 은혜가 흘러넘치게 해 달라고 기도하세요.

오늘의 말씀 따라 쓰기

오늘의 말씀을 따라 쓰며 마음에 새겨 보세요.

육으로 난 것은 육이요 영으로 난 것은 영이니 내가 네게 거듭나야 하겠다 하는 말을 놀랍게 여기지 말라_요 3:6-7

하나님, 예수님과 니고데모의 대화를 통해서
그리스도인은 두 번 태어나야 한다는 것을
알게 하시니 감사합니다.
사람은 육신으로 한 번 태어나고
영적으로 다시 태어나야 합니다.
우리 ______가 하나님 안에서 성령으로
다시 태어나게 해 주세요.
성령으로 임재하시어 평생 함께해 주세요.
예수님의 이름으로 기도합니다. 아멘.

______에게 성령님에 대해 간단하게 설명해 주세요. 그런 다음 함께 손잡고 성령님을 환영하며 초대하는 기도를 해 보세요.

말씀 암송하기

내가 아버지께 구하겠으니 그가 또 다른 보혜사를 너희에게 주사 영원토록 너희와 함께 있게 하리니_요 14:16

성령님과 함께하는 기도

부활하신 예수님은 승천하면서 이 땅에 두신 사람들을 위해 성령님을 보내셨습니다. 성령님은 영원토록 우리와 함께하면서 우리가 죄를 깨닫고 회개하여 복음을 받아들이게 하십니다.

우리가 상상조차 할 수 없던 구원을 선물로 주신 하나님과 우리를 대신해서 목숨을 내어놓으신 예수님, 지금도 여전히 죄인들을 만나서 하나님께로 이끄시는 성령님. 이분들의 합작으로 하나님을 알게 되는 사람이 얼마나 많은지 모릅니다. 사실, 우리의 죄는 예수님께로, 예수님의 의로우심은 우리에게로 맞바꿈이 되는 것은 아무도 생각하지 못한 구원의 방식이었습니다. 모든 것을 주신 주님과 거저 받은 우리 사이에 일어난, 사랑과 은혜로만 설명되는 엄청난 거래였습니다.

한 달 동안 우리 마음의 눈을 밝히며 우리 인생을 향해 세심하게 계획하고 행하시는 사려 깊은 하나님을 만나 봅니다. 특별히 성령님께서 우리와 함께하시는 것을 생생하게 경험하는 시간이 되면 좋겠습니다.

6월에는 '성령님과 함께하는 기도'를 해 봅니다.

152

22주차 : 보혜사 성령님
소요리 문답 29문(148-154)

내가 아버지께 구하겠으니 그가 또 다른 보혜사를 너희에게 주사 영원토록 너희와 함께 있게 하리니_요 14:16

하나님, 예수님께서는 당신이 곧 떠나지만
또 다른 보혜사를 보내어 영원토록 제자들과 함께
있게 하신다고 했습니다. 보혜사는 위로자, 격려자,
조언자인 성령님이십니다. 성령님이 모든 신자와
함께하면서 우리를 위로하고 격려하며 조언해 주시니
정말 감사합니다. 우리 ______도 성령님의 위로와
격려, 조언을 받고 살아갈 수 있게 해 주세요.
예수님의 이름으로 기도합니다. 아멘.

살면서 위로와 격려, 조언이 필요할 때 어떻게 했는지 나누어 보세요. 자신의 힘으로 해결하려 하지 말고, 성령님께 도움을 구해 보세요.

아이와 교감하기

아이와 함께 하루의 삶을 나누고 서로의 마음을 다독여 주세요.

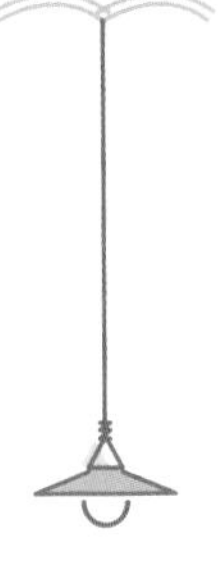

그 눈을 뜨게 하여 어둠에서 빛으로, 사탄의 권세에서 하나님께로 돌아오게 하고 죄 사함과 나를 믿어 거룩하게 된 무리 가운데서 기업을 얻게 하리라 하더이다_행 26:18

바울은 이방인들에게 설교하는 중에 자신이 다메섹으로 가는 길에 겪은 사건을 말합니다. 성령님께서 그의 마음을 밝혀서 예수님을 알게 하셨던 일입니다. 효과적으로 부르는 것은 성령님께서 하시는 일로, 우리가 죄인임을 깨닫게 하고 마음을 밝혀 예수님을 받아들이도록 설득하십니다. 우리뿐 아니라 ________도 성령님께서 함께해 주셔서 예수님을 영접하게 해 주세요. 예수님의 이름으로 기도합니다. 아멘.

예수님을 인격적으로 만난 기억을 말해 보세요. 서로의 구원 간증을 마음에 꼭 저장해 주세요. 아직 예수님을 깊이 만나지 않았다면, 사모하는 마음으로 기도하세요.

축복 기도문 쓰기

아이를 향한 축복의 기도를 글로 기록해 보세요.

154

그러나 내가 너희에게 실상을 말하노니 내가 떠나가는 것이 너희에게 유익이라 내가 떠나가지 아니하면 보혜사가 너희에게로 오시지 아니할 것이요 가면 내가 그를 너희에게로 보내리니_요 16:7

예수님이 죽으심으로 인해 우리 죄가 용서받았고,
예수님이 떠나심으로 인해 그분이 보낸 성령님이
오셨습니다. 세상 끝 날까지 예수님의 사역을
계속해 나가시는 성령 하나님, 우리를 위로하고
격려하며 조언해 주시니 감사합니다. 우리가 늘
성령님과 동행하게 해 주세요.
________도 성령님과 동행하게 해 주세요.
예수님의 이름으로 기도합니다. 아멘.

엄마, 아빠와 ________의 손을 손수건으로 묶고 집 안을 한 바퀴 돌아 보세요. ________가 손을 놓아도 묶인 손 때문에 함께할 수 있듯이, 성령님도 우리와 늘 함께하세요.

믿음의 유산

아이에게 믿음의 유산으로 남길 생각, 마음, 바람을 적어 보세요.

155

너희는 그 은혜에 의하여 믿음으로 말미암아 구원을 받았으니 이것은 너희에게서 난 것이 아니요 하나님의 선물이라_엡 2:8

하나님, 죄로 인해 죽을 수밖에 없는 우리에게
은혜를 베풀어 구원받게 하시니 감사합니다.
구원은 전적으로 하나님께서 하신 일이며, 우리는
다만 하나님께서 선물로 주신 구원을 믿음으로
받아들입니다. 구원은 우리 것이 아니며, 하나님이
주시는 은혜입니다. ________도 이 사실을 기억하고
하나님이 내미신 구원의 선물을 믿음으로
받아들이게 해 주세요.
예수님의 이름으로 기도합니다. 아멘.

태어나서 지금까지 받은 선물을 말해 보세요. 그중에서 가장 좋은 것은 무엇인가요?

핵심 교리 이해하기

[소요리 문답 30문] 성령께서 그리스도의 사신 구속을 우리에게 어떻게 적용하셨는가?

성령님은 우리 안에 믿음을 일으키고 효력 있는 부르심으로 그리스도와 연합하게 하십니다.

나는 포도나무요 너희는 가지라 그가 내 안에, 내가 그 안에 거하면 사람이 열매를 많이 맺나니 나를 떠나서는 너희가 아무것도 할 수 없음이라_요 15:5

하나님, 포도나무 가지가 나무에 붙어 있어야
열매를 많이 맺듯이, 우리도 예수님께 붙어 있어서
선하고 좋은 열매를 맺기 원합니다. 만일 우리가
예수님을 떠나서 산다면 생명을 공급받지 못하고
말라 죽게 된다는 것을 알기 원합니다. ________도
예수님께 꼭 붙어 있어서, 예수님이 공급해 주시는
생명과 양분을 받아 무럭무럭 자라게 해 주세요.
예수님의 이름으로 기도합니다. 아멘.

포도나무에 포도가 맺힌 모습을 본 적이 있나요? 포도를 먹거나 포도 주스를 마시면서 예수님의 비유에 대해 이야기해 보세요.

핵심 교리 적용하기

예수님을 믿으면서 성령님의 은혜를 경험한 때를 떠올려 보세요. 성령으로 충만한 경험을 말해 보세요. 그게 언제였나요? 지금은 어떤가요?

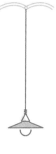

157

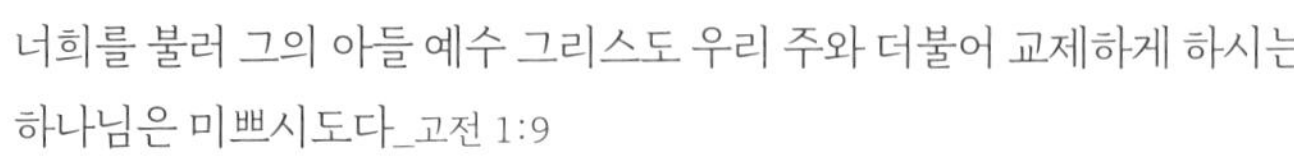
너희를 불러 그의 아들 예수 그리스도 우리 주와 더불어 교제하게 하시는 하나님은 미쁘시도다_고전 1:9

하나님, 죄 가운데 있던 우리를 불러서 예수님과
교제하게 하시니 감사합니다. 예수님은 우리가
속하게 된 하나님 가족의 맏아들이시며,
하나님은 우리 옆에서 우리가 흔들리지 않도록
인도해 주는 신실한 분이심을 고백합니다.
우리를 가족으로 불러 주신 하나님께서
________도 끝까지 이끌어 주세요.
예수님의 이름으로 기도합니다. 아멘.

손을 대고 테두리를 따라 손을 그린 후, 중앙에 '예수님'이라고 적어 보세요. 손가락마다 가족의 이름과 함께 아직 예수님을 믿지 않는 가족이나 친척의 이름을 적어 보세요. 그런 다음 가족과 친척이 모두 예수님을 믿도록 기도해 주세요.

오늘의 말씀 따라 쓰기

오늘의 말씀을 따라 쓰며 마음에 새겨 보세요.

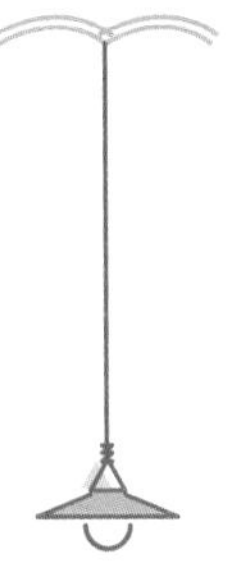

주와 합하는 자는 한 영이니라_고전 6:17

하나님, 우리가 믿음으로 예수님을 받아들이고
의지하게 하시니 감사합니다. 우리에게 믿음이
생기게 해 예수님과 하나 되게 하신 분은
성령님이심을 믿습니다. 예수님이 교회의 머리가
되어 분리되지 않고 연합하셨듯이, 우리도 예수님과
영적으로 하나가 되게 해 주세요.
_______도 부르셔서 예수님과 영적으로 하나가
되게 하시고, 분리되지 않게 해 주세요.
예수님의 이름으로 기도합니다. 아멘.

바나나와 우유를 믹서기에 넣고 갈아 보세요. 바나나 우유가 다시 바나나와 우유로 분리될 수 있나요? 우리도 예수님에게서 분리될 수 있을까요?

말씀 암송하기

나는 포도나무요 너희는 가지라 그가 내 안에, 내가 그 안에 거하면 사람이 열매를 많이 맺나니 나를 떠나서는 너희가 아무것도 할 수 없음이라_요 15:5

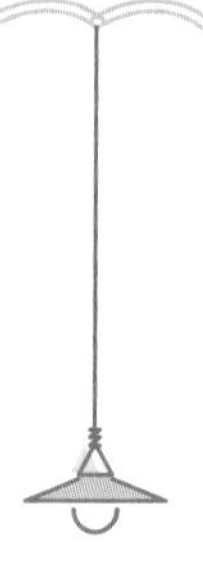

모든 은혜의 하나님 곧 그리스도 안에서 너희를 부르사 자기의 영원한 영광에 들어가게 하신 이가 잠깐 고난을 당한 너희를 친히 온전하게 하시며 굳건하게 하시며 강하게 하시며 터를 견고하게 하시리라_벧전 5:10

하나님, 성경에는 하나님을 믿어서 고난을 겪은 사람들이 나옵니다. 베드로는 그들을 향해서 영원하고 영광스러운 하나님 나라가 있으니 잘 견디라고 말합니다. 우리도 이 땅에 살면서 어려움을 겪게 될 때면 하나님 나라를 떠올리며 잘 이겨 내게 해 주세요. 하나님께서 ______도 온전하게 하시고, 강하게 하시며, 믿음을 견고하게 하실 것을 믿습니다. 예수님의 이름으로 기도합니다. 아멘.

요즘 겪는 어려움은 무엇인가요? 가족과 기도 제목을 나누고 함께 기도해 보세요. 가족이 좋아하는 찬양을 함께 들으면서 불러 보세요.

아이와 교감하기

아이와 함께 하루의 삶을 나누고 서로의 마음을 다독여 주세요.

그에게서 온몸이 각 마디를 통하여 도움을 받음으로 연결되고 결합되어 각 지체의 분량대로 역사하여 그 몸을 자라게 하며 사랑 안에서 스스로 세우느니라_엡 4:16

하나님, 우리가 머리이신 예수님을 닮아 가게 해 주세요. 온몸이 서로 연결되어 결합하듯, 그리스도인들이 잘 연결되고 연합하도록 인도해 주세요. 교회 안의 지체들이 성장하고 성숙하여 사랑 안에서 서로를 세우게 해 주세요.
우리 ______도 예수님을 닮게 하시고, 공동체의 한 사람으로서 성장할 수 있도록 인도해 주세요.
예수님의 이름으로 기도합니다. 아멘.

교회에 함께 다니는 친구에게 간단한 편지나 쪽지와 함께 달콤한 간식을 전달해 보세요.

축복 기도문 쓰기

아이를 향한 축복의 기도를 글로 기록해 보세요.

내가 그리스도와 함께 십자가에 못 박혔나니 그런즉 이제는 내가 사는 것이 아니요 오직 내 안에 그리스도께서 사시는 것이라 이제 내가 육체 가운데 사는 것은 나를 사랑하사 나를 위하여 자기 자신을 버리신 하나님의 아들을 믿는 믿음 안에서 사는 것이라_갈 2:20

하나님, 예수님께서 십자가에 달려 죽으셨을 때,
죄인인 우리도 함께 죽었다고 여기고 모든 형벌을
없애 주시니 감사합니다. 이제 우리는 예수님과
하나 되어 더 이상 죄의 노예가 아닌 새로운 삶을
살게 되었습니다. 예수님을 믿는 믿음 안에서
살게 하신 하나님, 정말 감사합니다.
_______도 예수님과 함께 죽고
믿음 안에서 사는 인생이 되게 해 주세요.
예수님의 이름으로 기도합니다. 아멘.

<내가 그리스도와 함께>(박윤호 작곡)를 찾아서 불러 보세요.

믿음의 유산

아이에게 믿음의 유산으로 남길 생각, 마음, 바람을 적어 보세요.

162

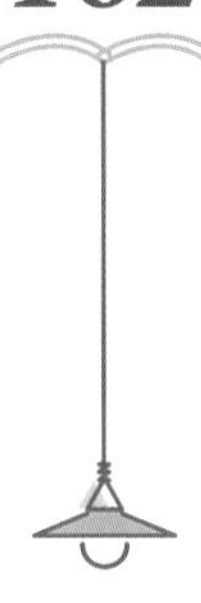

또 미리 정하신 그들을 또한 부르시고 부르신 그들을 또한 의롭다 하시고 의롭다 하신 그들을 또한 영화롭게 하셨느니라_롬 8:30

하나님, 복음을 주셔서 우리를 부르고
의롭다고 하시니 감사합니다. 또한 의롭다고 하신
이들을 영화롭게 하신다니 더욱 감사합니다.
하나님의 목적을 위해서 부르시고, 죄로부터
자유로워졌다고 선언하시며, 죽은 후에는 예수님과
함께할 수 있다는 말이니 정말 좋습니다.
우리가 하나님이 말씀하신 대로 구원의 길을
걸어가기 원합니다. ________도 그 길을
함께 걸어갈 수 있도록 인도해 주세요.
예수님의 이름으로 기도합니다. 아멘.

하나님 나라에 있는 ________와 가족의 모습을 상상해 보세요. 죄가 없는 모습, 영화로운 모습을요. 그때 우리는 어떤 마음일까요? 함께 이야기해 보세요.

핵심 교리 이해하기

[소요리 문답 32문] 효력 있는 부르심을 받은 자들은 금생에서 무슨 유익을 얻는가?

하나님은 우리를 불러 의롭다고 하시고, 자녀를 삼으시며, 거룩하게 하십니다. 이로 인한 유익을 함께 받습니다.

그 기쁘신 뜻대로 우리를 예정하사 예수 그리스도로 말미암아 자기의 아들들이 되게 하셨으니_엡 1:5

하나님, 하나님께서는 죄인인 우리를 향한
기쁘신 뜻을 가지고 계셨습니다. 예수 그리스도가
우리 죄를 대신해서 죽으심으로 우리를
입양하시려는 뜻이었습니다. 입양된 사람이
친자녀와 똑같은 권리를 가지듯, 하나님의 아들,
딸이 된 우리는 더 이상 죄의 종노릇을 하지 않고
하나님 나라를 상속받는다고 하시니 감사합니다.
이 놀라운 은혜를 입은 ______가 더욱 하나님을
사랑하고 하나님의 자녀답게 살게 해 주세요.
예수님의 이름으로 기도합니다. 아멘.

우리는 죄의 종에서 하나님의 자녀로 신분이 바뀌었어요. 부모님의 신분증을 함께 살펴보세요. 그리고 가족의 사진을 넣은 천국 신분증을 만들어 현관문에 붙여 보세요.

핵심 교리 적용하기

믿음 생활을 하는 동안 당신은 어떤 유익을 얻고 있나요? 구원을 확신하고 믿음 안에서 성장하며, 하나님을 아빠 아버지로 부르고 하나님을 닮은 성품으로 자라는 동안 당신이 얻게 된 것은 무엇인가요?

너희는 하나님으로부터 나서 그리스도 예수 안에 있고 예수는 하나님으로부터 나와서 우리에게 지혜와 의로움과 거룩함과 구원함이 되셨으니_고전 1:30

하나님, 아무것도 아닌 우리를 택해서 하나님과 관계있음을 알게 하시니 감사합니다. 이제 우리는 그리스도 예수 안에 있습니다. 하나님으로부터 오신 예수님이 우리에게 지혜와 의로움, 거룩함과 구원함이 되어 주셨으니, 우리가 이 사실을 기억하고 하나님 안에서 자랑하게 해 주세요. ________도 하나님과 예수님 안에 있는 인생을 살아가기를 원하며, 예수님의 이름으로 기도합니다. 아멘.

서로에게 자신의 하나님을 자랑해 보세요. "나의 하나님은 -하신 하나님이세요", "-해 달라고 기도드렸는데 응답해 주셨어요"라고 구체적으로 이야기해 보세요.

오늘의 말씀 따라 쓰기

오늘의 말씀을 따라 쓰며 마음에 새겨 보세요.

그러므로 너는 내가 우리 주를 증언함과 또는 주를 위하여 갇힌 자 된 나를 부끄러워하지 말고 오직 하나님의 능력을 따라 복음과 함께 고난을 받으라_딤후 1:8

하나님, 바울은 예수님을 증거하고, 예수님을 위해서
고난 받는 것을 부끄러워하지 않았습니다.
우리도 바울처럼 복음을 증거하다가 받는 고난을
두려워하지 않게 하시고, 하나님의 능력으로
고난을 이겨 내게 해 주세요. 인생에서 장애물을
만나고 공격을 받을 때 하나님의 능력을 힘입어
이겨 내는 ________가 되기를 원하며,
예수님의 이름으로 기도합니다. 아멘.

지금 예수님을 믿는 데 장애물이 있나요? 복음을 받아들이지 않는 사람을 위해서 어떻게 해야 할까요?

말씀 암송하기

또 미리 정하신 그들을 또한 부르시고 부르신 그들을 또한 의롭다 하시고 의롭다 하신 그들을 또한 영화롭게 하셨느니라_롬 8:30

너희 마음의 눈을 밝히사 그의 부르심의 소망이 무엇이며 성도 안에서 그 기업의 영광의 풍성함이 무엇이며 그의 힘의 위력으로 역사하심을 따라 믿는 우리에게 베푸신 능력의 지극히 크심이 어떠한 것을 너희로 알게 하시기를 구하노라_엡 1:18-19

하나님, 우리의 마음 눈을 밝혀서 무엇을 하라고
부르셨는지 알게 해 주세요. 하나님을 따르는 이들에게
허락된 영광이 무엇이며, 믿는 자들에게 베푸신 능력이
얼마나 큰지도 알게 해 주세요. 에베소 교인들의
마음이 하나님이 주신 빛으로 가득 차기를 기도했던
바울처럼 우리도 _______를 위해 기도합니다.
하나님의 놀라운 능력을 함께 경험하는
우리가 되기를 원하며,
예수님의 이름으로 기도합니다. 아멘.

성경 말씀 속에서만이 아니라 지금 이 시대에도 하나님의 놀라운 능력을 경험하는 사람이 많아요. 유튜브에서 짧은 간증 영상(검증된 영상)을 찾아서 가족과 함께 들어 보세요.

아이와 교감하기

아이와 함께 하루의 삶을 나누고 서로의 마음을 다독여 주세요.

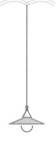

167

그들이 이 말을 듣고 마음에 찔려 베드로와 다른 사도들에게 물어 이르되 형제들아 우리가 어찌할꼬 하거늘_행 2:37

하나님, 베드로가 강하고 성령 충만한 메시지를 전하자 청중들은 마음에 찔려서 어떻게 해야 하느냐고 물었습니다. 하나님의 말씀을 들을 때, 우리도 도전받게 해 주세요. 듣고 잊어버리는 것이 아니라, 어떻게 해야 할지 고민하고 삶으로 드러내는 사람이 되게 해 주세요. ________도 하나님께서 주시는 말씀에 민감한 사람이 되기를 원하며, 예수님의 이름으로 기도합니다. 아멘.

구원이나 회개에 대한 성경 말씀을 찾아서 손으로 쓴 뒤, 식탁 위에 올려놓으세요.

축복 기도문 쓰기

아이를 향한 축복의 기도를 글로 기록해 보세요.

아그립바가 바울에게 이르되 네가 적은 말로 나를 권하여 그리스도인이 되게 하려 하는도다_행 26:28

바울은 아그립바 왕에게 복음을 전했습니다.
하지만 왕은 짧은 시간에 권해서 그리스도인이
되게 하려느냐며 빈정댔습니다. 그래도 바울은
대항하지 않고 자기가 해야 할 말을 전했습니다.
요즘도 복음을 전하고 말씀대로 살려는 그리스도인을
무시하거나 손가락질하는 사람들이 있습니다.
그럴 때, 적대적으로 반응하지 않고
하나님께 지혜를 구하는 우리가 되게 해 주세요.
________도 지혜로운 복음 전달자가 되게 해 주세요.
예수님의 이름으로 기도합니다. 아멘.

섬기고 있는 교회에서 파송한 선교사님에 대해 이야기해 보세요. 선교사님이 사역하시는 나라와 그 나라의 기독교에 대한 인식에 대해 알아보고 선교사님들을 위해 함께 기도하는 시간을 가져 보세요.

믿음의 유산

아이에게 믿음의 유산으로 남길 생각, 마음, 바람을 적어 보세요.

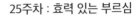

내가 그들에게 한마음을 주고 그 속에 새 영을 주며 그 몸에서 돌 같은 마음을 제거하고 살처럼 부드러운 마음을 주어_겔 11:19

하나님, 하나님께서는 에스겔을 통해 포로 생활을
하던 이스라엘 백성을 다시 모으겠다고 하셨습니다.
한마음과 새 영을 주겠다고 하셨습니다.
그들처럼 우리에게도 한마음과 성령을 주셔서
돌 같은 마음을 제거하고 부드러운 마음이 되게 해
주세요. ________도 성령님이 함께해 주셔서
딱딱한 마음이 아닌 부드러운 마음이 되어
하나님을 잘 받아들이게 해 주세요.
예수님의 이름으로 기도합니다. 아멘.

클레이로 꽃이나 동물 등 여러 가지를 만들어 보세요. 남은 클레이는 통에 넣지 말고 책상 위에 그냥 올려 두세요. 딱딱해진 클레이로 다시 만들기를 해 보세요. 무슨 일이 일어날까요?

핵심 교리 이해하기

[소요리 문답 31문] 효력 있는 부르심이 무엇인가?

효력 있는 부르심은 성령님이 하시는 일로 성령님은 우리의 죄와 비참함을 깨닫게 하시고, 우리의 마음을 밝혀서 예수님을 알게 하십니다. 우리 의지를 새롭게 하시고 복음 가운데 예수님을 능히 받아들이게 해 주십니다.

또 새 영을 너희 속에 두고 새 마음을 너희에게 주되 너희 육신에서 굳은 마음을 제거하고 부드러운 마음을 줄 것이며 또 내 영을 너희 속에 두어 너희로 내 율례를 행하게 하리니 너희가 내 규례를 지켜 행할지라_겔 36:26-27

하나님, 이스라엘 백성을 영적으로 회복시키신다고
하신 것처럼 우리의 굳은 마음을 없애 주세요.
부드러운 마음과 새로운 영을 주셔서 성령님이
함께하시는 새 마음이 되게 해 주세요.
______에게도 딱딱하게 굳은 마음 대신에
부드러운 마음을 주셔서 하나님의 말씀을
흠뻑 흡수하고 행하는 사람이 되게 해 주세요.
예수님의 이름으로 기도합니다. 아멘.

우리의 마음은 흙이나 클레이처럼 부드러울 때도 있고 굳어서 딱딱해질 때도 있어요. 마음을 부드럽게 만들 수 있는 방법은 무엇일까요?

핵심 교리 적용하기

말씀을 듣고 은혜 받아서 회개하고 믿음을 가지게 된 주님과의 기억은 무엇인가요?

171

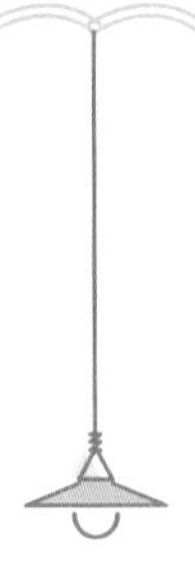

나를 보내신 아버지께서 이끌지 아니하시면 아무도 내게 올 수 없으니 오는 그를 내가 마지막 날에 다시 살리리라 선지자의 글에 그들이 다 하나님의 가르치심을 받으리라 기록되었은즉 아버지께 듣고 배운 사람마다 내게로 오느니라_요 6:44-45

하나님, 우리를 예수님께로 이끌고 말씀으로 가르쳐 주시니 감사합니다. 그렇지 않았다면 우리가 예수님께로 올 수 없었고, 마지막 날에 구원을 얻을 수도 없습니다. 우리는 오직 인도하시는 하나님의 음성을 듣고 순종하기를 원합니다. ______도 예수님께로 인도하고 가르쳐 주시기를 원합니다. 예수님의 이름으로 기도합니다. 아멘.

손전등을 가지고 부모님과 함께 어두운 밤길을 걸어 보세요. 불을 끄고 거실에서 해도 좋아요. 부모님이 뒤에서 손전등을 비춰 주시면 빛을 따라 천천히 걸어 보세요. 예수님께서 가르쳐 주신 말씀은 우리를 인도해 주는 밝은 빛이랍니다.

오늘의 말씀 따라 쓰기

오늘의 말씀을 따라 쓰며 마음에 새겨 보세요.

허물로 죽은 우리를 그리스도와 함께 살리셨고 (너희는 은혜로 구원을 받은 것이라)_엡 2:5

하나님, 예수님을 알기 전의 우리는 죄악의 권세
아래서 죄를 지으면서 사는 종이었습니다. 그러나
하나님께서는 우리를 예수님과 함께 살리셨습니다.
은혜로 구원을 얻게 하셨습니다. 죄로 인해 죽은
우리를 예수님과 함께 살리셨듯이
______도 구원하셔서 죽음이 아닌 생명의 자리에
있게 해 주실 것을 믿으며,
예수님의 이름으로 기도합니다. 아멘.

부모님과 함께 눈을 가리고 술래잡기 놀이를 해 보세요. 넘어지지 않도록 조심하며 부모님을 찾아보세요. 죄 아래 있는 사람들은 눈을 가리고 사는 것과 같답니다.

말씀 암송하기

너희 안에서 행하시는 이는 하나님이시니 자기의 기쁘신 뜻을 위하여 너희에게 소원을 두고 행하게 하시나니_빌 2:13

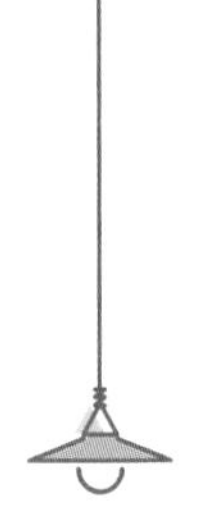

주께서 사랑하시는 형제들아 우리가 항상 너희에 관하여 마땅히 하나님께 감사할 것은 하나님이 처음부터 너희를 택하사 성령의 거룩하게 하심과 진리를 믿음으로 구원을 받게 하심이니_살후 2:13

하나님, 우리를 택하신 하나님과
우리를 사랑하시는 예수님께 감사드립니다.
이제 우리가 성령님의 인도를 받아서
우리를 택하신 분을 닮아 가는 거룩한 삶을 살기
원합니다. 그리스도인으로서 성장하는 과정에서
더욱 믿음이 자라는 ______가 되게 해 주시기를 원하며,
예수님의 이름으로 기도합니다. 아멘.

부모님과 함께 동물 맞히기 게임을 해 보세요. 소리는 내지 않고 표정이나 몸짓만 보고 맞혀야 해요. 누가 가장 동물 흉내를 잘 냈나요? 예수님을 닮으려면 어떻게 해야 할까요?

아이와 교감하기

아이와 함께 하루의 삶을 나누고 서로의 마음을 다독여 주세요.

너희 안에서 행하시는 이는 하나님이시니 자기의 기쁘신 뜻을 위하여 너희에게 소원을 두고 행하게 하시나니_빌 2:13

하나님, 하나님은 우리가 당신의 뜻을 행하려고 애쓸 때 혼자 두지 않고 우리 안에서 그리고 곁에서 우리를 도우십니다. 당신의 기쁘신 뜻을 위해 우리 안에 소원을 두신 하나님이 우리를 통해 일하시니 정말 감사합니다. ______에게도 하나님의 기쁘신 뜻을 알려 주시고 하나님께서 ______안에 두신 소원을 행하도록 인도해 주세요. 예수님의 이름으로 기도합니다. 아멘.

가족이 함께 저녁 식사 준비를 해 보세요. 각자 역할을 맡아서 재료 구입, 요리하기, 식기 준비, 음식 나르기, 물과 컵 챙기기 등을 해 본 후 밥을 먹으면서 어땠는지 말해 보세요.

축복 기도문 쓰기

아이를 향한 축복의 기도를 글로 기록해 보세요.

175

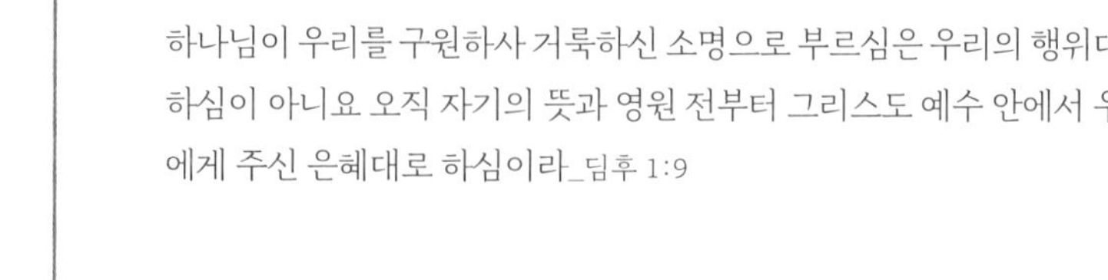

하나님이 우리를 구원하사 거룩하신 소명으로 부르심은 우리의 행위대로 하심이 아니요 오직 자기의 뜻과 영원 전부터 그리스도 예수 안에서 우리에게 주신 은혜대로 하심이라_딤후 1:9

하나님, 죄인인 우리를 부르고 예수님을 보내어
그분의 목숨까지 내어 주시니 감사합니다.
예수님께서 죽으시고 부활하심으로 우리가 영생을
얻게 되었습니다. 이 모든 것이 영원 전부터 우리에게
주신 은혜인 줄 알고 살아가게 해 주세요.
______에게도 하나님께서 이런 은혜를 내려 주세요.
예수님의 이름으로 기도합니다. 아멘.

상자에 작은 선물을 넣어서 자녀에게 주고 일주일 후에 함께 열기로 약속하세요. 상자를 열기 전에 선물을 받을 만큼 착한 일을 했는지 말하게 해 보세요. 어떤 사람이 구원을 받을 수 있나요?

믿음의 유산

아이에게 믿음의 유산으로 남길 생각, 마음, 바람을 적어 보세요.

176

그에 대하여 모든 선지자도 증언하되 그를 믿는 사람들이 다 그의 이름을 힘입어 죄 사함을 받는다 하였느니라_행 10:43

예수님은 이 땅에 오셔서 사람들을 섬기고
십자가에 달려 죽은 후 사흘 만에 부활하셨습니다.
예수님에 대해 선지자들이 했던 예언 그대로를
성취하셨습니다. 이제 예수님을 믿는 사람들은 다
그분의 이름을 힘입어서 죄 사함을 받게 된다니,
정말 감사합니다. ______도 예수님의 이름을 믿어
죄 사함을 받고 능력의 이름을 전하게 해 주세요.
예수님의 이름으로 기도합니다. 아멘.

<우리를 죄에서 구하시려>(새찬송가 260장)를 함께 찬양해요.

핵심 교리 이해하기

[소요리 문답 33문] 의롭다 하심은 무엇인가?

의롭다 하심은 하나님께서 우리에게 값없이 베푸신 은혜입니다. 하나님은 우리의 모든 죄를 사하시고 우리를 의롭다고 여겨서 받아 주십니다.

하나님이 죄를 알지도 못하신 이를 우리를 대신하여 죄로 삼으신 것은 우리로 하여금 그 안에서 하나님의 의가 되게 하려 하심이라_고후 5:21

하나님, 우리가 하나님께 지은 죄에서 벗어나려면
값을 치러야 합니다.
하지만 하나님께서는 우리를 대신해서
예수님이 벌을 받게 하셨습니다.
우리의 모든 죄를 예수님께 붓고, 예수님의 의를
우리에게 주신 것입니다.
예수님을 우리와 맞바꾸신 것입니다.
______도 이 놀라운 은혜를 입은 사람이
되기를 원합니다.
예수님의 이름으로 기도합니다. 아멘.

우리를 대신하여 십자가에 달리신 예수님께 감사하며, 오늘 예수님을 기쁘시게 해 드릴 일을 한 가지씩 이야기하고 실천해 보세요.

핵심 교리 적용하기

구원받기 위해서 내가 했던 노력이나 열심은 무엇인가요? 나를 구원하기 위해 주님께서 해 주신 일은 무엇인가요?

일을 아니할지라도 경건하지 아니한 자를 의롭다 하시는 이를 믿는 자에게는 그의 믿음을 의로 여기시나니_롬 4:5

하나님, 자신이 일한 대가를 받는 것이
당연하다고 여기는 일꾼처럼 구원을 생각하지 않기를
원합니다. 구원은 인간의 노력으로 받을 수
있는 것이 아닙니다. 우리의 힘과 능력, 공로로
하나님께 의롭다 여김을 받을 수 없음을 기억하게
해 주세요. ______도 온전히 하나님께
자신을 맡기고 은혜를 구하게 해 주세요.
예수님의 이름으로 기도합니다. 아멘.

두 장의 종이에 각각 '믿음', '내 힘'이라고 쓴 뒤 '믿음'이라고 쓴 종이만 예쁘게 꾸며 보세요. 그런 다음 두 장을 현관에 붙이고, 보면서 자주 생각하도록 해요.

오늘의 말씀 따라 쓰기

오늘의 말씀을 따라 쓰며 마음에 새겨 보세요.

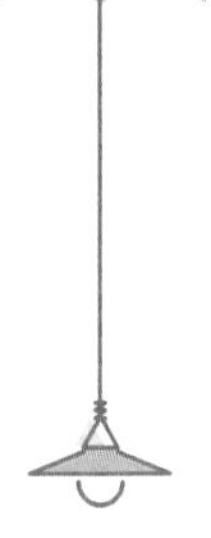

곧 예수 그리스도를 믿음으로 말미암아 모든 믿는 자에게 미치는 하나님의 의니 차별이 없느니라_롬 3:22

하나님, 세상의 모든 믿는 사람은 하나님과 끊어졌던
관계를 회복할 수 있습니다. 죄로 인해 일그러진
관계가 회복되는 일은 모든 사람에게 가능합니다.
유대인이든 이방인이든 차별하지 않고 구원하시는
하나님께 감사드립니다. 사람을 조건적으로
사랑하거나 차별하는 우리와 달리 차별하지
않으시는 하나님께 감사합니다.
_______도 하나님의 깊은 마음을 알게 해 주세요.
예수님의 이름으로 기도합니다. 아멘.

주변에 다문화 가정, 장애인 친구가 있나요? 오늘 그 친구들에게 진심을 담아서 먼저 인사해 보세요.

말씀 암송하기

한 사람의 범죄로 말미암아 사망이 그 한 사람을 통하여 왕 노릇 하였은즉 더욱 은혜와 의의 선물을 넘치게 받는 자들은 한 분 예수 그리스도를 통하여 생명 안에서 왕 노릇 하리로다_롬 5:17

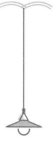

한 사람의 범죄로 말미암아 사망이 그 한 사람을 통하여 왕 노릇 하였은즉 더욱 은혜와 의의 선물을 넘치게 받는 자들은 한 분 예수 그리스도를 통하여 생명 안에서 왕 노릇 하리로다_롬 5:17

하나님, 아담은 모든 사람의 대표로 죄를 지었고,
예수님은 모든 사람의 대표로 죄의 값을 치르셨습니다.
아담의 죄로 모든 사람이 죄인이 되었고, 예수님의
죄 사하심으로 모든 사람이 의인이 되었습니다.
이 사실을 마음 깊이 새기는 우리가 되기를 원합니다.
_______도 이 사실을 기억하고 은혜와 의의 선물을
받아 생명을 충분히 누리게 해 주세요.
예수님의 이름으로 기도합니다. 아멘.

우리 몸을 깨끗하게 해 주는 물건에는 뭐가 있는지 찾아보세요. 그것이 우리의 죄까지 깨끗하게 할 수 있는지 이야기해 보세요.

아이와 교감하기

아이와 함께 하루의 삶을 나누고 서로의 마음을 다독여 주세요.

181

일한 것이 없이 하나님께 의로 여기심을 받는 사람의 복에 대하여 다윗이 말한바 불법이 사함을 받고 죄가 가리어짐을 받는 사람들은 복이 있고 주께서 그 죄를 인정하지 아니하실 사람은 복이 있도다 함과 같으니라_롬 4:6-8

하나님, 우리는 구원을 위해 아무것도 하지 않았는데
죄를 용서받았습니다. 하나님께서 의롭다고 하셨습니다.
아무리 심각한 죄를 지었더라도 하나님께서는
우리를 용서하기 원하고, 용서해 주셨습니다.
이 사실을 기억하고, 어떤 죄를 지었더라도 용서하시는
하나님 앞에 나아가 회개하기 원합니다.
_______도 하나님 앞에 나아가
자신의 죄를 고백하고 용서받게 해 주세요.
예수님의 이름으로 기도합니다. 아멘.

십자가 테두리를 그리고 그 안에 내가 지은 죄를 빨간색 필기구로 적으세요. 빨간색 색연필로 십자가를 칠하며 "예수님, 우리의 죄를 용서해 주세요"라고 고백하세요.

축복 기도문 쓰기
아이를 향한 축복의 기도를 글로 기록해 보세요.

7월

공동체로 드리는 기도

하나님은 우리를 부르고 자녀로 삼으셨습니다. 하나님께 입양된 우리의 삶은 죄의 종으로 살던 때와는 완전히 달라졌습니다. 거룩하신 하나님이 아빠가 되시다니, 정말 놀라운 일이었습니다.

이에 더하여 거룩한 무리 중의 한 사람이 되어 하나님을 예배하고 기도하며 찬양하는 은혜도 주셨습니다. 공동체에는 하나님을 모른 채 홀로 있다가 나처럼 부름 받은 이가 더 있었습니다. 혼자서도 하나님을 만날 수 있고, 만나야 합니다. 하지만 누군가와 함께 하나님을 만나면 그 기쁨과 즐거움이 남다릅니다. 예수님을 머리로 하여 한 몸을 이룬 교회, 그 공동체 안에서 함께 하나님을 예배하는 동안 우리는 서로를 향해 마음을 표현하고 서로 교제하게 됩니다. 성도의 교통함의 비밀을 몸과 마음으로 알게 되는 것입니다.

더운 여름, 방학과 휴가는 물론 교회의 여름 사역을 앞두고 있습니다. 혼자 힘으로 안 될 때, 공동체의 기도는 큰 힘이 됩니다. 함께 기도하며 여름을 맞이해 봅니다.

7월에는 '공동체로 드리는 기도'를 해 봅니다.

사람이 의롭게 되는 것은 율법의 행위로 말미암음이 아니요 오직 예수 그리스도를 믿음으로 말미암는 줄 알므로 우리도 그리스도 예수를 믿나니 이는 우리가 율법의 행위로써가 아니고 그리스도를 믿음으로써 의롭다 함을 얻으려 함이라 율법의 행위로써는 의롭다 함을 얻을 육체가 없느니라_갈 2:16

하나님, 우리가 율법을 지켜서가 아니라
오직 예수님을 믿음으로 의롭게 됨을 알게 하시니
감사합니다. 이제 우리는 죄를 짓지 않았던 사람처럼
담대하게 하나님께로 나아갈 수 있게 되었습니다.
예수님을 통해서 하나님과 새로운 관계를 맺게
되었기 때문입니다. ________도 좋으신 예수님을
온전히 믿고 확신하게 해 주세요.
예수님의 이름으로 기도합니다. 아멘.

안방 방문에 '하나님'이라고 붙이고, 색종이로 '예수님', '율법'이라고 쓴 티켓을 만들어 제비뽑기(예수님 티켓이 나올 때까지)를 하세요. 예수님 티켓을 가진 사람만 한 줄 기차를 타고 안방까지 갈 수 있어요.

믿음의 유산

아이에게 믿음의 유산으로 남길 생각, 마음, 바람을 적어 보세요.

183

보라 아버지께서 어떠한 사랑을 우리에게 베푸사 하나님의 자녀라 일컬음을 받게 하셨는가, 우리가 그러하도다 그러므로 세상이 우리를 알지 못함은 그를 알지 못함이라_요일 3:1

하나님, 우리를 당신의 자녀라고 하시니 감사합니다.
하나님이 우리에게 사랑을 베풀어 예수님을 보내고
우리를 자녀로 삼아 주신 것을 잊지 않게 해 주세요.
세상이 우리를 향해 하는 말이 아니라
오직 하나님의 아들과 딸이라는 정체성을
잊지 않는 우리가 되게 해 주세요.
________도 이 사실을 잊지 않기를 원하며,
예수님의 이름으로 기도합니다. 아멘.

자녀의 눈을 1분 동안 바라본 후, "너는 하나님의 자녀란다"라고 말해 주세요. 자녀도 엄마, 아빠의 눈을 바라보며 말하게 해 보세요. "엄마, 아빠는 하나님의 자녀예요."

핵심 교리 이해하기

[소요리 문답 34문] 양자로 삼는 것이 무엇인가?

양자로 삼는 것은 하나님이 정하신 것입니다. 하나님은 값없는 은혜를 베풀어 우리를 양자로 삼으셨습니다. 이로써 우리는 하나님의 아들, 딸이 누리는 모든 특권을 누리게 되었습니다.

이같이 너희 빛이 사람 앞에 비치게 하여 그들로 너희 착한 행실을 보고 하늘에 계신 너희 아버지께 영광을 돌리게 하라_마 5:16

하나님, 빛이신 하나님을 드러내는 사람이 되기를
원합니다. 우리가 하는 착한 행실을 보고
하나님이 누구이신지 궁금해하는 사람들이 생기면
좋겠습니다. 하나님의 빛을 가리거나 부인하지
않게 해 주세요. 사람들이 하는 대로 생각 없이
따라가지 않고, 빛이신 하나님을 드러내는
착한 행동을 하게 해주세요. ______도 착한 행실을 통해
하나님께 영광 돌리기를 원하며,
예수님의 이름으로 기도합니다. 아멘.

저녁에 함께 산책하며 우리가 할 수 있는 착한 행동을 해 보세요.

핵심 교리 적용하기

하나님의 아들, 하나님의 딸이 된 후로 달라진 것은 무엇인가요?

185

영접하는 자 곧 그 이름을 믿는 자들에게는 하나님의 자녀가 되는 권세를 주셨으니 이는 혈통으로나 육정으로나 사람의 뜻으로 나지 아니하고 오직 하나님께로부터 난 자들이니라_요 1:12-13

하나님, 예수님을 우리 삶의 주인으로 영접해서
거듭나고 하나님이 주시는 새 생명을 얻게 하시니
감사합니다. 구원이 우리의 가문이나 노력, 열심으로
얻는 것이 아니라, 모두 하나님께서 하시는 일임을
알게 하시니 감사합니다. 구원하신 하나님의 은혜에
더욱 감사하고 기뻐하는 하루가 되게 해 주세요.
_______도 하나님의 자녀가 되었음을 잊지 않고
살아가는 하루가 되기를 원하며,
예수님의 이름으로 기도합니다. 아멘.

가족끼리 귓속말로 "________는 하나님의 자녀입니다"라고 전달하며 속삭여 주세요.

오늘의 말씀 따라 쓰기

오늘의 말씀을 따라 쓰며 마음에 새겨 보세요.

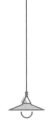

자녀이면 또한 상속자 곧 하나님의 상속자요 그리스도와 함께 한 상속자니 우리가 그와 함께 영광을 받기 위하여 고난도 함께 받아야 할 것이니라_롬 8:17

하나님, 우리는 예수님으로 인해 하나님의 자녀로
입양되어 하나님의 상속자가 되었습니다.
하나님의 사랑 안에 거하며, 성령님께서 인도해
주시는 삶을 살게 하시니 감사합니다. 우리가
예수님이 얻으신 영광도 받지만, 그전에 고난도 함께
받아야 한다는 것을 기억하기를 원합니다.
______도 이웃을 섬기고 세상의 요구에는 저항하는
그리스도인이 되기를 원하며,
예수님의 이름으로 기도합니다. 아멘.

하나님을 믿지 않는 사람들은 예수님에 대해 뭐라고 하나요? 그런 말을 들을 때는 마음이 어떤가요? 부모님과 서로 용기를 주고 위로하는 시간을 가져 보세요.

말씀 암송하기

보라 아버지께서 어떠한 사랑을 우리에게 베푸사 하나님의 자녀라 일컬음을 받게 하셨는가, 우리가 그러하도다 그러므로 세상이 우리를 알지 못함은 그를 알지 못함이라_요일 3:1

187

그러므로 너희는 이렇게 기도하라 하늘에 계신 우리 아버지여 이름이 거룩히 여김을 받으시오며_마 6:9

하나님, 거룩하고 위엄이 있으신 하나님을
아버지라고 부를 수 있게 하시니 감사합니다.
하나님의 이름을 높이고 거룩하게 여기기를 원합니다.
하나님의 자녀로 살아갈 때, 아버지의 이름을
깎아내리거나 욕되게 하지 않겠습니다.
우리 ______도 하나님의 이름을 거룩하게 여기고
높여 드리는 사람이 되게 해 주세요.
예수님의 이름으로 기도합니다. 아멘.

블록을 높이 쌓아 보세요. 맨 위의 블록에 '우리 하나님'이라고 적은 종이를 붙이고 사진을 찍어 남겨 보세요.

아이와 교감하기

아이와 함께 하루의 삶을 나누고 서로의 마음을 다독여 주세요.

너희가 참음은 징계를 받기 위함이라 하나님이 아들과 같이 너희를 대우하시나니 어찌 아버지가 징계하지 않는 아들이 있으리요 징계는 다 받는 것이거늘 너희에게 없으면 사생자요 친아들이 아니니라_히 12:7-8

하나님, 하나님께서는 우리를 징계하실 때가 있습니다. 자녀가 잘못을 저지르면 부모가 잘못을 바로잡고 고치기 위해 훈육하고 징계하듯이 우리에게도 그렇게 하십니다. 하나님이 우리를 징계하실 때 잘 참고 배우기를 원합니다. 징계 속에 담긴 하나님의 진심을 알아채고 성장의 기회로 삼게 해 주세요. _______도 그렇게 하기를 원하며, 예수님의 이름으로 기도합니다. 아멘.

자녀가 실수하거나 잘못하면 부모님에게 혼날 때가 있어요. 이때 부모님의 진짜 마음은 무엇일까요? 가만히 생각해 보세요.

축복 기도문 쓰기

아이를 향한 축복의 기도를 글로 기록해 보세요.

189

너희가 아들이므로 하나님이 그 아들의 영을 우리 마음 가운데 보내사 아빠 아버지라 부르게 하셨느니라_갈 4:6

우리를 자녀로 삼아 주신 하나님,
성령님을 우리 마음에 보내어 하나님을
아빠 아버지라고 부르게 하시니 감사합니다.
무서운 하나님이 아니라 친근하고 좋은 하나님을
더욱 알아 가게 해 주세요.
친자든 양자든 상관없이 하나님 나라를 상속할 수 있는
특권을 주셨으니 정말 감사합니다.
______도 하나님의 자녀라는 사실을 잊지 않고
자신감을 가지고 살아가게 해 주세요.
예수님의 이름으로 기도합니다. 아멘.

'가족관계증명서'를 출력하고 맨 위에 '하나님'이라고 적은 다음 잘 보이는 곳에 붙여 보세요. 붙였다면, 어린이 찬양 <왕왕왕왕 나는 왕자다>를 찾아서 함께 불러 보세요.

믿음의 유산

아이에게 믿음의 유산으로 남길 생각, 마음, 바람을 적어 보세요.

값으로 산 것이 되었으니 그런즉 너희 몸으로 하나님께 영광을 돌리라
_고전 6:20

하나님, 예수님의 피로 값을 지불하고 죄인인 우리를
구원해 주시니 감사합니다. 이제 우리는
죄의 종이 아닌 하나님의 자녀가 되었습니다.
하나님의 자녀로서 아버지께
영광 돌리는 사람이 되기를 원합니다.
______ 도 구원의 선물을 받아
하나님께 영광 돌리는 삶을 살게 해 주세요.
예수님의 이름으로 기도합니다. 아멘.

상을 받아 본 일이 있나요? 그 상을 받기 위해 무엇을 했는지 적어 보세요. 선물을 받은 일이 있나요? 그 선물을 받기 위해 무엇을 했나요? 상과 선물의 차이점은 무엇일까요? 예수님은 하나님이 보내신 구원의 선물이랍니다.

핵심 교리 이해하기

[소요리 문답 35문] 거룩하게 하신 것이 무엇인가?

거룩하게 하시는 것은 하나님의 값없는 은혜로, 우리는 하나님의 형상을 좇아서 죄에 대해서는 점점 더 죽고 의에 대해서는 점점 더 살게 됩니다.

191

너희는 유혹의 욕심을 따라 썩어져 가는 구습을 따르는 옛 사람을 벗어 버리고 오직 너희의 심령이 새롭게 되어_엡 4:22-23

하나님, 예수님을 믿으면 예전의 모습을
버리게 됩니다. 낡고 썩은 이전의 생활 방식 대신
주님이 만들어 주신 생활 방식을 알게 해 주세요.
옛 사람을 벗고 새사람을 입게 해 주세요.
심령이 새롭게 될 뿐 아니라 말씀을 통해 주님이
알려 주시는 새로운 방식대로 행동하게 해 주세요.
우리 ______도 성령님께서 함께하시는
새사람이 되게 해 주세요.
예수님의 이름으로 기도합니다. 아멘.

지저분한 옷을 입은 모습과 깨끗하게 빤 옷을 입은 모습을 사진으로 찍어서 비교해 보세요. 어떤가요? 구원받은 우리의 모습이 어때야 할지 말해 보세요.

핵심 교리 적용하기

당신은 지금 당신에 굳어진 옛 습관을 버리고 새로운 습관을 익혀 나가고 있습니까? 지속적으로 육체의 욕망을 죽이는 훈련을 하고 있나요?

그러므로 우리가 그의 죽으심과 합하여 세례를 받음으로 그와 함께 장사 되었나니 이는 아버지의 영광으로 말미암아 그리스도를 죽은 자 가운데서 살리심과 같이 우리로 또한 새 생명 가운데서 행하게 하려 함이라_롬 6:4

하나님, 우리가 예수님과 함께 죽고, 예수님과 함께
부활의 새 생명을 얻게 하시니 감사합니다.
우리 안에 있는 옛 사람이 죽어 죄의 유혹이 올 때
담대하게 이길 수 있게 되었습니다. 살면서 의식적으로
죄가 아닌 생명의 일을 선택하고, 우리를 살리신
예수님을 기억하게 해 주세요.
_______도 새 생명 가운데 행하기를 원하며,
예수님의 이름으로 기도합니다. 아멘.

<믿음으로 승리해요>(양승헌 작사, 전종혁 작곡)를 함께 불러요. 예수님께서는 우리가 승리할 수 있도록 항상 응원해 주신답니다.

오늘의 말씀 따라 쓰기

오늘의 말씀을 따라 쓰며 마음에 새겨 보세요.

193

죄가 너희를 주장하지 못하리니 이는 너희가 법 아래에 있지 아니하고 은혜 아래에 있음이라_롬 6:14

하나님께서 우리를 구원하신 후에는 우리가 율법 아래 있지 않고 은혜 아래 거하게 되었습니다. 따라서 죄는 더 이상 그리스도인의 삶에서 승리할 수 없게 되었습니다. 우리를 율법과 죄의 지배로부터 자유롭게 해 주셔서 감사합니다. 예수님과 맺은 새로운 은혜 언약 아래 살면서 하나님이 주시는 승리를 경험하게 해 주세요. ______도 은혜 아래서 누리는 승리를 맛보게 해 주시기를 원하며, 예수님의 이름으로 기도합니다. 아멘.

집에 여권이 있다면 보면서 설명해 주세요. 여권에 찍힌 출입국 도장은 그 나라에 들어와서 자유롭게 여행해도 괜찮다는 뜻이에요. '은혜', '예수님', '하나님' 등의 도장이 찍힌 '하나님 나라의 여권'을 만들어 보세요. 어디를 가든, 무슨 일을 하든 우리는 하나님의 은혜 아래 있답니다.

말씀 암송하기

죄가 너희를 주장하지 못하리니 이는 너희가 법 아래에 있지 아니하고 은혜 아래에 있음이라_롬 6:14

육신을 따르지 않고 그 영을 따라 행하는 우리에게 율법의 요구가 이루어지게 하려 하심이니라_롬 8:4

하나님, 예수님께서 우리를 대신해서 죽으심으로
우리를 짓누르던 죄와 율법의 요구가 해결되었습니다.
십자가의 희생과 사랑으로 인해 우리는 죄의 종이
아니라 하나님의 자녀로 살게 되었습니다.
_______도 하나님의 십자가 구원을 경험하게 하시고,
새로운 삶을 살게 해 주신 은혜에 감사하며
살아가게 해 주세요.
예수님의 이름으로 기도합니다. 아멘.

자녀와 함께 <벤허>와 같은 노예 제도가 나오는 영화를 보세요. 죄의 종이 아니라 하나님의 자녀가 되는 기쁨이 무엇인지 함께 이야기해 보세요.

아이와 교감하기

아이와 함께 하루의 삶을 나누고 서로의 마음을 다독여 주세요.

195

곧 하나님 아버지의 미리 아심을 따라 성령이 거룩하게 하심으로 순종함과 예수 그리스도의 피 뿌림을 얻기 위하여 택하심을 받은 자들에게 편지하노니 은혜와 평강이 너희에게 더욱 많을지어다_벧전 1:2

하나님, 하나님께서는 우리를 선택하셨습니다.
우리가 하나님을 따를 자격을 갖추려고 무엇인가
준비를 시작하기도 전에 먼저 우리를 택하셨습니다.
과거부터 지금, 영원한 미래까지 모두 아시는
하나님께서 우리를 택해 주시니 감사합니다.
우리는 하나님의 초대를 감사함으로 받아들입니다.
_______도 가장 알맞은 때에 만나 주시기를 원하며,
예수님의 이름으로 기도합니다. 아멘.

영화나 연극 예매 티켓을 가진 사람은 예정된 시간에 정해진 좌석에 앉을 수 있어요. 하나님께서는 우리에게 어떤 초대장을 보내셨을까요? 하나님이 보내신 초대장을 만들어 보세요.

축복 기도문 쓰기
아이를 향한 축복의 기도를 글로 기록해 보세요.

평강의 하나님이 친히 너희를 온전히 거룩하게 하시고 또 너희의 온 영과 혼과 몸이 우리 주 예수 그리스도께서 강림하실 때에 흠 없게 보전되기를 원하노라_살전 5:23

하나님, 우리 삶의 모든 곳에 평강의 하나님께서
함께해 주세요. 매일 더 거룩해지게 하시고,
성령님이 늘 동행해 주세요. 우리 영과 혼과 몸이
예수님께서 다시 오실 날까지 하나님 안에 있게 하시고,
더욱 성장하게 해 주세요.
________도 하나님 안에서 날마다 주님을 만나고
성장하게 해 주시길 원하며,
예수님의 이름으로 기도합니다. 아멘.

가족이 여러 가지 방법으로 하나님을 만나고 있을 거예요(기도, 큐티, 성경 읽기 등). 달력에 체크해 보세요.

믿음의 유산

아이에게 믿음의 유산으로 남길 생각, 마음, 바람을 적어 보세요.

197

우리가 다 수건을 벗은 얼굴로 거울을 보는 것같이 주의 영광을 보매 그와 같은 형상으로 변화하여 영광에서 영광에 이르니 곧 주의 영으로 말미암음이니라_고후 3:18

하나님, 모세가 십계명을 가지고 내려왔을 때
얼굴에 빛이 났고, 백성이 그것을 주목하지 않도록
얼굴에 수건을 썼다고 합니다. 구약의 백성은
수건으로 가려진 채로 빛을 봐야 했지만,
우리는 예수님 안에서 수건이 벗겨진 상태로
하나님의 영광을 볼 수 있게 되었습니다.
하나님의 영광을 제대로 볼 수 있는 은혜를
______도 누리게 해 주세요.
예수님의 이름으로 기도합니다. 아멘.

종이에 작은 그림을 그린 뒤, 멀리 떨어져서 보고 어떤 그림인지 알아맞혀 보세요. 또 다른 그림을 그린 뒤, 이번에는 가까이에서 보세요. 우리도 예수님과 가까이 있어야 제대로 볼 수 있어요.

핵심 교리 이해하기

[대요리 문답 82문] 무형 교회 회원들이 그리스도와 함께 누리는 영광의 교통이란 무엇인가?

교회의 성도들은 살면서 예수님과 함께 영광의 교통을 누리며, 죽은 후에는 부활을 경험하게 됩니다. 이 모든 것은 심판 날에 완성될 것입니다.

198

예수께서 이르시되 내가 진실로 네게 이르노니 오늘 네가 나와 함께 낙원에 있으리라 하시니라_눅 23:43

하나님, 예수님과 십자가에 함께 달렸던 강도는
예수님께 용서를 구했고, 용서를 받았습니다.
하나님을 믿기에 너무 늦은 때는 없는 것 같습니다.
아직 하나님을 모르는 사람들이 마지막 순간에라도
하나님을 믿을 수 있는 은혜를 허락해 주세요.
또한 자녀들이 인생의 이른 시기에 하나님을
알게 해 주세요. ______도 어릴 때부터 예수님을
인격적으로 만나고 평생 주님을 따르도록 인도해 주세요.
예수님의 이름으로 기도합니다. 아멘.

엄마, 아빠가 하나님을 처음 만났을 때는 언제였나요? 예수님을 만나서 어떻게 바뀌었는지 이야기하고 ______도 하나님을 만나기를 기대하며 기도해 보세요.

핵심 교리 적용하기

당신은 과거, 현재, 미래를 모두 합해서 예수님을 믿는 모든 사람으로 구성된 커다란 교회의 한 사람임을 믿습니까? 하나님 나라를 바라보며 이 땅에서 오늘을 살아가고 있습니까?

199

대요리 문답 82문(197-203)

그 후에 우리 살아남은 자들도 그들과 함께 구름 속으로 끌어 올려 공중에서 주를 영접하게 하시리니 그리하여 우리가 항상 주와 함께 있으리라
_살전 4:17

하나님, 예수님께서 이 땅에 내려와
우리의 죄를 지고 십자가에서 죽으시고 부활하신 후에
다시 오겠다고 약속해 주시니 감사합니다.
예수님께서 오셔서 영원히 다스리실 그날이
언제일지 모르지만, 다시 오신 예수님과 함께 있게 될
그날을 기대하며 오늘을 살게 해 주세요.
이 땅을 살아가는 동안에 하나님과 함께할 날을
마음에 품고 살아가는 ______가 되게 해 주세요.
예수님의 이름으로 기도합니다. 아멘.

가족과 함께 천국은 어떤 모습일지 이야기해 보세요. 천국에 간다면 어떤 점이 가장 좋을까요?

오늘의 말씀 따라 쓰기

오늘의 말씀을 따라 쓰며 마음에 새겨 보세요.

여호와께서 다시 내게 말씀하여 이르시되 이 백성이 천천히 흐르는 실로아 물을 버리고 르신과 르말리야의 아들을 기뻐하느니라_사 8:5-6

하나님, 이사야 선지자는 하나님의 은혜를 거부하고
이방 나라에 도움을 청한 유다 백성을 향해
경고의 메시지를 보냅니다. 천천히 흐르는 물처럼
부드럽게 돌보셨던 하나님의 은혜를 거부한 백성을
하나님께서 벌하신다는 말도 함께 전합니다.
구약을 통해 하나님의 사랑과 공의를
함께 배우게 하시니 감사합니다.
______도 좋은 선택을 할 수 있도록 인도해 주세요.
예수님의 이름으로 기도합니다. 아멘.

부모님과 함께 도로 표지판을 살펴보세요. 표지판 그림을 보며 어떤 뜻인지 맞혀 보세요. 표지판을 보면 어떤 길인지 예측할 수 있듯, 성경을 보면 하나님을 알 수 있답니다.

말씀 암송하기

우리가 다 수건을 벗은 얼굴로 거울을 보는 것같이 주의 영광을 보매 그와 같은 형상으로 변화하여 영광에서 영광에 이르니 곧 주의 영으로 말미암음이니라_고후 3:18

201

여호와여 영광을 우리에게 돌리지 마옵소서 우리에게 돌리지 마옵소서 오직 주는 인자하시고 진실하시므로 주의 이름에만 영광을 돌리소서 어찌하여 뭇 나라가 그들의 하나님이 이제 어디 있느냐 말하게 하리이까_시 115:1-2

하나님, 우리가 하나님께 영광을 돌리면서 동시에
영광을 받으려 할 때가 있습니다.
하나님의 일을 하면서도 우리가 드러나는 일을
좋아할 때가 많습니다. 그러나 우리가 칭찬받고
돋보여서 하나님의 영광을 가리는
일이 생기면 안 되겠습니다. 겸손한 마음으로
하나님의 큰일에 동참하는 우리가 되게 해 주세요.
______도 겸손하게 하나님을 따르기를 원하며,
예수님의 이름으로 기도합니다. 아멘.

학자, 운동선수, 연예인들이 상을 받을 때 하나님께 영광 돌린다는 수상 소감을 들어 본 적이 있나요? 왜 자랑하지 않고 하나님께 영광을 돌렸을지 그 이유를 생각해 보세요.

아이와 교감하기

아이와 함께 하루의 삶을 나누고 서로의 마음을 다독여 주세요.

새가 날개 치며 그 새끼를 보호함같이 나 만군의 여호와가 예루살렘을 보호할 것이라 그것을 호위하며 건지며 뛰어넘어 구원하리라 하셨느니라_사 31:5

하나님, 예루살렘을 보호해 주시는 하나님을
어미 새가 새끼를 보호하는 모습으로 비유한
시편 기자의 시를 읽어 봅니다.
원수들의 공격을 당해 어려움 속에 있는 우리를
보호하고 건지며 구원해 주시는 하나님, 감사합니다.
______도 어렵고 힘든 상황에서 구원자이신 하나님께
기도하고 도움을 요청하게 해 주세요.
예수님의 이름으로 기도합니다. 아멘.

최근에 혼자 감당하기 힘들었던 일이 있었나요? 그때 가장 먼저 생각난 사람은 누구인가요? 앞으로는 도움이 될 사람을 찾기 전에, 하나님께 기도하기로 약속해요.

축복 기도문 쓰기

아이를 향한 축복의 기도를 글로 기록해 보세요.

203

여호와가 말하노라 그날에 내가 모든 말을 쳐서 놀라게 하며 그 탄 자를 쳐서 미치게 하되 유다 족속은 내가 돌보고 모든 민족의 말을 쳐서 눈이 멀게 하리니_슥 12:4

하나님, 스가랴 선지자는 이스라엘을 향한 심판과 회복을 외쳤습니다. 땅의 모든 민족이 예루살렘을 대적해서 모일 때, 하나님께서는 그들의 기병대를 쳐서 유다 족속을 보호해 주실 거라고 합니다.
우리가 어려움을 겪고 힘든 일을 만날 때, 하나님께서 우리를 대신해서 싸우고 보호해 주실 것을 믿습니다.
______도 다른 누구보다 하나님을 믿고 의지하게 하시고, 보호해 주시는 하나님을 경험하는 인생이 되게 해 주세요.
예수님의 이름으로 기도합니다. 아멘.

공 던지기 놀이를 해요. 부모님이 큰 이불을 들고 아이를 이불 뒤에 숨겨 주세요. 공을 아무리 던져도 공에 맞지 않아요. 놀이 후에는 우리를 보호하시는 하나님에 대해 이야기해 보세요.

믿음의 유산

아이에게 믿음의 유산으로 남길 생각, 마음, 바람을 적어 보세요.

이는 그가 사랑하시는 자 안에서 우리에게 거저 주시는 바 그의 은혜의 영광을 찬송하게 하려는 것이라_엡 1:6

하나님, 우리를 부르고 구원하신 은혜에
감사드립니다. 우리는 예수님 안에서
거저 주시는 구원의 은혜를 받았습니다.
이 모든 것을 허락하신 하나님께 영광을 돌립니다.
예배 가운데 거하시는 하나님을 찬양합니다.
______도 자신을 선택하고 구원하신 하나님께
감사드리며 영광 돌리게 해 주세요.
예수님의 이름으로 기도합니다. 아멘.

가족과 함께 좋아하는 찬양을 큰 소리로 불러 보세요. 아직도 많은 수의 그리스도인들이 예배를 드리면 감옥에 가는 나라에 살고 있답니다.

핵심 교리 이해하기

[대요리 문답 63문] 유형 교회의 특권은 무엇인가?

유형 교회의 특권은 하나님의 특별한 보호와 관리 아래에 있는 것, 모든 적의 반항에도 불구하고 보호 받고 보존되는 것입니다. 또한 예수님의 은혜로운 초청을 누리는 것입니다.

205

너희는 그리스도의 몸이요 지체의 각 부분이라_고전 12:27

하나님, 우리가 예수님을 머리로 하여
한 몸이 되게 하시니 감사합니다. 성령님께서는
우리가 연합하여 서로 돕고 기도하게 하십니다.
그리스도인들은 한 몸이요, 각 부분이기에
서로의 기쁨, 슬픔, 아픔을 나눌 수 있습니다.
이 사실을 기억하며 지체들을 사랑하고
소중히 여기는 _____가 되게 해 주세요.
예수님의 이름으로 기도합니다. 아멘.

부모님과 함께 손가락 가족 인형을 만들어 보세요. 가장 긴 손가락에는 아빠 얼굴을 그리고, 새끼손가락에는 _______ 얼굴을 그려요. 연필로 아빠 손가락을 찌르면 누가 아플까요? 그리스도인들이 한 몸이라는 것은 어떤 뜻일까요?

핵심 교리 적용하기

교회의 구성원인 당신은 어떤 역할을 하고 있나요? 복음을 선포하고 영혼을 치유하며 진리를 말하고 있나요? 당신과 당신이 속한 교회의 모습을 돌아보세요.

206

너희는 너희가 하나님의 성전인 것과 하나님의 성령이 너희 안에 계시는 것을 알지 못하느냐_고전 3:16

하나님, 교회는 하나님의 성전이고
하나님의 성령이 거하시는 곳입니다. 구약 시대에
하나님이 임재하셨던 성전에서 백성은 예배드리고
죄 사함을 얻었으며, 하나님의 축복을 받았습니다.
지금은 우리 각자가 교회이며, 모여서도 하나님의
교회를 이루게 하시니 감사합니다.
_______가 하나님의 교회를 이루는 한 사람이
될 수 있도록 인도해 주세요.
예수님의 이름으로 기도합니다. 아멘.

_______가 생각하는 아름다운 교회의 모습을 그림으로 그려 보세요. 혹시 멋진 교회 건물을 그렸나요? 우리도 성령님이 거하시는 성전이랍니다.

오늘의 말씀 따라 쓰기

오늘의 말씀을 따라 쓰며 마음에 새겨 보세요.

207

그들은 이스라엘 사람이라 그들에게는 양자 됨과 영광과 언약들과 율법을 세우신 것과 예배와 약속들이 있고_롬 9:4

하나님께서는 이스라엘 사람들을
양자로 삼으셨습니다. 아무런 자격이 없는 그들을
자녀로 삼아 언약을 맺고 율법을 세우셨습니다.
우리도 예수님을 믿음으로 하나님의 복을 받아
그분의 아들, 딸이 되었습니다.
이 놀라운 일을 허락하신 하나님께 감사드립니다.
______도 언약의 자녀로서 약속을 기억하고
하나님께 예배드리게 해 주세요.
예수님의 이름으로 기도합니다. 아멘.

주일마다 드리는 예배는 우리가 하나님의 자녀가 되었다는 것을 기뻐하고 기억하는 시간이에요. 우리는 예배드릴 준비를 어떻게 하고 있는지 말해 보세요.

말씀 암송하기

너희는 그리스도의 몸이요 지체의 각 부분이라_고전 12:27

그가 어떤 사람은 사도로, 어떤 사람은 선지자로, 어떤 사람은 복음 전하는 자로, 어떤 사람은 목사와 교사로 삼으셨으니 이는 성도를 온전하게 하여 봉사의 일을 하게 하며 그리스도의 몸을 세우려 하심이라_엡 4:11-12

성령님께서 우리 각자의 특별한 은사를 사용해서
교회를 세우시니 감사합니다. 우리의 은사가
무엇인지 모른다면 알게 하시고,
안다면 잘 연습하게 하시고, 사용하게 해 주세요.
우리의 은사가 성도들을 돕고, 그리스도의 몸을
세우는 데 사용되게 해 주세요.
_____도 자신의 은사가 무엇인지 알게 하시고,
연습하게 하시며, 사용할 수 있도록 인도해 주세요.
예수님의 이름으로 기도합니다. 아멘.

_____가 잘하는 것을 열 개만 적어 보세요. 그중에 다른 사람들을 도울 수 있는 것이 있나요? 그것이 하나님께서 선물로 주신 _____의 은사랍니다.

아이와 교감하기

아이와 함께 하루의 삶을 나누고 서로의 마음을 다독여 주세요.

209

또 이르시되 너희는 온 천하에 다니며 만민에게 복음을 전파하라 믿고 세례를 받는 사람은 구원을 얻을 것이요 믿지 않는 사람은 정죄를 받으리라 _막 16:15-16

하나님, 예수님은 제자들에게 복음을 전파하라고 하셨습니다. 예수님의 명령대로 많은 제자가 복음을 전했고, 복음을 듣고 예수님을 믿은 그들이 또 제자가 되었습니다. 세계 곳곳으로 나가서 말씀을 전하는 선교사가 되었습니다.
우리도 예수님을 믿고 세례를 받으며 복음을 전파하는 사람이 되기 원합니다. _____도 예수님을 믿어 구원받고 복음을 전하는 사람이 되게 해 주세요.
예수님의 이름으로 기도합니다. 아멘.

세계 여러 나라에서 복음을 전하시는 선교사님들의 기도 제목을 구해 보세요. 그분들을 위해 기도하며 복음을 전하는 일에 동참해 보세요.

축복 기도문 쓰기

아이를 향한 축복의 기도를 글로 기록해 보세요.

아버지께서 내게 주시는 자는 다 내게로 올 것이요 내게 오는 자는 내가 결코 내쫓지 아니하리라_요 6:37

하나님, 세상에는 예수님을 믿지 않는 사람이
많습니다. 그런데 예수님은 하나님께서
보내신 사람은 내쫓지 않는다고 하십니다.
예수님은 하나님의 뜻을 행하며, 하나님과 함께
일하시는 분이니 믿고 따릅니다. 우리도 예수님처럼
하나님께서 보내 주신 사람들을 사랑하고 소중히
여기겠습니다. ______도 자기에게로 다가오는
친구들과 잘 지내게 하시고, 믿음 안에서
좋은 친구들을 만나게 해 주세요.
예수님의 이름으로 기도합니다. 아멘.

교회에 다니다가 나오지 않는 친구가 있나요? 그 친구에게 예수님이 기다리고 계신다고 문자나 카톡을 보내 보세요. 집으로 초대해도 좋아요.

믿음의 유산

아이에게 믿음의 유산으로 남길 생각, 마음, 바람을 적어 보세요.

211

서로 돌아보아 사랑과 선행을 격려하며 모이기를 폐하는 어떤 사람들의 습관과 같이 하지 말고 오직 권하여 그날이 가까움을 볼수록 더욱 그리 하자_히 10:24-25

하나님, 하나님 안에서 우리가 서로에게 배우고
격려하며 힘을 주고받기 원합니다. 믿는 사람들이
모이기를 힘쓰고, 어려움이나 박해의 시기를
합심하여 잘 이겨 내게 해 주세요.
예수님이 이 땅에 다시 오실 날이 가까워질수록
더욱 다른 사람을 돌아보고 사랑하며
착한 일을 하는 ______가 되게 해 주세요.
예수님의 이름으로 기도합니다. 아멘.

가족들을 한 사람씩 가운데 앉게 한 후, 다른 가족이 칭찬을 한마디씩 해 주세요. 모두 마친 후에는 안아 주세요.

핵심 교리 이해하기

[웨스트민스터 신앙 고백서 제26장 2항] 공적인 신앙 고백을 통해 성도가 된 자들은 하나님을 예배하는 가운데 거룩한 교제와 교통을 유지해야 한다.

성도는 위로는 예수님과 연합하고 옆으로는 그리스도인들끼리 연합해야 합니다.

그들이 사도의 가르침을 받아 서로 교제하고 떡을 떼며 오로지 기도하기를 힘쓰니라_행 2:42

하나님, 베드로가 복음을 전했을 때
3천 명이나 되는 사람이 예수님을 믿었습니다.
그들은 사도의 가르침을 받고 서로 교제하며
기도했습니다. 이 시대를 살아가는 우리도 하나님의
말씀을 잘 배우고, 믿는 사람들과 깊이 교제하고,
기도하며, 성장하게 해 주세요.
______도 오늘 하루 믿는 친구들과의 모임을 통해
더욱 믿음이 자라게 하시고,
날마다 하나님께 나아가도록 인도해 주세요.
예수님의 이름으로 기도합니다. 아멘.

주일학교 친구 한 명을 떠올린 후 그 친구를 위해 하루 동안 기도해 보세요.

핵심 교리 적용하기
당신은 예수님이 하나님의 아들이심과 성경이 유일한 하나님의 말씀이라는 것을 믿나요? 다른 이들과 교제하며 서로를 위해 기도하나요?

8월

하나님과 소통하는 기도

꽉 막혔던 것이 내려가고, 불통이 소통이 된 경험이 있습니까? 그리스도인은 바로 그 경험을 한 사람들입니다. 죄로 인해 직접 뵐 수 없던 하나님을 죽음에 대한 두려움 없이 만나게 되었기 때문입니다. 예수님께서는 하나님과 우리 사이의 막힌 담을 허무셨습니다. 예수님은 온 인류의 죄를 지고 십자가에 죽으심으로 하나님과 우리를 직통으로 연결하셨습니다.

이때 단절된 관계를 회복하려고 더 애쓴 건 우리가 아닌 하나님이셨습니다. 외면하고 도망치는 우리를 기다리셨고, 용서하기 위해 친히 찾아오셨습니다. 우리를 향한 하나님의 열심은 너무나 크고 열렬했습니다.

이제 우리도 말씀과 기도, 성찬과 세례를 통해 그 은혜를 맛보기 원합니다. 하나님을 알아 가고, 하나님 나라를 마음에 품고 오늘을 살아가기 원합니다. 하나님과의 소통은 하루 24시간, 1,440분, 86,400초 내내 가능합니다.

8월에는 '하나님과 소통하는 기도'를 해 봅니다.

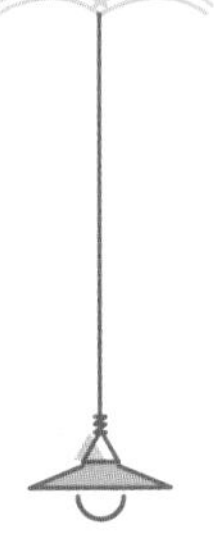

믿는 사람이 다 함께 있어 모든 물건을 서로 통용하고_행 2:44

하나님, 예루살렘교회의 성도들은
서로를 형제자매로 여겨서 가진 것을 서로
공유했다고 합니다. 자기만 배불리며 편안하게
살지 않고, 부족함이 있는 지체를 돌보고 나누었던
것입니다. 우리도 교회 공동체를 가족으로 여기고,
서로의 필요가 보이면 가진 것을 나눌 수 있는
마음을 갖게 해 주세요.
______도 자신의 것만 챙기지 않고
다른 사람에게 나누어 줄 수 있는 마음을 주세요.
예수님의 이름으로 기도합니다. 아멘.

______가 여러 개 가진 것이 있다면 친구들과 나누어 볼까요? 나누어 주고 싶은 물건을 교회에 가져가서 친구들에게 나누어 주세요.

오늘의 말씀 따라 쓰기

오늘의 말씀을 따라 쓰며 마음에 새겨 보세요.

제자들이 각각 그 힘대로 유대에 사는 형제들에게 부조를 보내기로 작정하고_행 11:29

하나님, 믿음 위에 바로 선 안디옥교회는
기근으로 인해 고통당하던 예루살렘교회를 위해
헌금을 보냈습니다. 교회끼리 연합하고 돕는 모습이
참으로 보기 좋은 것 같아요. 우리 교회도 국내외의 다른
교회나 가정을 도우며 세워 가게 해 주세요.
성령님께서 교회를 세워 성장하고 서로
돕게 하셨던 것처럼, ______도 교회와 성도들을
위해 기도하고 돕는 사람으로 성장하게 해 주세요.
예수님의 이름으로 기도합니다. 아멘.

교회에 구제 헌금 봉투가 있을 거예요. 헌금을 준비해서 드려보세요. 심부름이나 집안일을 해서 마련한 헌금이라면 더 의미가 있을 거예요.

말씀 암송하기

서로 돌아보아 사랑과 선행을 격려하며 모이기를 폐하는 어떤 사람들의 습관과 같이 하지 말고 오직 권하여 그날이 가까움을 볼수록 더욱 그리하자_히 10:24-25

많은 백성이 가며 이르기를 오라 우리가 여호와의 산에 오르며 야곱의 하나님의 전에 이르자 그가 그의 길을 우리에게 가르치실 것이라 우리가 그 길로 행하리라 하리니 이는 율법이 시온에서부터 나올 것이요 여호와의 말씀이 예루살렘에서부터 나올 것임이니라_사 2:3

하나님, 이사야는 생명을 얻게 하는
하나님의 말씀을 듣기 위해서 많은 백성이 시온으로
나아올 거라고 말합니다. 그가 예언한 대로
하나님께로 나아갑니다. 우리를 가르쳐 주시고,
하나님과 함께 행하게 해 주세요.
______도 진리의 말씀을 사모하여 하나님께로
나아갈 수 있도록 인도해 주세요.
예수님의 이름으로 기도합니다. 아멘.

성경 말씀을 배우기 위해 지금 하고 있는 것(큐티, 감사 일기, 성경 읽기, 성경 공부 등)을 말해 보세요.

아이와 교감하기

아이와 함께 하루의 삶을 나누고 서로의 마음을 다독여 주세요.

평안의 매는 줄로 성령이 하나 되게 하신 것을 힘써 지키라_엡 4:3

하나님, 그리스도인들이 하나님과 그리고
믿는 이들과 연합해서 하나가 되게 하시니
감사합니다. 성령님께서 평안의 매는 줄로 하나 되게
하셨으니, 우리가 예수님을 아는 지식과 그분을
믿는 믿음 안에서 더욱 하나가 되게 해 주세요.
______와도 함께하시어 하나님과 하나 되게 하시고,
믿는 이들과 연합하는 기쁨을 누리게 해 주세요.
예수님의 이름으로 기도합니다. 아멘.

연합이라는 것은 두 가지 이상이 하나가 되는 것을 뜻해요. 방석이나 수건 위에 가족이 모두 올라가서 "우리는 하나님 안에 하나"라고 외쳐 보세요.

축복 기도문 쓰기

아이를 향한 축복의 기도를 글로 기록해 보세요.

217

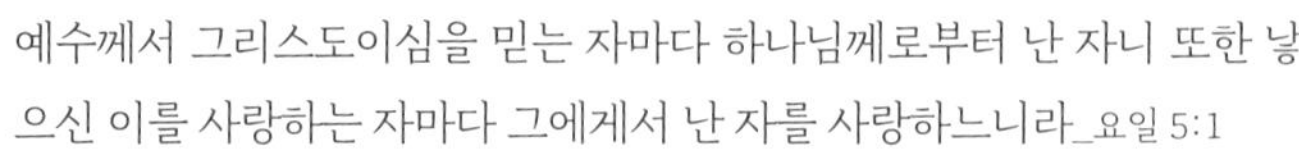

예수께서 그리스도이심을 믿는 자마다 하나님께로부터 난 자니 또한 낳으신 이를 사랑하는 자마다 그에게서 난 자를 사랑하느니라_요일 5:1

하나님, 요한은 예수님이 그리스도이심을
믿는 사람은 하나님께로부터 난 사람이라고 합니다.
이들은 자신처럼 하나님께로부터 다시 태어난
그리스도인을 사랑하게 됩니다. 믿는 이들이
서로 사랑하고 연합하여 하나님의 일을 하듯이,
우리 ______도 믿는 친구들을 만나 예배와 기도를
통해 연합하게 해 주세요. 함께 사역하며
하나님 나라를 이루어 가게 해 주세요.
예수님의 이름으로 기도합니다. 아멘.

성경 속에서 모범이 되는 짝꿍을 찾아보세요(다윗과 요나단, 나오미와 룻, 바울과 실라 등). 그런 다음 우리 가족에게 이런 믿음의 친구가 있는지 말해 보세요. 없다면, 믿음의 친구가 생기도록 함께 기도해요.

믿음의 유산

아이에게 믿음의 유산으로 남길 생각, 마음, 바람을 적어 보세요.

그 안에서 너희도 진리의 말씀 곧 너희의 구원의 복음을 듣고 그 안에서 또한 믿어 약속의 성령으로 인 치심을 받았으니_엡 1:13

하나님, 우리가 예수님 안에서 구원의 복음을 듣고
믿게 하시니 감사합니다. 믿으면서도 때로는 죄를
짓고 구원받지 못할까 봐 두려워합니다. 그럴 때
성령님을 보내 주신 것을 기억하게 해 주세요.
성령님께서 약속의 도장을 찍어 주셨으니,
복음을 듣고 회개하며 믿게 해 주세요.
약속의 성령님께서 ______와도 함께해 주세요.
예수님의 이름으로 기도합니다. 아멘.

자녀의 손등에 예쁜 콩 도장을 찍어 주고 펜으로 '하나님 자녀'라고 써 주세요. 도장이 지워질 때까지 예수님께서 우리를 구원해 주신 것을 기억하며 감사해 보세요.

핵심 교리 이해하기

[대요리 문답 81문] 모든 참 신자들은 자신들이 은혜의 지위에 현재 있음과 장차 구원받을 것임을 언제나 확신하고 있는가?

은혜와 구원의 확신을 누린 후에라도 죄나 시험, 배반으로 인해 확신이 약화되고 중단되기도 합니다. 하지만 성령님이 함께하고 붙드시므로 결코 전적인 절망에 빠질 수 없게 하십니다.

너희 중에 여호와를 경외하며 그의 종의 목소리를 청종하는 자가 누구냐 흑암 중에 행하여 빛이 없는 자라도 여호와의 이름을 의뢰하며 자기 하나님께 의지할지어다_사 50:10

하나님, 이사야 선지자는 하나님을 경외하고
선지자의 말에 귀 기울이라고 말합니다.
하나님과 그분의 이름을 의지하라고 덧붙입니다.
우리는 살면서 예수님을 거부하거나
하나님의 말씀을 듣지 않을 때가 있습니다.
그런 때, 바로 깨닫고 하나님께 나아가게 해 주세요.
회개하고 하나님을 의지하게 해 주세요.
______도 하나님만을 경외하고 의지하기 원하며,
예수님의 이름으로 기도합니다. 아멘.

부모님과 함께 '가라사대' 게임을 해 보세요. 아주 작은 소리로 "______가 가라사대"라고 말하면 귀를 기울여서 듣고 순종하는 연습을 해 보세요.

핵심 교리 적용하기

하나님을 영접하는 것은 한 번이면 됩니다. 그러나 불순종해서 짓게 되는 죄는 매번 회개해야 합니다. 당신은 이 사실을 알고 날마다 하나님의 은혜를 회복하고 있습니까?

220

여호와 내 구원의 하나님이여 내가 주야로 주 앞에서 부르짖었사오니 나의 기도가 주 앞에 이르게 하시며 나의 부르짖음에 주의 귀를 기울여 주소서_시 88:1-2

하나님, 고라 자손은 하나님께 자신의 죄를
고백하며 낙심한 마음을 기도로 올려 드립니다.
마음이 무너져 내리는 절망과 힘든 상황에서
하나님께 마음을 내려놓습니다. 우리도 슬프고
우울하고 힘든 상황을 하나님께 말씀드립니다.
어떤 상황에서도 포기하지 않고
인생의 주인이신 하나님께로 나아가게 해 주세요.
______도 하나님께 무릎 꿇는 사람이 되게 해 주세요.
예수님의 이름으로 기도합니다. 아멘.

잘못한 일이 있을 때 자신의 잘못을 인정하고 용서를 구하는 일은 쉽지 않아요. 가족과 함께 자신의 잘못을 힘들게 고백한 일을 나눠 보세요. 어떤 마음이었는지 솔직하게 이야기하고 서로 격려해 주세요.

오늘의 말씀 따라 쓰기

오늘의 말씀을 따라 쓰며 마음에 새겨 보세요.

곧 여호와의 일들을 기억하며 주께서 옛적에 행하신 기이한 일을 기억하리이다 또 주의 모든 일을 작은 소리로 읊조리며 주의 행사를 낮은 소리로 되뇌이리이다_시 77:11-12

하나님, 아삽은 인생의 힘든 시기에
하나님이 도와주신 일을 기억하고
하나님이 행하신 일을 조용히 되뇝니다.
우리도 어려움과 고통, 낙심의 시기를 지낼 때가
많습니다. 그럴 때 혼자 힘들어하지 않고,
하나님이 베푸신 일을 기억하고
감사하며 회복되게 해 주세요.
______도 힘들 때, 하나님과 함께하며
힘을 얻게 해 주세요.
예수님의 이름으로 기도합니다. 아멘.

감사 나무를 만들어 보세요. 냉장고나 식탁 옆에 붙여 두고 감사한 일들을 나뭇잎에 써서 붙여 보세요. 감사한 일이 많아질수록 나무가 풍성해질 거예요.

말씀 암송하기

그 안에서 너희도 진리의 말씀 곧 너희의 구원의 복음을 듣고 그 안에서 또한 믿어 약속의 성령으로 인 치심을 받았으니_엡 1:13

보라 나 바울은 너희에게 말하노니 너희가 만일 할례를 받으면 그리스도께서 너희에게 아무 유익이 없으리라_갈 5:2

하나님, 바울은 갈라디아교회 성도들을 향해
율법이 아니라 하나님의 은혜로 구원을 받는다고
말합니다. 구원 받는데 있어서는 우리의 힘과 능력,
경험과 지식이 소용없습니다. 오직 하나님이
구원의 은혜를 내려 주실 때 믿음으로 반응하게
해 주세요. ______도 은혜가 아닌 다른 것으로는
구원받을 수 없다는 것을 알게 해 주세요.
예수님의 이름으로 기도합니다. 아멘.

주변에 있는 착한 사람을 떠올려 보세요. 하지만 착하다고 해서 구원받는 것은 아니랍니다. 어린이 찬양 <천국에 들어가는 길은>(어린이 찬송가 112장)을 찾아서 불러 보세요.

아이와 교감하기

아이와 함께 하루의 삶을 나누고 서로의 마음을 다독여 주세요.

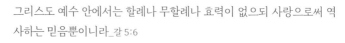

그리스도 예수 안에서는 할례나 무할례나 효력이 없으되 사랑으로써 역사하는 믿음뿐이니라_갈 5:6

하나님, 모세의 율법에서는 할례를 받았느냐,
받지 않았느냐가 중요했습니다. 하지만 예수님께서
우리를 대신해서 죽으신 후에는 아무 소용이
없어졌습니다. 예수님 안에 있는 우리에게는
사랑으로 역사하는 믿음이 중요하다고 하시니
감사합니다. 예수님이 우리를 사랑하셨듯이,
우리도 다른 사람을 사랑하게 해 주세요.
우리를 용서하신 사랑을 기억하며
친구를 사랑하는 ______가 되게 해 주세요.
예수님의 이름으로 기도합니다. 아멘.

우리 가족이 구원받았다는 것을 어떻게 알 수 있을까요? 눈을 감고 각자의 마음에 사랑이 가득한지 확인해 보세요. 사랑은 우리가 구원을 받고 하나님의 자녀가 되었다는 증거랍니다.

축복 기도문 쓰기

아이를 향한 축복의 기도를 글로 기록해 보세요.

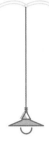

여호와여 나의 원수들로 말미암아 주의 의로 나를 인도하시고 주의 길을 내 목전에 곧게 하소서_시 5:8

원수들의 공격을 받은 다윗은
자신의 힘과 능력으로 싸우지 않고
먼저 하나님이 인도해 주시기를 기도했습니다.
하나님이 길을 열고 함께해 주시기를 간구했습니다.
우리가 사는 동안 힘든 일을 만나거나
위협을 받고 곤란한 상황이 될 때,
제일 먼저 기도하기 원합니다.
자기 힘으로 해결하기 힘든 일을 만나면,
______도 가장 먼저 기도하는 사람이 되게 해 주세요.
예수님의 이름으로 기도합니다. 아멘.

자동차를 타고 갈 때 내비게이션의 음성 안내를 따라 말해 보세요. 우리가 성경 암송을 하는 것은 인생에서 가장 정확하게 길을 찾는 방법이랍니다.

믿음의 유산

아이에게 믿음의 유산으로 남길 생각, 마음, 바람을 적어 보세요.

225

내가 놀라서 말하기를 주의 목전에서 끊어졌다 하였사오나 내가 주께 부르짖을 때에 주께서 나의 간구하는 소리를 들으셨나이다_시 31:22

하나님, 다윗은 자신의 죄를 고백하며 원수로부터 건져 달라고 간구합니다. 하나님께서 기도를 들어주신 후에는 자신의 간구에 하나님이 응답하셨다고 말합니다. 우리도 지은 죄를 고백하고, 어려움을 당할 때 하나님께 부르짖으며 간구하기 원합니다.
다윗의 기도를 듣고 용서하셨듯이,
우리 기도에도 응답해 주세요.
______도 기도할 때 하나님께서 응답해 주세요.
예수님의 이름으로 기도합니다. 아멘.

<구주의 십자가 보혈로>(새찬송가 250장)를 함께 찬양해 보세요.

핵심 교리 이해하기

[소요리 문답 87문] 생명에 이르는 회개가 무엇인가?

생명에 이르는 회개는 구원을 얻는 은혜입니다. 죄인이 자기 죄를 깨닫고 죄를 미워함으로 죄에서 떠나 하나님께로 돌아가서 든든하게 결심하고 마음과 힘을 다해서 새롭게 순종하는 것입니다.

내 하나님이여 내 하나님이여 어찌 나를 버리셨나이까 어찌 나를 멀리 하여 돕지 아니하시오며 내 신음 소리를 듣지 아니하시나이까_시 22:1

하나님, 다윗은 하나님께 버림받은 것 같은 상황에서
느낀 감정을 솔직하게 드러냅니다.
예수님도 십자가에 달리셨을 때 이 구절을 인용해서
말씀하셨습니다. 우리도 낙심하고 절망해서
모든 것을 포기하고 싶을 때,
다윗과 예수님이 하신 기도를 떠올리며
하나님께 나아가기 원합니다.
_____가 절망스러운 상황을 만나게 되면
하나님께 쏟아 놓을 수 있도록 인도해 주세요.
예수님의 이름으로 기도합니다. 아멘.

집 안에 기도 골방을 만들어 보세요. 기도 의자나 기도 방석 등 표시만 해도 됩니다. 영화 <기도의 힘>도 도움이 될 거예요.

핵심 교리 적용하기

예수님은 우리 대신 죽으셨고, 하나님은 우리도 예수님처럼 부활하게 될 것을 가르쳐 주셨습니다. 그리고 성령님은 복음을 듣고 회개하여 죄 씻음을 받게 하십니다. 이 사실이 당신에게 어떤 의미로 다가옵니까?

227

하나님께로부터 난 자마다 죄를 짓지 아니하나니 이는 하나님의 씨가 그의 속에 거함이요 그도 범죄하지 못하는 것은 하나님께로부터 났음이라
_요일 3:9

하나님, 우리 안에 성령님이 오셔서 거듭나게 하고
새 생명을 주시니 감사합니다. 하나님 안에서
거듭난 후에는 하나님의 씨가 그 안에 있어서
죄를 짓지 않게 도와주시니 감사합니다.
거듭난 후에는 새로운 생각과 마음으로 살며
예수님을 닮아 가게 해 주세요.
______도 그런 거듭난 삶을 살게 해 주시기를 원하며,
예수님의 이름으로 기도합니다. 아멘.

손에 선크림을 바른 후 손바닥으로 물감 찍기 놀이를 해 보세요. 나중에 손에 묻은 물감을 깨끗하게 씻을 수 있어요. 이와 같이 성령님은 우리를 죄로부터 보호해 주신답니다.

오늘의 말씀 따라 쓰기

오늘의 말씀을 따라 쓰며 마음에 새겨 보세요.

너희가 참으로 잠잠하면 그것이 너희의 지혜일 것이니라_욥 13:5

욥은 자기를 비난하는 친구들에게 조용히
침묵을 지키는 것이 지혜일 것이라고 말합니다.
하나님, 우리가 어떤 사람의 상황이나 처지를
다 아는 것처럼, 하나님의 뜻을 대변하는 것처럼
말하지 않게 해 주세요. 사람을 심판할 분은 오직
하나님이시니, 내 생각으로 다른 사람을
판단하지 않겠습니다. 하나님께서 도와주세요.
______도 먼저 자신의 생각을 살피는 지혜를 주세요.
예수님의 이름으로 기도합니다. 아멘.

가족, 친구, 주변 사람들과 대화할 때 잘 듣는 편인가요, 아니면 다른 사람의 말을 끊고 말하는 편인가요? 부모님과 친구들의 이야기를 끊지 말고 끝까지 들어 보세요.

말씀 암송하기

내가 놀라서 말하기를 주의 목전에서 끊어졌다 하였사오나 내가 주께 부르짖을 때에 주께서 나의 간구하는 소리를 들으셨나이다_시 31:22

내가 만일 스스로 이르기를 내가 그들처럼 말하리라 하였더라면 나는 주의 아들들의 세대에 대하여 악행을 행하였으리이다_시 73:15

하나님, 저는 악인들이 형통한 것을 볼 때
부럽고 질투가 납니다. 그들처럼 되고 싶어서
악한 방법을 사용해 보기도 합니다. 하지만 하나님,
남이 잘되는 것에 마음을 두지 않고 하나님께 마음을
두고 싶습니다. 하나님의 계획과 뜻을 인정하게
해 주세요. 지금은 모르지만, 세상의 마지막에
모든 것을 심판하실 하나님께 맡깁니다. ________도
악한 길로 가지 않고 하나님께로 나아가게 해 주세요.
예수님의 이름으로 기도합니다. 아멘.

아이스크림 한 숟가락을 그릇에 담고 각자가 우리가 질투하거나 욕심내거나 부러워했던 것들을 적어 보세요. 녹은 아이스크림처럼 이런 것들은 영원하지 않답니다.

아이와 교감하기

아이와 함께 하루의 삶을 나누고 서로의 마음을 다독여 주세요.

내가 항상 주와 함께하니 주께서 내 오른손을 붙드셨나이다_시 73:23

하나님, 시편 73편을 보면 하나님의 성소에 들어간
아삽이 악인의 종말에 대해 알게 됩니다.
이 땅에서 명예와 지위, 재산을 소유한다고 해서
행복한 것이 아니며, 하나님 없는 삶은
불행하다는 것을 깨닫습니다. 우리도 하나님이
함께하시는 것이 기쁨이 되기를 원합니다.
우리를 붙드시는 하나님만 바라보기 원합니다.
______도 하나님을 가까이하고 함께하게 해 주세요.
예수님의 이름으로 기도합니다. 아멘.

색종이에 성령의 아홉 가지 열매를 써서 오린 후 창문에 붙여 보세요. 주님과 함께할 때 맺게 되는 열매를 늘 기억하기로 약속해요.

축복 기도문 쓰기

아이를 향한 축복의 기도를 글로 기록해 보세요.

내가 잠시 너를 버렸으나 큰 긍휼로 너를 모을 것이요 내가 넘치는 진노로 내 얼굴을 네게서 잠시 가렸으나 영원한 자비로 너를 긍휼히 여기리라 네 구속자 여호와께서 말씀하셨느니라_사 54:7-8

하나님은 일부러 죄를 짓는 이스라엘 백성을 향해
벌을 내리기로 하셨습니다. 하지만 그들을 불쌍히
여기고 용서하십니다. 이런 모습을 통해 공의와
사랑의 하나님을 만나게 하시니 감사합니다.
하나님, 우리 ______는 일부러 하나님을 떠나거나
불순종하는 일이 없게 해 주세요.
영원한 자비를 베푸시는 헤세드의 하나님을
믿고 따르는 ______가 되게 해 주세요.
예수님의 이름으로 기도합니다. 아멘.

가족 모두 코와 입을 막고 숨을 참아 보세요. 숨을 쉬지 않고는 1분도 견디기 힘들어요. 우리가 하나님 없이 살 수 있을까요? 함께 이야기해 보세요.

믿음의 유산

아이에게 믿음의 유산으로 남길 생각, 마음, 바람을 적어 보세요.

하나님의 율법책을 낭독하고 그 뜻을 해석하여 백성에게 그 낭독하는 것을 다 깨닫게 하니 백성이 율법의 말씀을 듣고 다 우는지라_느 8:8-9

하나님, 느헤미야는 이스라엘 백성을 모아서 율법책을
읽고 듣게 했으며, 뜻을 해석해 주었습니다.
그러자 백성은 자신의 죄를 깨닫고 울며 회개했습니다.
하나님의 말씀을 낭독하고 해석할 때 은혜가
임했습니다. 우리도 하나님의 말씀을 읽고 들으며
뜻을 알려고 애쓰는 사람이 되기를 원합니다.
_______도 하나님의 말씀을 가까이하여
하나님의 뜻을 깨닫고 반응하게 해 주세요.
예수님의 이름으로 기도합니다. 아멘.

말씀을 들을 때 믿음이 생겨요. 가족이 읽는 말씀을 눈을 감고 가만히 들어 보세요. 내용이 어려운 부분은 부모님이 설명해 주세요.

핵심 교리 이해하기

[소요리 문답 88문] 그리스도께서 우리에게 구원의 유익을 전하시려고 나타내시는 보통 방법이 무엇인가?

구원의 유익을 전하시기 위해 하나님께서 정하신 보통의 방법은 하나님의 말씀과 성례와 기도입니다. 택하신 자들은 이를 통해 효과적으로 구원을 얻게 됩니다.

그 말을 받은 사람들은 세례를 받으매 이날에 신도의 수가 삼천이나 더 하더라_행 2:41

베드로가 복음을 전해서 3천 명이나 되는 사람이
예수님을 믿고 세례를 받게 되었습니다.
하나님의 말씀을 배우고 교제하며 기도하는
믿음의 공동체가 되었습니다. 하나님, 앞으로도 계속해서
세상에 복음이 전해지고, 하나님의 은혜가 선포되게
해 주세요. ______도 하나님의 말씀을 듣고
구원받는 사람 중의 한 명이 되게 해 주세요.
예수님의 이름으로 기도합니다. 아멘.

베드로가 복음을 전해서 3천 명이나 되는 사람이 예수님을 만났어요. 지금도 세상에는 복음을 듣지 못한 사람이 많아요. 교회에서 파송한 선교사님과 가정, 사역을 위해서 기도해 주세요.

핵심 교리 적용하기

'말씀이 내 안에 살아 있는가', '기도로 하나님께 나아가는가', '세례와 성찬을 통해서 예수님을 체험하는가'를 스스로에게 질문해 보세요.

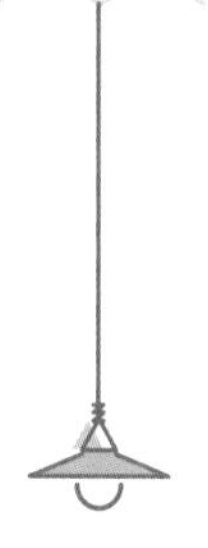

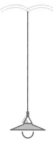

또 기도할 때에 이방인과 같이 중언부언하지 말라 그들은 말을 많이 하여야 들으실 줄 생각하느니라_마 6:7

하나님, 우리가 같은 말을 여러 번 반복하면서
최면에 빠진 사람처럼 기도하지 않게 해 주세요.
같은 기도 제목으로 기도할 수는 있지만,
진심을 뺀 채로 주문을 외우듯이 반복하지 않게
해 주세요. 울고 소리치면서, 때로는 조용히
속으로 기도하게 해 주세요.
______도 여러 방식으로 기도하는 가운데
하나님께서 생생하게 만나주세요
예수님의 이름으로 기도합니다. 아멘.

조용한 찬양을 틀어 놓고 성경 말씀을 읽고 묵상하면서 기도해 보세요. 조용히 하나님을 부르고 정신을 집중해서 속으로 하는 침묵 기도도 해 보세요. 하나님께서는 어떤 식으로든 우리의 진심이 담긴 기도를 들어 주신답니다.

오늘의 말씀 따라 쓰기

오늘의 말씀을 따라 쓰며 마음에 새겨 보세요.

235

보내심을 받지 아니하였으면 어찌 전파하리요 기록된 바 아름답도다 좋은 소식을 전하는 자들의 발이여 함과 같으니라_롬 10:15

좋은 소식을 전하는 자들을 통해 복음을 듣고 주의 이름을 부르게 하시니 감사합니다. 복음을 전해 준 사람이 없었다면 우리가 말씀을 듣지 못했을 것입니다. 말씀을 통해 하나님의 은혜를 전해 주시니 감사합니다. 말씀 선포자들을 축복해 주시고, 우리가 더욱 하나님의 말씀을 사모하게 해 주세요. ______도 더욱 말씀을 사랑하게 하시고, 삶으로 예수님을 전하게 해 주세요. 예수님의 이름으로 기도합니다. 아멘.

우리에게 복음을 전해 주는 사람들은 누구인가요? 복음을 전하는 분들에게 감사 편지(영상)를 써 보세요. 우리도 작은 복음 전도자가 되기로 결심해요.

말씀 암송하기

보내심을 받지 아니하였으면 어찌 전파하리요 기록된 바 아름답도다 좋은 소식을 전하는 자들의 발이여 함과 같으니라_롬 10:15

이르되 예수여 당신의 나라에 임하실 때에 나를 기억하소서 하니 예수께서 이르시되 내가 진실로 네게 이르노니 오늘 네가 나와 함께 낙원에 있으리라 하시니라_눅 23:42-43

하나님, 예수님께서 십자가에 달리셨을 때를 생각해 봅니다. 옆에 있던 강도가 자기도 기억해 달라고 하자, 예수님은 성도가 죽으면 영혼이 거룩하게 되어서 낙원에 있을 거라고 하셨습니다. 우리가 죽은 후에 예수님과 함께 있게 해 주시니 감사합니다.
몸은 죽어도 영혼은 죽지 않고 하나님과 함께한다는 것을 기억하고 두려워하지 않는 ______가 되게 해 주세요.
예수님의 이름으로 기도합니다. 아멘.

자녀와 함께 장례식에 다녀온 경험이 있나요? 장례식에서 예배를 드리는 이유를 자녀에게 설명해 주세요.

아이와 교감하기

아이와 함께 하루의 삶을 나누고 서로의 마음을 다독여 주세요.

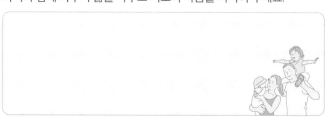

그가 음부에서 고통 중에 눈을 들어 멀리 아브라함과 그의 품에 있는 나사로를 보고_눅 16:23

하나님, 예수님은 부자와 거지 나사로의 비유를 통해서
부자는 죽은 후에 지옥에서 고통을 당하고,
거지 나사로는 아브라함의 품에 안겨 있게 된다고
하셨습니다. 천국과 지옥 사이에는 엄청나게 깊은
절벽이 있어서 왔다 갔다 할 수 없다는 것을
가르쳐 주시니 감사합니다.
______도 영원한 형벌의 장소가 있다는 것을
기억하고 이 세상을 살아가게 해 주세요.
예수님의 이름으로 기도합니다. 아멘.

나에게 가장 무섭거나 힘든 일은 무엇인지 가족과 함께 이야기해 보세요. 우리가 상상할 수 없을 만큼 무서운 형벌을 받는 장소인 지옥이 존재한다는 것을 기억하도록 해요.

축복 기도문 쓰기

아이를 향한 축복의 기도를 글로 기록해 보세요.

238

그러므로 우리가 항상 담대하여 몸으로 있을 때에는 주와 따로 있는 줄을 아노니 이는 우리가 믿음으로 행하고 보는 것으로 행하지 아니함이로라 _고후 5:6-7

하나님, 바울은 죽음을 두려워하지 않았습니다.
예수님과 함께 영원히 살 것을 확신했기 때문입니다.
믿음을 가졌던 분이 돌아가시면 슬프지만
영원히 하나님 나라에서
예수님과 함께할 것을 믿습니다.
이 땅에서 함께하는 동안 더 사랑하게 하시고,
하나님 나라에 대한 소망을 품게 해 주세요.
______도 믿음과 사랑과 소망 가운데
살아가게 해 주세요.
예수님의 이름으로 기도합니다. 아멘.

할아버지, 할머니를 위해 함께 기도해요. 이미 돌아가셨거나 편찮으시다면, 천국의 소망에 대해 자녀에게 이야기해 주세요.

믿음의 유산

아이에게 믿음의 유산으로 남길 생각, 마음, 바람을 적어 보세요.

239

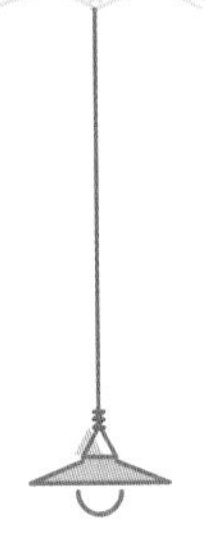

우리가 예수께서 죽으셨다가 다시 살아나심을 믿을진대 이와 같이 예수 안에서 자는 자들도 하나님이 그와 함께 데리고 오시리라_살전 4:14

데살로니가교회 성도들은 예수님이 재림하시기 전에
죽은 성도들의 구원을 걱정했습니다.
이에 바울은 죽음이 끝이 아니며,
부활하신 예수님께서 죽은 이들을 데리고 오신다고
분명하게 말합니다. 하나님, 우리도 바울처럼
죽은 이들을 걱정하지 않고 부활의 예수님을
바라보게 해 주세요. ______도 예수님의 재림을
기다리면서 살아가게 해 주세요.
예수님의 이름으로 기도합니다. 아멘.

오늘 당장 예수님이 오신다면 우리는 무엇을 할까요? 함께 이야기해 보세요.

핵심 교리 이해하기

[소요리 문답 37문] 신자가 죽을 때에 그리스도에게서 무슨 유익을 받는가?

신자가 죽을 때 영혼은 완전히 거룩하게 되어 즉시 영광 중에 들어가고 몸은 여전히 예수님과 연합해서 부활할 때까지 무덤에서 쉽니다.

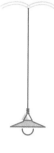

그뿐 아니라 또한 우리 곧 성령의 처음 익은 열매를 받은 우리까지도 속으로 탄식하여 양자 될 것 곧 우리 몸의 속량을 기다리느니라_롬 8:23

하나님, 성도들이 죽을 때 영혼은 영광 속으로 가고,
몸은 부활할 때까지 무덤에서 쉬면서
예수님과의 연합을 기다리게 하신다니 감사합니다.
성도들은 비록 육신은 죽어도
휴식하다가 예수님과 하나 되어 부활할 것을
기다린다는 것을 기억하게 해 주세요.
어리지만 ______도 죽음과 부활에 대한
소망을 가지고 살아가게 해 주세요.
예수님의 이름으로 기도합니다. 아멘.

죽음을 생각하면 어떤가요? 슬프고 무서울 수 있지만, 종이에 '죽음 후 하나님 나라'라고 쓰고 죽음이 끝이 아님을 기억하도록 해요.

핵심 교리 적용하기

사람은 누구나 죽습니다. 그러나 믿는 자들은 영광의 세계로 들어가서 영원히 생명을 누립니다. 죽음에 대한 당신의 생각은 어떠한가요?

또 내가 들으니 하늘에서 음성이 나서 이르되 기록하라 지금 이후로 주 안에서 죽는 자들은 복이 있도다 하시매 성령이 이르시되 그러하다 그들이 수고를 그치고 쉬리니 이는 그들의 행한 일이 따름이라 하시더라_계 14:13

하나님, 하나님의 계명을 지키고 예수님을 영접한 사람은 죽은 후에 복이 있다고 하셨습니다. 죽은 후에 예수님과 함께 영광의 세계에 있게 되기 때문입니다. 또한 수고하며 힘들었던 모든 것을 멈추고 쉬게 됩니다. 하나님, 죽은 후에는 육체로 살 때보다 더 자유롭고 행복하게 예수님과 지내게 된다니 정말 감사합니다. 우리도 복된 삶을 기대하며 살아가게 해 주세요. ______도 하나님이 예비하신 영원한 안식에 들어가는 복을 허락해 주세요. 예수님의 이름으로 기도합니다. 아멘.

풍선을 불고 요즘 힘든 일을 적어 보세요. 풍선이 땅에 닿지 않게 위로 치면서 "예수님을 영접해요"라고 외쳐 보세요.

오늘의 말씀 따라 쓰기

오늘의 말씀을 따라 쓰며 마음에 새겨 보세요.

그에게 빛나고 깨끗한 세마포 옷을 입도록 허락하셨으니 이 세마포 옷은 성도들의 옳은 행실이로다 하더라_계 19:8

하나님, 세상의 마지막에 있을 어린양의 혼인 잔치에서
거룩한 성도들은 빛나고 깨끗한 세마포 옷을
입게 된다고 하시니 감사합니다.
우리도 하나님이 베푸신 잔치에 참석하고 싶습니다.
구원받은 자녀답게 옳은 행동을 하고,
거룩하신 하나님을 닮게 해 주세요.
_____도 주님 안에서 거룩하신 하나님을 바라보며
옳은 행실로 영광 돌리게 해 주세요.
예수님의 이름으로 기도합니다. 아멘.

유치원이나 학교에서 어떻게 행동해야 할지 몰라서 고민했던 일은 무엇인가요? 하나님이 보실 때 옳은 행동은 무엇일지 부모님과 함께 이야기해 보세요.

말씀 암송하기

우리가 예수께서 죽으셨다가 다시 살아나심을 믿을진대 이와 같이 예수 안에서 자는 자들도 하나님이 그와 함께 데리고 오시리라_살전 4:14

스데반이 성령 충만하여 하늘을 우러러 주목하여 하나님의 영광과 및 예수께서 하나님 우편에 서신 것을 보고 말하되 보라 하늘이 열리고 인자가 하나님 우편에 서신 것을 보노라 한대_행 7:55-56

하나님, 스데반은 하나님을 모독했다는 이유로 순교하게 되었을 때, 하늘을 우러러 하나님의 영광과 하나님의 오른편에 예수님이 서 계신 것을 보았습니다. 죽으신 후 부활하여 하늘로 승천하신 예수님을 보았던 스데반처럼, 우리도 언젠가 그 나라에 가서 예수님을 만날 수 있을 것입니다. 예수님께서 우리가 있는 이곳을 늘 지켜보고 계신다는 것을 기억하고 살아가는 ________가 되게 해 주세요.

예수님의 이름으로 기도합니다. 아멘.

스데반은 순교하기 전에 하나님의 영광과 예수님을 봤어요. 그 장면을 상상해서 그리고, 스데반 집사님에게 하고 싶은 말을 써 보세요. 집에서 잘 보이는 곳에 붙이고 하나님 나라를 기억하기로 해요.

아이와 교감하기

아이와 함께 하루의 삶을 나누고 서로의 마음을 다독여 주세요.

9월

부활을 사모하는 기도

죽음이 무서워서 사는 내내 두려움에 사로잡힌 사람들이 있습니다. 반면, 죽음 이후에는 아무것도 없는 것처럼 사치와 향락, 방탕한 데에 자신을 내던지는 사람도 있습니다. 죽음 후에는 무엇이 있을까요? 아니면 아무것도 없는 것일까요?

성경은 죽음 후에 부활이 있다고 분명히 말합니다. 그러니 죽음 자체를 두려워할 것이 아니라 죽음 너머에 있는 부활을 바라봐야겠습니다. 부활의 때는 지금 우리가 가진 몸은 아닐 것입니다. 부활한 후에는 완전히 새로운 몸으로, 병들거나 늙거나 죽지 않는 몸입니다. 지금과 다르지만 우리는 서로를 알아볼 수 있을 것입니다. 부활하신 예수님을 제자들이 처음에는 몰라봤지만 결국 알아보았던 것처럼 말입니다.

그날이 언제이고 어떨지는 정확하게 몰라도 괜찮습니다. 다만 믿지 않는 사람은 사망의 몸으로 부활하여 지옥에서 수치와 형벌을 감당해야 한다고 하니, 사랑하는 이들에게 하루빨리 예수님을 전해야겠습니다.

9월에는 '부활을 사모하는 기도'를 해 봅니다.

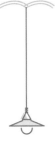

이를 놀랍게 여기지 말라 무덤 속에 있는 자가 다 그의 음성을 들을 때가 오나니 선한 일을 행한 자는 생명의 부활로, 악한 일을 행한 자는 심판의 부활로 나오리라_요 5:28-29

하나님, 성도들은 죽음 이후에 무덤에서 쉬다가
주님께서 다시 오실 때 부활해서 예수님을 만난다고
하시니 감사합니다. 예수님을 잘 믿고 돌아가신
분들이 예수님이 재림하실 때 영생의 부활을
맞이하듯이 우리도 부활하게 해 주세요.
개인의 종말이든, 온 세상의 종말이든 죽음을
두려워하지 않고 부활을 바라보게 해 주세요.
______도 부활의 소망을 품고 살아가게 해 주세요.
예수님의 이름으로 기도합니다. 아멘.

거실 바닥에 '천국'이라고 쓴 종이를 붙인 뒤 3분 알람을 맞춰 주세요. 가족들이 집안 곳곳에 흩어져 있다가 알람이 울리면 모두 종이 위로 모여 보세요. 그런 다음 천국에서 할 것을 상상하면서 말해 보세요.

축복 기도문 쓰기

아이를 향한 축복의 기도를 글로 기록해 보세요.

245

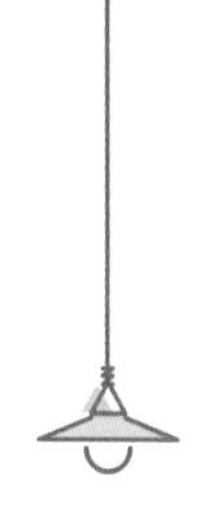

만일 땅에 있는 우리의 장막 집이 무너지면 하나님께서 지으신 집 곧 손으로 지은 것이 아니요 하늘에 있는 영원한 집이 우리에게 있는 줄 아느니라_고후 5:1

하나님, 지금은 연약하고 병들어서 탄식할 때가 많습니다. 하지만 부활한 후에 가질 몸은 영원하다고 한 바울의 말을 믿습니다. 우리가 다치거나 병들어서 아플 때, 마음이 슬플 때면 아픔이나 슬픔이 없는 하나님 나라를 기억하게 해 주세요. 하나님 나라를 떠올리면서 씩씩하게 이겨 내게 해 주세요. ______도 건강한 몸과 마음으로 살아가게 해 주세요. 예수님의 이름으로 기도합니다. 아멘.

가족 중에 아프거나 힘든 사람이 있나요? 그 사람을 위해 기도하며 천국 소망을 선포해 보세요.

믿음의 유산

아이에게 믿음의 유산으로 남길 생각, 마음, 바람을 적어 보세요.

그들이 기다리는 바 하나님께 향한 소망을 나도 가졌으니 곧 의인과 악인의 부활이 있으리라 함이니이다_행 24:15

하나님, 우리가 부활에 대한 소망을 갖게 되어 기쁩니다. 마지막 날에는 의인과 악인의 부활이 있을 것이며, 죽어 있던 성도들은 몸이 영혼과 영원히 연합해서 그리스도의 영광으로 부활할 것을 믿습니다. ______도 죽음이든 세상의 마지막이든 두려움 없이 예수님을 맞이하게 해 주세요. 예수님의 이름으로 기도합니다. 아멘.

종이의 윗부분에는 가족 이름을, 아랫부분에는 '천국'이라고 쓴 후 사다리 타기 게임을 해 보세요. 부활 후 우리의 갈 곳은 천국이에요.

핵심 교리 이해하기

[대요리 문답 87문] 우리는 부활에 대하여 무엇을 믿어야 하는가?

마지막 날에는 죽은 자들, 의인과 악인의 일반 부활이 있습니다. 살아 있는 자들은 순식간에 변화될 것이며, 무덤에 놓여 죽은 자들은 다시 그들의 영혼과 연합되어 예수님의 영광으로 살아날 것입니다.

보라 내가 너희에게 비밀을 말하노니 우리가 다 잠잘 것이 아니요 마지막 나팔에 순식간에 홀연히 다 변화되리니 나팔 소리가 나매 죽은 자들이 썩지 아니할 것으로 다시 살아나고 우리도 변화되리라_고전 15:51-52

하나님, 예수님이 다시 오시는 날, 살아 있는 사람은
죽지 않고 예수님을 만나 변화된다고 하셨습니다.
죽은 이들도 다시 살아난다고 하셨습니다.
나팔 소리가 날 때, 새 하늘과 새 땅이 열리고
새로운 세상에서 예수님을 만나기를 소망합니다.
________도 부활과 재림의 소망을 가지고
살아가게 해 주세요.
예수님의 이름으로 기도합니다. 아멘.

재림하실 예수님을 환영하는 콘셉트로 가족사진을 찍어 보세요.

핵심 교리 적용하기

부활하신 예수님을 기억하면서 얻는 위로는 무엇입니까? 이미 죽어서 무덤에 있는 성도들과 자신의 부활을 믿으며 산다는 것은 당신에게 어떤 의미가 있습니까?

곧 나의 복음에 이른 바와 같이 하나님이 예수 그리스도로 말미암아 사람들의 은밀한 것을 심판하시는 그날이라_롬 2:16

하나님, 사람은 모두 자기가 한 말이나 생각,
행동에 따라서 심판을 받게 됩니다.
생명책에 기록되지 않은 사람은 모두
지옥에 가게 됩니다. 행위대로라면 성도들도
죽음에 이르겠지만, 예수님의 피로 인해 의롭게
된다고 하시니 감사합니다. ________도 생명책에
이름이 기록되어 영생을 얻게 해 주세요.
예수님의 이름으로 기도합니다. 아멘.

예쁜 종이에 가족의 이름을 적은 후 성경책 앞에 붙여 보세요.

오늘의 말씀 따라 쓰기

오늘의 말씀을 따라 쓰며 마음에 새겨 보세요.

아담 안에서 모든 사람이 죽은 것같이 그리스도 안에서 모든 사람이 삶을 얻으리라 그러나 각각 자기 차례대로 되리니 먼저는 첫 열매인 그리스도요 다음에는 그가 강림하실 때에 그리스도에게 속한 자요_고전 15:22-23

하나님, 아담이 죄를 지은 결과로 죽게 된 우리가
예수님의 피로 인해 생명을 얻게 되었습니다.
우리를 살리신 예수님은 죽고 부활하여 승천한 후
다시 오겠다고 약속하셨습니다. 부활하신 예수님처럼
우리도 부활할 것을 믿습니다.
_______도 부활과 영생의 소망을 가지신
예수님의 제자가 되게 해 주세요.
예수님의 이름으로 기도합니다. 아멘.

부활하신 예수님을 만난 제자들의 반응과 도마의 반응을 성경에서 찾아보세요.

말씀 암송하기

아담 안에서 모든 사람이 죽은 것같이 그리스도 안에서 모든 사람이 삶을 얻으리라 그러나 각각 자기 차례대로 되리니 먼저는 첫 열매인 그리스도요 다음에는 그가 강림하실 때에 그리스도에게 속한 자요_고전 15:22-23

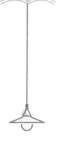

죽은 자의 부활도 그와 같으니 썩을 것으로 심고 썩지 아니할 것으로 다시 살아나며 … 육의 몸으로 심고 신령한 몸으로 다시 살아나나니 육의 몸이 있은즉 또 영의 몸도 있느니라_고전 15:42-44

하나님, 우리가 현재 가진 몸은 죽은 후에 썩지만,
부활한 몸은 다르다고 하셨습니다. 새로운 몸은
지금과는 달리 아프거나 약하지 않을 것입니다.
부활 이후의 모습이 어떨지는 정확하게 알 수 없으나
부활을 기대하면서 살게 해 주세요.
_______도 생명과 부활의 하나님을
기대하며 살게 해 주세요.
예수님의 이름으로 기도합니다. 아멘.

가족이나 친척, 친구 중에서 병이나 사고로 인해 아프거나 장애로 인해 힘든 사람이 있나요? 그를 위해 기도하는 시간을 가져 보세요.

아이와 교감하기

아이와 함께 하루의 삶을 나누고 서로의 마음을 다독여 주세요.

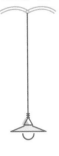

그는 만물을 자기에게 복종하게 하실 수 있는 자의 역사로 우리의 낮은 몸을 자기 영광의 몸의 형체와 같이 변하게 하시리라_빌 3:21

하나님, 하나님 나라에서의 우리는 지금과는 달리
영광스러운 몸으로 변한다고 하시니 감사합니다.
현재 우리는 연약하고 아프며 장애로 인해서
제한을 받습니다. 그러나 부활 후에는 예수님처럼
변할 것을 믿습니다. 그날을 기대하며 이 땅에서
부활의 소망을 꽉 붙잡게 해 주세요.
______도 그렇게 해 주실 것을 믿습니다.
예수님의 이름으로 기도합니다. 아멘.

'부활'이라고 쓴 종이 왕관을 만들어 쓰고 모델처럼 걸어 보세요. 나머지 가족들은 핸드폰 손전등으로 멋지게 비춰 주세요.

축복 기도문 쓰기

아이를 향한 축복의 기도를 글로 기록해 보세요.

252

또 인자 됨으로 말미암아 심판하는 권한을 주셨느니라 이를 놀랍게 여기지 말라 무덤 속에 있는 자가 다 그의 음성을 들을 때가 오나니_요 5:27-28

하나님, 예수님은 세상을 심판하고,
저는 자와 병든 자를 낫게 하는 권한을 가지십니다.
죽은 자들도 살리실 것입니다. 이 모든 것은
예수님이 메시아이시라는 증거입니다.
예수님으로 인해 세상이 회복되고 언약이
성취될 것을 믿습니다. 우리가 그런 증인이
되게 해 주시고, ______도 예수님을 섬기고 전하는
사람이 되게 해 주세요.
예수님의 이름으로 기도합니다. 아멘.

<이 눈에 아무 증거 아니 뵈어도>(새찬송가 545장)를 함께 찬양해 보세요.

믿음의 유산

아이에게 믿음의 유산으로 남길 생각, 마음, 바람을 적어 보세요.

253

37주차 : 율법과 복음
소요리 문답 40문(253-259)

사람아 주께서 선한 것이 무엇임을 네게 보이셨나니 여호와께서 네게 구하시는 것은 오직 정의를 행하며 인자를 사랑하며 겸손하게 네 하나님과 함께 행하는 것이 아니냐_미 6:8

하나님, 우리가 제멋대로 살지 않고
하나님의 뜻대로 살아야 하는 존재임을 알려 주시니
감사합니다. 미가 선지자의 말처럼 우리가 정의롭고
자비하며 신실하게 살기 원합니다. 우리의 인생이
혼자 사는 삶이 아니라 하나님과 함께 행하는 삶이
되게 해 주세요. ______도 하나님의 뜻대로
살게 하시고, 하나님과 동행하도록 꽉 잡아 주세요.
예수님의 이름으로 기도합니다. 아멘.

가족과 함께 손을 잡고 우리와 늘 함께해 주시는 하나님께 감사하는 기도를 해 보세요.

핵심 교리 이해하기

[소요리 문답 40문] 하나님께서 자기에게 복종할 규칙으로 사람에게 처음 나타내 보이신 것이 무엇인가?

하나님께서는 사람이 자신에게 복종할 규칙으로 도덕의 법칙을 나타내 보이셨습니다.

254

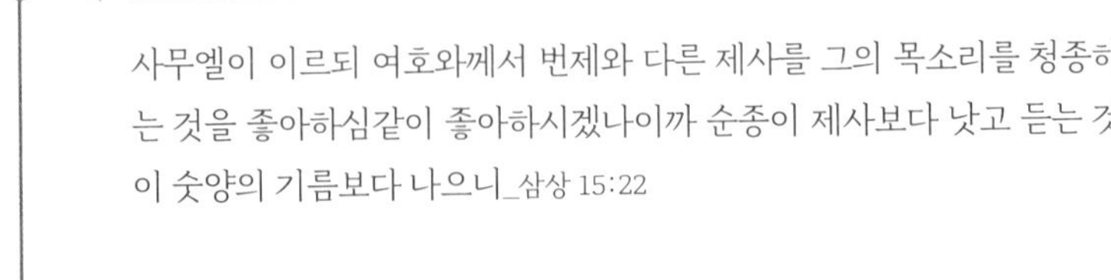
사무엘이 이르되 여호와께서 번제와 다른 제사를 그의 목소리를 청종하는 것을 좋아하심같이 좋아하시겠나이까 순종이 제사보다 낫고 듣는 것이 숫양의 기름보다 나으니_삼상 15:22

하나님, 예배의 중요성을 알게 하시니 감사합니다.
또한 회개하는 마음이 없거나 불순종하는 태도로
드리면 하나님이 좋아하지 않으신다는 것을
알게 하시니 감사합니다. 우리가 하나님께 순종하고
헌신하는 마음으로 예배드리기 원합니다.
______도 기도하고 찬양하는 것을 좋아하며,
기쁨으로 예배를 준비하는 예배자가 되게 해 주세요.
예수님의 이름으로 기도합니다. 아멘.

예배를 드리기 전에 어떤 준비를 하나요? 우리 가족의 예배 준비를 돌아보세요. 가장 중요한 것은 우리의 마음이 준비되는 거예요.

핵심 교리 적용하기
율법은 하나님의 거룩하심과 우리의 죄성을 깨닫고 더욱 예수님을 닮아 가도록 해 줍니다. 율법은 당신에게 유익한가요? 율법을 대하는 당신의 태도는 어떠한가요?

255

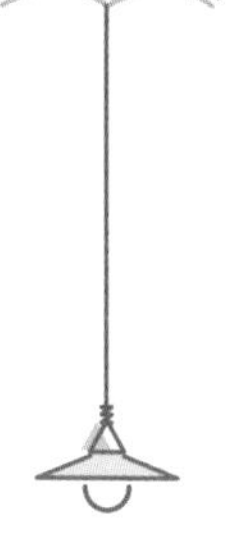

모세가 기록하되 율법으로 말미암는 의를 행하는 사람은 그 의로 살리라 하였거니와_롬 10:5

하나님, 우리의 모습을 비춰 볼 때 율법으로는
죄를 해결할 능력이 없다는 것을 깨닫게 됩니다.
우리의 죄를 해결하실 주님 앞에 겸손하게
무릎 꿇습니다. 예수님의 십자가 희생으로 우리가
의롭게 되고 생명을 얻었음을 알게 해 주세요.
______도 율법을 바르게 행하고 하나님의 깊은 뜻과
사랑을 알게 해 주세요. 하나님이 베푸신 은혜를
깨닫고 감사함으로 행하게 해 주세요.
예수님의 이름으로 기도합니다. 아멘.

이스라엘 사람들이 번제를 드리는 사진이나 동영상을 보며 자녀에게 간단히 설명해 주세요. 우리가 주일마다 번제를 드려야 한다면 어떨까요? 예수님의 십자가로 인해 우리가 받게 된 선물을 생각하며 하나님께 감사드리는 시간을 가져요.

오늘의 말씀 따라 쓰기

오늘의 말씀을 따라 쓰며 마음에 새겨 보세요.

256

너희는 스스로 깨끗하게 하여 거룩할지어다 나는 너희의 하나님 여호와이니라 너희는 내 규례를 지켜 행하라 나는 너희를 거룩하게 하는 여호와이니라_레 20:7-8

거룩하신 하나님, 하나님은 이스라엘 백성에게
거룩하라고 하셨습니다. 이스라엘 백성을 거룩하게
구별해서 하나님의 백성으로 삼고 거룩한 신분을
부여하셨습니다. 하나님께서 부르신 우리도
하나님 앞에서 우리 자신을 구별하여 드리기
원합니다. 주님께서 부르신 ______도 하나님의
명령을 지키고 행하기 원합니다.
거룩하게 하시는 하나님께로 나아가게 해 주세요.
예수님의 이름으로 기도합니다. 아멘.

십계명을 읽어 보세요. 우리를 거룩하게 하시려는 하나님의 뜻을 알 수 있어요. 십계명에서 새롭게 발견한 것이 있다면 함께 이야기해 보세요.

말씀 암송하기

사람아 주께서 선한 것이 무엇임을 네게 보이셨나니 여호와께서 네게 구하시는 것은 오직 정의를 행하며 인자를 사랑하며 겸손하게 네 하나님과 함께 행하는 것이 아니냐_미 6:8

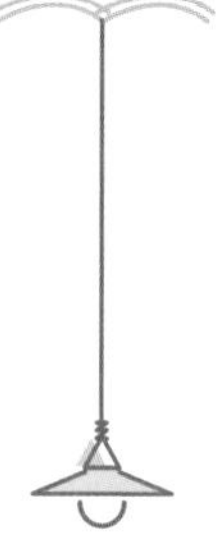

이로 보건대 율법은 거룩하고 계명도 거룩하고 의로우며 선하도다_롬 7:12

하나님, 죄에 사로잡혀 있던 사람에게 율법을
주시니 감사합니다. 율법에는 십계명처럼 지금까지도
지켜야 하는 법과 예수님의 십자가 죽음으로 성취되어
더 이상 지키지 않아도 되는 제사법이 있습니다.
십계명처럼 우리가 지켜야 하는 도덕법을 잘 알게 하
시고 지키게 해 주세요. ______도 율법을
통해 자신의 죄가 무엇인지 깨닫게 해 주세요.
예수님의 이름으로 기도합니다. 아멘.

종이로 돌판을 하나 만들고, 성경의 십계명을 보고 따라서 적어 보세요.
우리 가족은 십계명을 잘 지키고 있나요?

아이와 교감하기

아이와 함께 하루의 삶을 나누고 서로의 마음을 다독여 주세요.

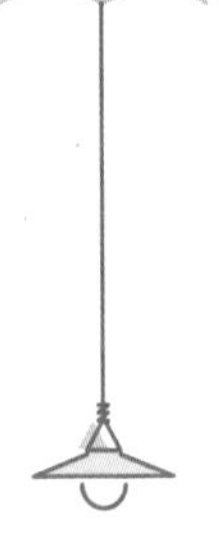

나는 너희의 하나님이 되려고 너희를 애굽 땅에서 인도하여 낸 여호와라 내가 거룩하니 너희도 거룩할지어다_레 11:45

하나님, 이스라엘 백성을 이집트의 노예 생활에서
구해 내고 그들의 하나님이 되어 주시니 감사합니다.
하나님은 당신의 백성에게 거룩할 것을 명하셨습니다.
백성이 하나님의 거룩하심을 닮아야 했듯이,
우리도 하나님이 구원해 주신 은혜를 기억하며
거룩한 삶을 살기를 원합니다.
______도 주님 안에서 거룩한 하나님의 자녀가
되게 해 주세요.
예수님의 이름으로 기도합니다. 아멘.

거룩한 삶을 사는 것은 하나님의 명령이에요. 거룩해지기 위해 우리가 멀리할 습관이나 행동, 취미, 물건은 무엇인가요? 함께 이야기해 보세요.

축복 기도문 쓰기

아이를 향한 축복의 기도를 글로 기록해 보세요.

누구든지 온 율법을 지키다가 그 하나를 범하면 모두 범한 자가 되나니 간음하지 말라 하신 이가 또한 살인하지 말라 하셨은즉 네가 비록 간음하지 아니하여도 살인하면 율법을 범한 자가 되느니라_약 2:10-11

하나님, 야고보는 율법을 지키려다가
하나라도 어기면 모든 것을 어기게 된다고 말합니다.
율법을 하나라도 어기면 하나님의 명령에
불순종한 것이 되고 만다는 것입니다.
율법이 아니라 예수님을 통해 하나님을 믿을 수 있는
길을 열어 주시니 감사합니다.
________도 하나님을 잘 믿게 해 주세요.
예수님의 이름으로 기도합니다. 아멘.

부모님이 먼저 큰 소리로 십계명을 읽으면 자녀들은 따라서 읽어 보세요. 우리 가족이 십계명을 잘 기억하고 지킬 수 있도록 기도하는 시간을 가져 보세요.

믿음의 유산

아이에게 믿음의 유산으로 남길 생각, 마음, 바람을 적어 보세요.

내가 율법이나 선지자를 폐하러 온 줄로 생각하지 말라 폐하러 온 것이 아니요 완전하게 하려 함이라_마 5:17

하나님, 예수님은 율법을 완전하게 하려고 왔다고
하셨습니다. 예수님이 오신 후로 할례나 제사 같은
의식법은 지키지 않아도 되며, 십계명 같은 도덕법은
지켜야 한다는 것을 알려 주시니 감사합니다.
하나님, 십계명에는 하나님의 영원한 성품이 담겨 있어
잘 지킬 때 우리의 인생에 풍성한 열매를
맺게 된다는 것을 기억하게 해 주세요.
_______도 십계명을 배우고 지키게 해 주세요.
예수님의 이름으로 기도합니다. 아멘.

발바닥 모양의 종이를 열 개 오려서 십계명을 하나씩 적고 거실에서 현관까지 붙여 보세요. 일주일 동안 발바닥 모양에 서서 매일 소리 내어 읽어 보세요.

핵심 교리 이해하기

[소요리 문답 43문] 십계명의 서문이 무엇인가?

십계명의 서문은 곧 "나는 너희 하나님이니 너를 종 되었던 애굽 땅에서 나오게 한 자로다"라고 하신 것입니다.

261

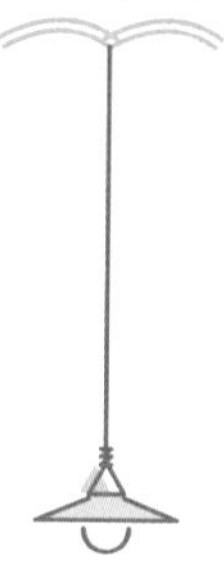

예수께서 이르시되 어찌하여 선한 일을 내게 묻느냐 선한 이는 오직 한 분이시니라 네가 생명에 들어가려면 계명들을 지키라_마 19:17

영생을 얻으려면 무슨 선한 일을 해야 하느냐고
묻는 청년에게 예수님은 계명을 지키라고 하셨습니다.
우리의 구원은 하나님이 은혜로 주시는 선물이지만,
선하신 하나님을 향해 우리의 믿음을 표현하는 방식은
계명을 지키고 순종하는 것임을 가르쳐 주신 것입니다.
하나님, 우리도 구원 이후의 삶 속에서 하나님의 계명을
소중하게 여기고 지키게 해 주세요.
______도 계명을 배우고 지키기를 원하며,
예수님의 이름으로 기도합니다. 아멘.

십계명을 천천히 읽으며 평소에 생각했던 선한 일과 십계명을 비교해 보세요. 우리 가족은 십계명의 내용을 잘 지키고 있나요? 함께 이야기해 보세요.

핵심 교리 적용하기

우리는 마땅히 하나님의 계명을 지켜야 합니다. 하나님은 주님이시고, 우리의 구속자이시기 때문입니다. 당신은 하나님의 계명을 잘 지키고 있습니까?

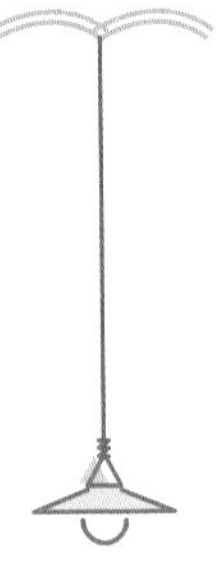

너는 마음을 다하고 뜻을 다하고 힘을 다하여 네 하나님 여호와를 사랑하라_신 6:5

하나님, 세상에는 타락한 영, 자연 신,
사람이 만든 신을 믿는 사람이 많습니다.
하나님이 없다는 사람도 있습니다.
그러나 모세는 오직 유일하신 여호와 하나님을
마음과 뜻과 힘을 다해서 사랑하라고 했습니다.
예수님도 이 명령을 가장 크고 첫째 되는 계명이라고
하셨습니다. 우리가 다른 신을 두지 않고 하나님만
섬기게 해 주세요. ________도 생각과 에너지와 능력을
온통 쏟아서 하나님을 사랑하게 해 주세요.
예수님의 이름으로 기도합니다. 아멘.

도화지에 하트를 크게 그리고 색종이를 찢어 모자이크로 꾸며 보세요.

오늘의 말씀 따라 쓰기

오늘의 말씀을 따라 쓰며 마음에 새겨 보세요.

원수를 갚지 말며 동포를 원망하지 말며 네 이웃 사랑하기를 네 자신과 같이 사랑하라 나는 여호와이니라_레 19:18

하나님, 이웃을 우리 자신처럼 사랑하라고 하신
말씀대로 살게 해 주세요. 누군가 나에게 잘못을
저지르거나 원망할 일이 생기면 똑같이
갚아 주기보다 사랑으로 바꾸어서 갚게 해 주세요.
하나님을 사랑하듯, 이웃을 사랑하게 해 주세요.
눈에 보이는 사람에게 사랑을 전하면서 하나님의
깊은 사랑을 실천하게 해 주세요.
________도 하나님을 사랑하고 이웃을 사랑하는
예수님의 제자가 되게 해 주세요.
예수님의 이름으로 기도합니다. 아멘.

택배 기사님을 위해 음료수를 준비하고 감사 인사와 함께 전달해 보세요.

말씀 암송하기

사람아 주께서 선한 것이 무엇임을 네게 보이셨나니 여호와께서 네게 구하시는 것은 오직 정의를 행하며 인자를 사랑하며 겸손하게 네 하나님과 함께 행하는 것이 아니냐_미 6:8

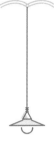

264

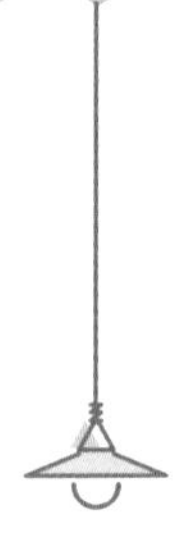

우리가 원수의 손에서 건지심을 받고 종신토록 주의 앞에서 성결과 의로 두려움이 없이 섬기게 하리라 하셨도다_눅 1:74-75

하나님, 예수님을 이 땅에 보내어 죄의 종으로
살던 우리를 사탄의 손에서 건져 주시니 감사드립니다.
하나님은 우리를 죄와 원수에게서 벗어나 두려움 없이
살게 하셨습니다. 이것은 모두 아브라함의 후손으로
오신 예수님 덕분입니다. 우리가 이 사실을 기억하고
주님을 섬기게 해 주세요. ______도 주님 앞에서
구원의 감격 가운데 사는 하루가 되게 해 주세요.
예수님의 이름으로 기도합니다. 아멘.

마태복음 1장에 있는 예수님의 족보를 읽어 보세요. 족보에서 아는 이름이 있나요? 하나님의 약속과 약속이 이루어진 것을 발견해 보세요.

아이와 교감하기

아이와 함께 하루의 삶을 나누고 서로의 마음을 다독여 주세요.

나는 너를 애굽 땅, 종 되었던 집에서 인도하여 낸 네 하나님 여호와니라
_출 20:2

이스라엘 백성을 이집트의 종살이에서 구원해 내신 하나님, 감사합니다. 하나님은 종노릇하던 이스라엘 사람들을 당신의 백성으로 삼고 그들에게 십계명을 주셨습니다. 이스라엘 사람들을 종이 아닌 하나님의 백성이라는 정체성으로 살게 하시니 감사합니다. 우리도 하나님의 자녀라는 정체성을 지니고 살게 해 주세요. ______도 하나님이 자신의 인생과 온 세상의 주인이심을 알게 해 주세요. 예수님의 이름으로 기도합니다. 아멘.

어렸을 때부터 지금까지 찍은 사진을 차례대로 살펴보면서 오늘까지 인도해 주신 하나님께 감사드려 보세요.

축복 기도문 쓰기

아이를 향한 축복의 기도를 글로 기록해 보세요.

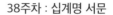

오직 너희를 부르신 거룩한 이처럼 너희도 모든 행실에 거룩한 자가 되라 기록되었으되 내가 거룩하니 너희도 거룩할지어다 하셨느니라_벧전 1:15-16

하나님, 우리는 하나님을 믿는다고 한 후에도
번번이 죄에게 집니다. 하나님을 믿기 전으로
돌아가고 싶은 갈등도 생깁니다. 그럴 때 베드로는
모든 행실에 거룩한 자가 되라고 합니다.
하나님, 우리를 하나님께서 사용하기에 깨끗한 그릇으로
구별되게 해 주세요. 성령님께서 연약한 우리를
붙들어 주세요. ______도 인생의 목적을
거룩하신 하나님께 두게 해 주세요.
예수님의 이름으로 기도합니다. 아멘.

하나님을 믿기 전으로 돌아가고 싶은 생각이 들면 색종이를 4분의 1로 자른 후 그 종이에 적어 보세요. 그런 다음 손바닥에 종이를 놓고 불어서 날려 보세요. 엄마, 아빠도 함께해 보세요.

믿음의 유산

아이에게 믿음의 유산으로 남길 생각, 마음, 바람을 적어 보세요.

267

39주차 : 1계명 - 다른 신을 두지 말라
소요리 문답 45문(267-273)

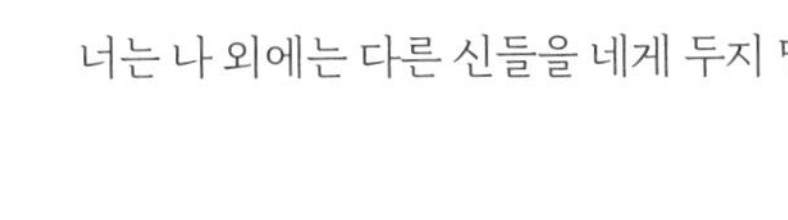

너는 나 외에는 다른 신들을 네게 두지 말라_출 20:3

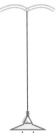

하나님은 이스라엘 백성에게 오직 하나님만을 섬기라고 하셨습니다. 하지만 백성은 주변 강대국들과 군사적 동맹을 맺고 그들의 신들과 문화를 좇았습니다. 우리도 세상에 살면서 돈과 일, 즐거움, 명예, 자녀, 성공을 위해 하나님이 아닌 다른 것을 마음에 둘 때가 많습니다. 하나님 앞에 회개하고 오직 하나님만 섬기게 해 주세요. ______도 하나님을 마음의 1순위에 두는 사람이 되기를 원하며, 예수님의 이름으로 기도합니다. 아멘.

우리의 마음이나 삶에서 순위를 매긴다면 하나님은 몇 등인가요?

핵심 교리 이해하기

[소요리 문답 45문] 제 1계명이 무엇인가?

"나 외에 다른 신을 위하지 말라" 하신 것입니다.

이에 예수께서 말씀하시되 사탄아 물러가라 기록되었으되 주 너의 하나님께 경배하고 다만 그를 섬기라 하였느니라_마 4:10

사탄은 광야에서 금식하며 피곤하고 힘든 예수님을 시험했습니다. 하나님을 부인하고 자신을 섬기라고 했습니다. 그러나 예수님은 유혹에 넘어가지 않으셨습니다. 하나님께만 경배하고 섬기라고 하셨습니다. 하나님, 우리도 하나님을 믿지 못하게 하는 여러 가지 유혹을 받습니다. 그럴 때 유혹을 이겨 낼 힘을 주세요. 오직 하나님만 의지할 수 있도록 함께해 주세요. ________도 말씀으로 늘 준비된 하나님의 자녀가 되게 해 주세요.
예수님의 이름으로 기도합니다. 아멘.

부모님과 아이들이 많이 받는 유혹을 포스트잇에 쓰고 몸에 붙인 후 손을 쓰지 않고 떨어뜨리기 게임을 해 보세요.

핵심 교리 적용하기

유일하신 참 하나님 대신에 다른 것을 생각하고 소유하는 것을 우상 숭배라고 말합니다. 하나님 외에 다른 것에 더 권위를 부여하고 따르고 있지는 않습니까? 요즘 당신의 마음을 사로잡은 것은 무엇인가요?

269

여호와께 그의 이름에 합당한 영광을 돌리며 거룩한 옷을 입고 여호와께 예배할지어다_시 29:2

다윗은 성전을 짓고 하나님을 찬양합니다.
영광과 능력이 오직 하나님께만 속해 있으며,
하나님만이 찬양을 받으실 분이라고 노래합니다.
하나님, 우리도 하나님께만 영광 돌리는 백성이
되기를 원합니다. 하나님의 거룩하심을 높이며
예배드리게 해 주세요. ______도 세상 어느 것보다
하나님만 마음에 두고 예배드리는 사람이 되게 해 주세요.
예수님의 이름으로 기도합니다. 아멘.

<모든 이름 위에 뛰어난 이름>(고형원 작사/작곡)을 함께 불러 보세요.

오늘의 말씀 따라 쓰기

오늘의 말씀을 따라 쓰며 마음에 새겨 보세요.

어리석은 자는 그의 마음에 이르기를 하나님이 없다 하는도다 그들은 부패하고 그 행실이 가증하니 선을 행하는 자가 없도다_시 14:1

하나님, 완고한 마음으로 지혜를 거부하는 사람은
하나님을 부정합니다. 하나님이 계신다 해도 믿지
않고 관심을 두지 않습니다. 하나님을 거부하거나
하나님이 우리 삶을 선하게 인도하신다는 것을
인정하지 않는 사람은 악한 행동을 합니다.
________는 그러지 않기를 원합니다.
하나님을 인정하고 그분을 신뢰하며
기쁘시게 하는 삶을 살 수 있게 해 주세요.
예수님의 이름으로 기도합니다. 아멘.

마음이 딱딱해져서 하나님을 인정하지 않은 경험이 있나요? 눈에는 안 보이지만 존재하는 것을 찾아보세요.

말씀 암송하기

너를 위하여 새긴 우상을 만들지 말고 또 위로 하늘에 있는 것이나 아래로 땅에 있는 것이나 땅 아래 물속에 있는 것의 어떤 형상도 만들지 말며_출 20:4

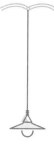

하나님을 알되 하나님을 영화롭게도 아니하며 감사하지도 아니하고 오히려 그 생각이 허망하여지며 미련한 마음이 어두워졌나니_롬 1:21

하나님, 바울은 하나님을 알지만 하나님께
영광 돌리지 않고 감사하지도 않으며
미련하게 여기는 마음에 대해 말합니다.
세상에 있는 것보다 하나님을 귀하게 여기지 않는
사람은 그 마음의 중심에 하나님이 없는 것입니다.
우리는 그러지 않기를 원합니다. ________도
하나님을 영화롭게 하고, 하나님께 감사드리며,
하나님으로 인해 삶의 중심을 잡게 해 주세요.
예수님의 이름으로 기도합니다. 아멘.

뜨거운 물 한 컵과 차가운 물 한 컵을 준비하고 섞어 주세요. 섞으면 미지근해져요. 하나님을 사랑하는 우리의 마음은 어떤가요? 뜨거운가요, 차가운가요, 아니면 미지근한가요? 요즘 우리의 믿음을 말해 보세요.

아이와 교감하기

아이와 함께 하루의 삶을 나누고 서로의 마음을 다독여 주세요.

내 아들 솔로몬아 너는 네 아버지의 하나님을 알고 온전한 마음과 기쁜 뜻으로 섬길지어다 여호와께서는 모든 마음을 감찰하사 모든 의도를 아시나니 네가 만일 그를 찾으면 만날 것이요 만일 네가 그를 버리면 그가 너를 영원히 버리시리라_대상 28:9

하나님, 하나님 앞에서는 우리의 생각이나 마음을
숨길 수 없습니다. 다윗도 아들 솔로몬에게
하나님을 온전한 마음과 기쁜 뜻으로 섬기라고
말합니다. 하나님을 찾으라고 말합니다. 그러지 않으면
하나님께서 버리신다고 경고합니다.
우리도 이 사실을 꼭 기억하게 해 주세요.
________도 하나님 앞에서 숨김없이 아뢰고
하나님을 전심으로 담아서 섬기게 해 주세요.
예수님의 이름으로 기도합니다. 아멘.

종이에 '하나님'이라고 적고 집 안에 숨긴 다음 '하나님 종이쪽지' 찾기를 해 보세요. 이때, 찾을 수 있게 숨겨 두세요. 하나님은 우리 눈에 보이지 않지만 우리가 찾을 수 있게 숨어 계신다는 분이라는 것을 기억하도록 해요.

축복 기도문 쓰기

아이를 향한 축복의 기도를 글로 기록해 보세요.

네가 오늘 여호와를 네 하나님으로 인정하고 또 그 도를 행하고 그의 규례와 명령과 법도를 지키며 그의 소리를 들으리라 확언하였고_신 26:17

하나님, 하나님은 이스라엘을 보배로운 백성으로
삼으셨고, 백성은 여호와를 하나님으로 인정했습니다.
여호와를 섬기고 다른 신을 두지 않겠다고 맹세한
것입니다. 마치 결혼식장에서 신랑과 신부가
혼인 서약을 하는 것같이 약속한 것입니다.
________도 앞으로 하나님의 말씀대로 행하고
명령을 지키게 해 주세요. 하나님의 말씀에
순종하는 사람이 되게 해 주세요.
예수님의 이름으로 기도합니다. 아멘.

말씀 제비뽑기를 준비해서 가족 모두 한 개씩 뽑고 하루 동안 그 말씀을 꼭 지켜 보세요.

믿음의 유산

아이에게 믿음의 유산으로 남길 생각, 마음, 바람을 적어 보세요.

10월

십계명으로 드리는 기도 1

복음 안에서 율법은 여전히 유익하고 소중한 하나님의 말씀입니다. 우리는 율법을 통해서 거룩하신 하나님이 좋아하시는 모습을 알게 됩니다. 그분 앞에서 우리의 죄성과 무능함을 느끼고 어떻게 살아야 하는지도 깨닫게 됩니다.

하지만 예수님께서 십자가에서 죽으심으로 인해, 사람들은 더 이상 제사를 드릴 필요가 없어졌습니다. 율법의 하나인 의식법을 예수님께서 다 이루셨기 때문입니다. 그러나 율법의 모든 것이 소용없는 것은 아닙니다. 도덕법인 십계명이 그렇습니다.

십계명 중에서 2계명은 '우상을 만들지 말아라', 3계명은 '하나님의 이름을 거짓으로 속여서 사용하지 말아라', 4계명은 '주일을 거룩하게 지켜라', 5계명은 '부모를 공경해라'입니다. 십계명 중 2계명에서 5계명입니다. 10월에는 네 가지 십계명으로 기도하면서 하나님께서 우리에게 바라시는 모습을 헤아려 보겠습니다.

10월에는 '십계명으로 드리는 기도'를 해 봅니다.

274

40주차 : 2계명 - 우상을 만들지 말라
소요리 문답 49문(274-280)

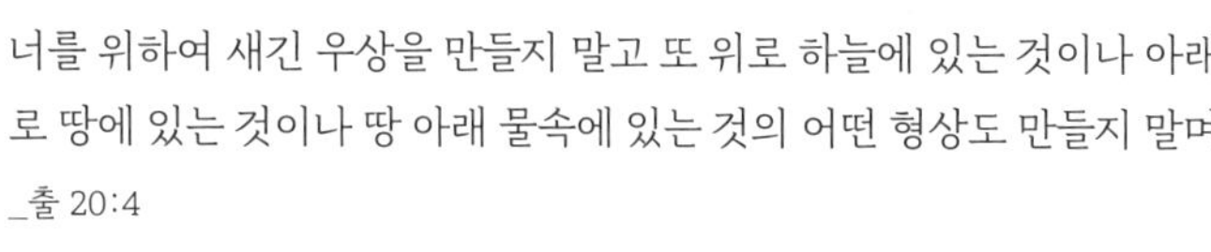

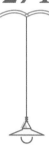

너를 위하여 새긴 우상을 만들지 말고 또 위로 하늘에 있는 것이나 아래로 땅에 있는 것이나 땅 아래 물속에 있는 것의 어떤 형상도 만들지 말며
_출 20:4

하나님, 수많은 우상을 섬기는 이집트에서 벗어난
이스라엘 백성에게 하나님께서는 우상을 만들지
말라고 하셨습니다. 여러 신에 더해서 하나님을
하나 더 믿는 식이어서는 안 된다는 말씀이었습니다.
우리는 너무나 많은 것을 좋아하고 섬깁니다.
하나님보다 앞서는 것이 없도록 우리의 마음을
깨끗하게 해 주세요. ________도 하나님 외에
다른 것을 섬기지 않도록 인도해 주세요.
예수님의 이름으로 기도합니다. 아멘.

다른 사람에게 자랑하고 싶은 것이 있나요? 그것이 하나님께서 만들지 말라고 하신 우상은 아닌지 생각하고 함께 이야기해 보세요.

핵심 교리 이해하기

[소요리 문답 49문] 제 2계명이 무엇인가?

“우상을 만들지 말지니 위로 하늘에 있는 것이나 아래로 땅에 있는 것이나 땅 아래 물속에 있는 것의 무슨 형상이든지 만들지 말고 절하지 말고 섬기지 말라”는 것입니다.

여호와께서 호렙 산 불길 중에서 너희에게 말씀하시던 날에 너희가 어떤 형상도 보지 못하였은즉 너희는 깊이 삼가라_신 4:15

하나님, 하나님께서 호렙 산에서 모세에게 말씀하실 때,
아무도 하나님의 형상을 보지 못했습니다.
하나님, 눈에 보이지 않는 하나님을 눈에 보이는 형상으로
만들지 않게 해 주세요. 사람이 만든 신은 진짜가
아닙니다. 하나님을 우리가 만든 신으로 전락시키거나
우리의 통제권 아래 두지 않게 해 주세요.
_______도 하나님을 우상으로 만들어서
섬기지 않게 해 주세요.
예수님의 이름으로 기도합니다. 아멘.

하나님을 볼 수는 없지만 하나님이 어떤 분이신지 성경 말씀을 통해 배울 수 있어요. 성경을 읽거나 설교 말씀을 들을 때 하나님이 어떤 분이신지 알아 갈 수 있도록 말씀을 가까이하기로 약속해요.

핵심 교리 적용하기

요즘 당신이 우선순위에 두는 일은 무엇인가요? 하나님보다 더 주인으로 삼아 우상처럼 섬기지는 않나요?

또 그리하여 네가 하늘을 향하여 눈을 들어 해와 달과 별들, 하늘 위의 모든 천체 곧 너희의 하나님 여호와께서 천하 만민을 위하여 배정하신 것을 보고 미혹하여 그것에 경배하며 섬기지 말라_신 4:19

하나님, 역사적으로 해와 달과 별을 섬긴 민족이 많았습니다. 그런 것들은 하나님이 아니라 하나님이 만드신 피조물인데, 그런 것에게 소원을 빌었습니다. 아직도 그렇게 믿는 사람들이 있다면, 진짜로 우리가 예배할 분은 창조주 하나님이심을 알게 해 주세요. 우리도 하나님이 아닌 가짜를 믿는 죄를 짓지 않게 해 주세요. ________도 하나님을 온전히 섬기는 사람이 되기를 원하며, 예수님의 이름으로 기도합니다. 아멘.

해와 달과 별에 대한 책을 가져와서 이야기해 보세요. 하나님이 만드신 천체에 대해서 말하고, 이 모든 것을 만드신 하나님을 찬양해 보세요.

오늘의 말씀 따라 쓰기

오늘의 말씀을 따라 쓰며 마음에 새겨 보세요.

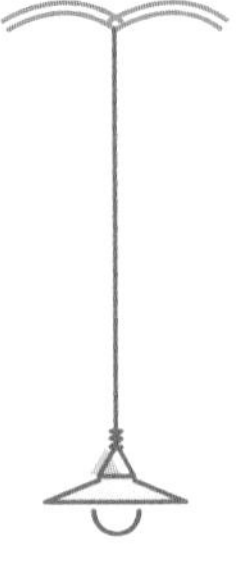

그들에게 이르되 내가 오늘 너희에게 증언한 모든 말을 너희의 마음에 두고 너희의 자녀에게 명령하여 이 율법의 모든 말씀을 지켜 행하게 하라_신 32:46

하나님, 모세는 백성에게 이스라엘 역사를 마음에 두고
말씀대로 지켜 행하며, 자녀들에게 가르치라고
합니다. 조상들이 잘못한 것을 반복하지 말고
하나님의 말씀대로 행하라고 합니다.
우리도 하나님의 말씀을 머리로만 알지 않고
삶으로 살아 내게 해 주세요.
자녀들에게도 삶으로 전하게 해 주세요.
_______도 말씀을 마음에 두고 살아 내는
하나님의 자녀가 되게 해 주세요.
예수님의 이름으로 기도합니다. 아멘.

우리 가족에게 하나님께서 행하신 일들, 특히 기도 응답받은 것 중에서 하나를 말해 보세요. 자녀들이 기억할 수 있도록 적어 두는 '가족 은혜 노트'를 만들어도 좋아요.

말씀 암송하기

너는 네 하나님 여호와의 이름을 망령되게 부르지 말라 여호와는 그의 이름을 망령되게 부르는 자를 죄 없다 하지 아니하리라_출 20:7

그들이 내가 그들에게 명령한 길을 속히 떠나 자기를 위하여 송아지를 부어 만들고 그것을 예배하며 그것에게 제물을 드리며 말하기를 이스라엘아 이는 너희를 애굽 땅에서 인도하여 낸 너희 신이라 하였도다_출 32:8

모세가 시내 산에서 내려오지 않자
이스라엘 백성은 신을 만들자고 했습니다.
그들은 이집트에서 숭배하던 소를 떠올리며
금송아지를 만들었습니다. 우상을 만들어 섬기지
말라고 하신 명령을 어긴 것입니다.
하나님, 우리는 하나님이 아닌 우상을
만들어서 의지하지 않겠습니다.
______도 하나님을 대신한 것을 섬기지 않게 해 주세요.
예수님의 이름으로 기도합니다. 아멘.

하나님보다 더 아끼고 사랑하는 것이 있나요? 하나님을 가장 우선순위에 두는 믿음을 달라고 기도해 보세요.

아이와 교감하기

아이와 함께 하루의 삶을 나누고 서로의 마음을 다독여 주세요.

279

네 하나님 여호와께는 네가 그와 같이 행하지 못할 것이라 그들은 여호와께서 꺼리시며 가증히 여기시는 일을 그들의 신들에게 행하여 심지어 자기들의 자녀를 불살라 그들의 신들에게 드렸느니라 내가 너희에게 명령하는 이 모든 말을 너희는 지켜 행하고 그것에 가감하지 말지니라_신 12:31-32

하나님, 이스라엘 백성은 가나안 땅에 들어갔을 때
가나안 족속이 섬기는 신을 섬겨서는 안 되었습니다.
그들이 섬기는 종교의 흔적을 모두 헐고 깨뜨리며
불살라야 했습니다. 하나님이 싫어하시는 끔찍한
관습도 따라서는 안 되었습니다.
이스라엘 백성이 오직 하나님의 말씀대로만 살아야 했듯,
우리도 하나님의 말씀을 지키기 원합니다.
더하거나 빼지 않고 말씀 그대로 지키는
________가 되게 해 주세요.
예수님의 이름으로 기도합니다. 아멘.

성경은 구약과 신약으로 이루어져 있어요. 각각 몇 권일까요? 말씀은 모두 몇 구절로 되어 있을까요? 찾거나 검색해 보세요.

축복 기도문 쓰기

아이를 향한 축복의 기도를 글로 기록해 보세요.

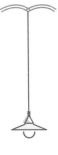

우리가 감사함으로 그 앞에 나아가며 시를 지어 즐거이 그를 노래하자 여호와는 크신 하나님이시요 모든 신들보다 크신 왕이시기 때문이로다 _시 95:2-3

하나님, 이스라엘 백성은 하나님께 나아가
즐겁게 노래했습니다. 여호와 하나님은 모든 신보다
크신 왕이라고 소리치며 감사했습니다.
우리도 온 마음과 힘을 다해서 하나님을 찬양하고
노래합니다. 조용히 읊조리듯 찬양하고,
큰 소리로도 찬양하며 하나님께 영광 돌리기 원합니다.
________도 하나님을 향한 감사와 찬양이
끊어지지 않는 하루, 1년, 평생이 되도록 인도해 주세요.
예수님의 이름으로 기도합니다. 아멘.

악기를 가지고 찬양해 보세요. 악기가 없다면 신나게 박수를 치거나 화음을 넣어서 멋지게 찬양해 보세요.

믿음의 유산

아이에게 믿음의 유산으로 남길 생각, 마음, 바람을 적어 보세요.

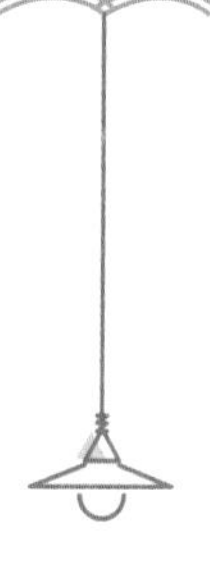

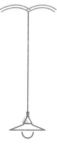

너는 네 하나님 여호와의 이름을 망령되게 부르지 말라 여호와는 그의 이름을 망령되게 부르는 자를 죄 없다 하지 아니하리라_출 20:7

하나님, 우리가 하나님의 이름으로 거짓된 일을 행하지 않기 원합니다. 거짓된 일을 하고 합리화하기 위해서 하나님의 이름을 부르는 일도 없게 해 주세요. 하나님의 이름을 모욕하거나 무례하게 부르지 않겠습니다. 존귀하신 하나님의 이름을 높이겠습니다. ______도 하나님의 이름을 소중하고 귀하게 여기게 해 주세요.
예수님의 이름으로 기도합니다. 아멘.

______는 하나님을 자랑스럽게 여기나요? 친구들에게 당당하고 용기 있게 예수님을 믿는다고 말해 보세요.

핵심 교리 이해하기

[소요리 문답 53문] 제 3계명이 무엇인가?

"너희 하나님 여호와의 이름을 망령되이 일컫지 말라 여호와의 이름을 망령되이 일컫는 자를 죄 없다 아니하리라"는 것입니다.

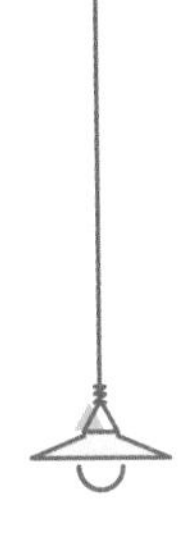

내가 주의 성전을 향하여 예배하며 주의 인자하심과 성실하심으로 말미암아 주의 이름에 감사하오리니 이는 주께서 주의 말씀을 주의 모든 이름보다 높게 하셨음이라_시 138:2

하나님, 시편 기자처럼 주의 성전을 향해 예배하며, 하나님께서 베푸신 인자하심과 성실하심으로 인해 감사드립니다. 세상 그 누구의 이름보다 더 귀한 하나님의 이름을 찬양합니다. 하나님은 우리를 보호하고 위로하십니다. 사랑하며 힘을 부여해 주십니다. 이 모든 것을 허락해 주신 하나님의 이름을 높여 드립니다. _______도 하나님의 이름을 높여 드리는 사람이 되게 해 주세요. 예수님의 이름으로 기도합니다. 아멘.

성경이나 검색을 통해 하나님의 이름을 찾아보세요. 하나님이 어떤 분이신지를 드러내는 이름(엘로힘, 엘샤다이, 여호와 라파 등)이 많답니다.

핵심 교리 적용하기

당신은 하나님의 이름을 거룩하게 여기고 존경하는 마음으로 사용하고 있습니까? 모독하거나 잘못 사용하고 있지는 않습니까?

하나님께 노래하며 그의 이름을 찬양하라 하늘을 타고 광야에 행하시던 이를 위하여 대로를 수축하라 그의 이름은 여호와이시니 그의 앞에서 뛰놀지어다_시 68:4

하나님, 다윗과 이스라엘 백성은 언약궤를 가지고
시온 산을 향해 가면서 하나님의 이름을
찬양했습니다. 조상들이 가나안으로
가기 위해 광야를 지나는 동안 함께하셨던 분,
하늘과 광야에서 행하시던 하나님께 영광을 돌렸습니다.
하나님, 우리도 항상 우리와 함께하신 하나님의 이름을
높여 드리게 해 주세요. ______도 온전히 하나님만
섬기고 동행하며 찬양하게 해 주세요.
예수님의 이름으로 기도합니다. 아멘.

오늘 하루 찬양 소리가 끊어지지 않도록 찬양을 틀어 놓으세요. 우리 손을 잡고 평생 함께하시는 하나님을 상상하면서 자녀의 손을 잡고 찬양해 보세요.

오늘의 말씀 따라 쓰기

오늘의 말씀을 따라 쓰며 마음에 새겨 보세요.

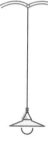

만군의 여호와가 이르노라 해 뜨는 곳에서부터 해 지는 곳까지의 이방 민족 중에서 내 이름이 크게 될 것이라 각처에서 내 이름을 위하여 분향하며 깨끗한 제물을 드리리니 이는 내 이름이 이방 민족 중에서 크게 될 것임이니라_말 1:11

하나님, 유대인뿐 아니라 세상의 모든 사람이
하나님의 이름을 부르며 높여 드리는 날이 올 것을
믿습니다. 세상 끝까지 복음이 전해지는 날,
세상 모든 민족이 구원을 얻게 되는 날을 기대하며
기도합니다. 여러 나라 사람들이 각자 자기가
서 있는 곳에서 온전히 하나님을 높이고 찬양하고
기도하며 예배하게 해 주세요.
_______도 그중의 한 명이 되게 해 주세요.
예수님의 이름으로 기도합니다. 아멘.

다른 나라 사람들이 그 나라의 언어로 찬양하고 예배드리는 모습을 찾아서 보세요.

말씀 암송하기

너는 네 하나님 여호와의 이름을 망령되게 부르지 말라 여호와는 그의 이름을 망령되게 부르는 자를 죄 없다 하지 아니하리라_출 20:7

285

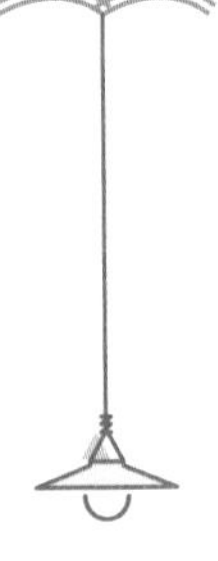

그대는 하나님께서 하신 일을 기억하고 높이라 잊지 말지니라 인생이 그의 일을 찬송하였느니라_욥 36:24

하나님, 우리가 하나님께서 하신 일을 기억하고
하나님의 이름을 높이기 원합니다. 우리가 사는 동안
하나님께서 베푸신 일을 찬송하기 원합니다.
하나님의 크고 놀라우신 일을 기억하면서 하나님이
우리의 하나님이 되어 주신다는 것을
되새기게 해 주세요. 기억이 희미해지고 기력이
약해지기까지 하나님을 떠나지 않고 평생 하나님을
찬송하는 ______가 되기를 원하며,
예수님의 이름으로 기도합니다. 아멘.

다이어리나 사진첩을 보면서 지난해에 우리 가족이 감사했던 일들을 다시 떠올려 보세요.

아이와 교감하기

아이와 함께 하루의 삶을 나누고 서로의 마음을 다독여 주세요.

286

만군의 여호와가 이르노라 너희가 만일 듣지 아니하며 마음에 두지 아니하여 내 이름을 영화롭게 하지 아니하면 내가 너희에게 저주를 내려 너희의 복을 저주하리라 내가 이미 저주하였나니 이는 너희가 그것을 마음에 두지 아니하였음이라_말 2:2

하나님, 하나님께서는 이스라엘의
제사장들을 향해 당신의 말을 듣지 않고
이름을 영화롭게 하지 않으면 저주할 것이고,
이미 저주하였다고 하십니다.
백성을 가르칠 제사장이 바로 서서
예배를 인도해야 했듯이, 이 땅의 리더들도
하나님을 온전히 섬기게 해 주세요.
교회의 리더들이 하나님의 이름을 높이는
사람이 되기를 ________와 함께 기도하기 원하며,
예수님의 이름으로 기도합니다. 아멘.

교회의 담임목사님과 교역자들을 위해 기도하는 시간을 가져 보세요.

축복 기도문 쓰기

아이를 향한 축복의 기도를 글로 기록해 보세요.

내가 그의 집을 영원토록 심판하겠다고 그에게 말한 것은 그가 아는 죄악 때문이니 이는 그가 자기의 아들들이 저주를 자청하되 금하지 아니하였음이니라_삼상 3:13

하나님, 엘리 제사장은 하나님의 일은 열심히 했지만
자기 아들들은 제대로 교육하지 못했습니다.
결국 그는 가정과 자녀 양육을 소홀히 해서
대가 끊어지는 고통을 겪게 되었습니다.
우리는 가정을 세우고 소중하게 여기는 사람이
되기를 원합니다. ______를 하나님의 말씀으로
제대로 양육하는 부모가 되게 하시고, ______도
부모님 말씀에 순종하는 자녀가 되게 해 주세요.
예수님의 이름으로 기도합니다. 아멘.

부모님이 큐티, 성경 통독, 말씀 필사 등 성경을 볼 때 자녀도 함께하도록 권면해 주세요. 함께 시간을 보내면서 믿음을 전달해 주세요.

믿음의 유산

아이에게 믿음의 유산으로 남길 생각, 마음, 바람을 적어 보세요.

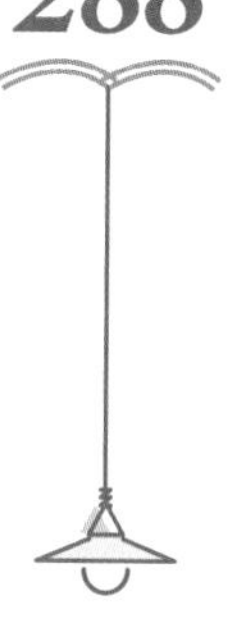

안식일을 기억하여 거룩하게 지키라_출 20:8

하나님, 하나님께서는 십계명에 안식일을 기억하여 거룩하게 지키라고 하셨습니다. 이집트에서 나온 이스라엘 백성에게 만나를 통해 6일은 아침마다 만나를 거두고 하루는 쉬는 안식의 패턴을 가르쳐 주셨습니다. 이스라엘 백성이 안식일에 쉬면서 일용할 양식을 주신 하나님께 집중했듯이, 저와 ________도 주일을 기억하게 해 주세요. 가족이 함께 하나님께 더 집중하게 해 주세요. 예수님의 이름으로 기도합니다. 아멘.

주일은 하나님께 예배드리고 기쁨을 나누는 날이에요. 주일을 잘 지키려면 어떤 준비를 해야 하는지 함께 이야기해 보세요.

핵심 교리 이해하기

[소요리 문답 57문] 제 4계명이 무엇인가?

"안식일을 기억하여 거룩하게 지키라 엿새 동안은 힘써 네 모든 일을 행할 것이나 일곱째 날은 네 하나님 여호와의 안식일인즉 너나 네 아들이나 네 딸이나 네 남종이나 네 여종이나 네 가축이나 네 문안에 머무는 객이라도 아무 일도 하지 말라"(출 20:8-10)는 것입니다.

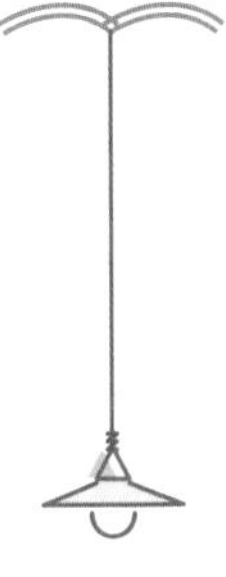

엿새 동안은 힘써 네 모든 일을 행할 것이나 일곱째 날은 네 하나님 여호와의 안식일인즉 너나 네 아들이나 네 딸이나 네 남종이나 네 여종이나 네 가축이나 네 문안에 머무는 객이라도 아무 일도 하지 말라_출 20:9-10

하나님, 사람은 6일 동안 일하고
하루를 쉬어야 함을 알려 주셔서 감사합니다.
안식일에는 이스라엘 백성뿐 아니라
함께 사는 이들도 다 같이 쉬어야 한다고 하셨습니다.
모두의 쉼을 통해 아무 일도 하지 않는 시간이
얼마나 중요한지를 알려 주시니 감사합니다.
함께 쉬면서 하나님의 안식에 참여하는 것이
사람을 지으신 분의 뜻임을
저와 ______가 늘 기억하게 해 주세요.
예수님의 이름으로 기도합니다. 아멘.

가족이 지난 주일에 한 일들을 적어 보세요. 안식을 잘하고 있나요?

핵심 교리 적용하기

하나님께서는 6일 동안은 힘써서 자신의 일을 하고 7일째 되는 날에는 모든 일을 쉬고 하나님 안에서 안식하라고 하셨습니다. 당신은 안식일의 참뜻을 알고 있나요? 실제로 안식하며 하나님께 나아가고 있나요?

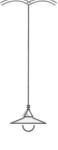

이는 엿새 동안에 나 여호와가 하늘과 땅과 바다와 그 가운데 모든 것을 만들고 일곱째 날에 쉬었음이라 그러므로 나 여호와가 안식일을 복되게 하여 그날을 거룩하게 하였느니라_출 20:11

하나님께서는 6일 동안 열심히 세상을 창조하셨고,
7일째 되는 날에는 쉬셨습니다. 하나님께서는
안식일에 쉼으로써 그날을 복되고 거룩하게
하셨습니다. 우리도 6일 동안 열심히 일하고,
하루를 온전히 쉬게 해 주세요.
하나님이 복되게 하신 날을 만끽하고
거룩하게 하신 날 하나님께 예배드리면서
안식의 원리를 익히게 해 주세요.
_______도 그러한 삶을 살기를 원하며,
예수님의 이름으로 기도합니다. 아멘.

어떻게 하면 주일을 거룩하게 지킬 수 있을까요? 주일에 온전히 안식하기 위한 가족의 규칙을 만들어 보세요.

오늘의 말씀 따라 쓰기

오늘의 말씀을 따라 쓰며 마음에 새겨 보세요.

성도를 위하는 연보에 관하여는 내가 갈라디아 교회들에게 명한 것같이 너희도 그렇게 하라 매주 첫날에 너희 각 사람이 수입에 따라 모아 두어서 내가 갈 때에 연보를 하지 않게 하라_고전 16:1-2

하나님, 고린도교회 성도들은 매주 첫날에 모여서 예배드리고 미리 헌금을 해 두어서 예루살렘교회를 도왔습니다. 매주 첫날, 일요일에는 꼭 모여서 예수님께서 부활하신 것을 기념하며 예배를 드렸습니다. 우리도 주일을 꼭 지키는 가족이 되기를 원합니다. 저와 한마음으로 기도하고 찬양하며 하나님을 섬기는 주일이 되게 해 주세요. 예수님의 이름으로 기도합니다. 아멘.

고린도교회 성도들처럼 주일에 드릴 헌금 봉투를 토요일 저녁에 미리 준비해 보세요.

말씀 암송하기

안식일을 기억하여 거룩하게 지키라_출 20:8

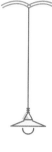

만군의 여호와가 이르노라 너희가 또 말하기를 이 일이 얼마나 번거로운고 하며 코웃음 치고 훔친 물건과 저는 것, 병든 것을 가져왔느니라 너희가 이같이 봉헌물을 가져오니 내가 그것을 너희 손에서 받겠느냐 이는 여호와의 말이니라_말 1:13

제사장들이 제사 드리는 일을 번거롭게 여기며
훔친 물건, 저는 것, 병든 것으로 예배드리자,
하나님께서는 당신의 이름이 더럽혀졌다고 하십니다.
하나님, 하나님께서 받으시는 예배를
우리가 편한 방식으로 드리지 않게 해 주세요.
쓰지 못할 것이나 쓰고 남은 것을 드리지 않고,
무엇보다 하나님을 섬기는 일을 중요하게 여기며,
우리의 소중한 것을 주님께 드리는
저와 _______가 되게 해 주세요.
예수님의 이름으로 기도합니다. 아멘.

자녀가 용돈을 받고 있다면 주일에 드릴 헌금을 스스로 준비하게 도와주세요. 하나님께 가장 먼저, 좋은 것을 드리고 있는지도 말해 보세요.

아이와 교감하기

아이와 함께 하루의 삶을 나누고 서로의 마음을 다독여 주세요.

293

내가 유다의 모든 귀인들을 꾸짖어 그들에게 이르기를 너희가 어찌 이 악을 행하여 안식일을 범하느냐_느 13:17

느헤미야는 두로 사람이 안식일에 물고기를 팔자
꾸짖었습니다. 안식일은 유다 백성뿐 아니라
그들의 종과 이스라엘을 찾은 이방인을 포함하여
가축까지도 쉬어야 했기 때문입니다. 안식일에
일하는 것은 하나님의 법을 어기는 것이었습니다.
하나님, 창조와 출애굽 때의 하나님을 기억하며
안식일을 거룩하게 지켜야 했듯이,
저와 ________도 주일을 거룩하게 지키며
하나님께 예배드리게 해 주세요.
예수님의 이름으로 기도합니다. 아멘.

주일을 하나님을 기억하며 거룩하게 지키기 위해서 평일에 해야 할 일은 무엇인가요? 가족이 각자 자신이 할 일을 말해 보세요.

축복 기도문 쓰기

아이를 향한 축복의 기도를 글로 기록해 보세요.

예수께서 그 자라나신 곳 나사렛에 이르사 안식일에 늘 하시던 대로 회당에 들어가사 성경을 읽으려고 서시매_눅 4:16

회당은 안식일에는 예배드리는 장소였고,
평일에는 아이들을 가르치는 학교였습니다.
예수님께서는 안식일이면 늘 하시던 대로 회당에 가서
예배를 드리셨다고 합니다. 하나님의 아들이신
예수님께서도 예배에 참석하셨습니다.
하나님, 우리 가족도 정기적으로 예배를
꼭 드리기 원합니다. ________도 주일을 지키며
하나님을 섬기는 사람으로 자라게 해 주세요.
예수님의 이름으로 기도합니다. 아멘.

자녀가 주일 예배를 잘 드릴 수 있도록 어린이 예배를 위해 함께 기도하는 시간을 가져 보세요. 예배를 섬기는 사역자들과 선생님들을 위해서도 기도해 주세요.

믿음의 유산

아이에게 믿음의 유산으로 남길 생각, 마음, 바람을 적어 보세요.

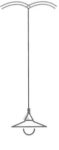

295

43주차 : 5계명 - 네 부모를 공경하라

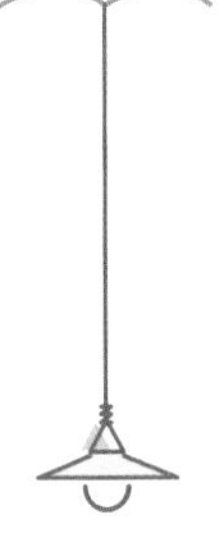

네 부모를 공경하라 그리하면 네 하나님 여호와가 네게 준 땅에서 네 생명이 길리라_출 20:12

하나님, 부모를 존경하고 존중하면 생명이
길 것이라고 하신 말씀을 마음에 새기기 원합니다.
예수님과 바울도 이 계명을 중요하게 여긴 것을
기억하겠습니다. 우리를 낳고 길러 주신 부모님께
감사를 표현하기 원합니다. 부모님이 없으셨다면
우리가 세상에 존재하지 못했을 것을 기억하고
공손하게 대하며 말하기 원합니다.
______도 부모인 우리가 할아버지, 할머니를 대하는
모습을 보고 잘 배울 수 있도록 인도해 주세요.
예수님의 이름으로 기도합니다. 아멘.

부모님께 감사와 사랑의 말을 적은 쪽지를 드려 보세요. 어떤 것이 감사했는지 구체적으로 적어서 사랑하는 마음과 함께 전해 보세요. 하나님께서 그것을 기뻐하신대요.

핵심 교리 이해하기

[소요리 문답 63문] 제 5계명이 무엇인가?

"네 부모를 공경하라 그리하면 너희 하나님이 준 땅에서 네가 오래 살리라"는 것입니다.

범사에 우리 주 예수 그리스도의 이름으로 항상 아버지 하나님께 감사하며 그리스도를 경외함으로 피차 복종하라_엡 5:20-21

하나님, 우리가 모든 일에 예수님의 이름으로
감사할 수 있기를 원합니다. 마음이나 상황이 힘들고
어려울 때면 감사하기가 쉽지 않습니다.
하지만 예수님의 이름을 힘입어 하나님을 아버지로
부르며 감사하겠습니다. 우리를 부르고
예수님을 보내어 구원해 주실 뿐 아니라
아들과 딸로 입양해 주신 하나님의 권위와 질서에
복종하기 원합니다. ______도 하나님을
아버지라고 부르며 기도하는 자녀가 되게 해 주세요.
예수님의 이름으로 기도합니다. 아멘.

매일 밤 잠들기 전, 누구를 만났고 무슨 일이 있었는지를 생각해 보세요. 감사한 일을 말하고 감사의 기도를 드려 보세요. 힘들거나 낙심되는 일이 있어도 감사하는 것은 하나님께 순종하는 연습이 된답니다.

핵심 교리 적용하기

당신은 부모와 권위를 가진 이들에 대해 존경과 사랑과 충성심을 보이고 있습니까? 그들의 가르침을 따라서 바르게 살려고 노력하고 있습니까?

네 아버지와 어머니를 공경하라 이것은 약속이 있는 첫 계명이니 이로써 네가 잘되고 땅에서 장수하리라_엡 6:2-3

하나님, 우리가 십계명을 통해 알려 주신 대로 부모를 공경하기 원합니다. 바울은 부모를 공경하는 것이 약속 있는 첫 계명이라고 하며, 이 땅에서 잘되고 장수하는 비결이라고 말합니다. 하나님의 말씀을 잘 배워 말씀대로 부모에게 순종하고 감사하는 자녀가 되게 해 주세요. 영원한 생명을 소유하신 하나님의 자녀가 되도록 인도해 주세요.
______도 부모를 존경하고 존중하는 자녀가 되기를 원하며,
예수님의 이름으로 기도합니다. 아멘.

______는 엄마, 아빠에게 존경하는 마음을 가지고 예의를 갖추나요? 엄마, 아빠는 할머니, 할아버지를 공경하나요? 함께 이야기해 보세요.

오늘의 말씀 따라 쓰기

오늘의 말씀을 따라 쓰며 마음에 새겨 보세요.

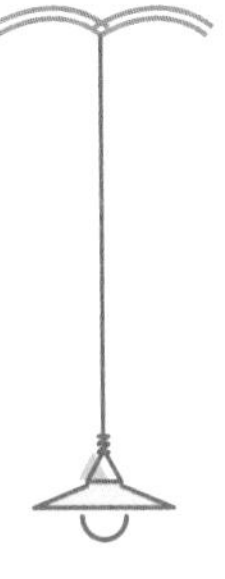

뭇 사람을 공경하며 형제를 사랑하며 하나님을 두려워하며 왕을 존대하라_벧전 2:17

하나님, 십계명을 통해 우리가 하나님을
어떻게 섬겨야 하는지를 알려 주시고,
사람들 사이에서 질서와 권위를 인정해야 한다는 것도
가르쳐 주시니 감사합니다. 사람들이 서로를
하나님의 형상으로 여기고 존중하게 해 주세요.
형제를 내 몸처럼 사랑하게 해 주세요.
오직 하나님만을 두려워하고, 사람을 두려워하지
않게 해 주세요. ______도 하나님만을 두려워하고
사람을 사랑하게 해 주세요.
예수님의 이름으로 기도합니다. 아멘.

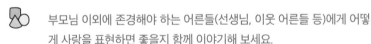

부모님 이외에 존경해야 하는 어른들(선생님, 이웃 어른들 등)에게 어떻게 사랑을 표현하면 좋을지 함께 이야기해 보세요.

말씀 암송하기

네 부모를 공경하라 그리하면 네 하나님 여호와가 네게 준 땅에서 네 생명이 길리라_출 20:12

299

형제를 사랑하여 서로 우애하고 존경하기를 서로 먼저 하며_롬 12:10

하나님, 우리가 겉으로만 사랑하는 척하지 않고
진심으로 형제를 사랑하기 원합니다.
서로를 사랑하려고 노력하고 존중하기 원합니다.
남이 다가오기를 기다리면서 시간을 보내기보다는
먼저 사랑을 표현하게 해 주세요.
_______도 형제자매의 사랑을 받게 하시고,
사랑이 필요한 사람에게
다가가는 법을 배우게 해 주세요.
예수님의 이름으로 기도합니다. 아멘.

오늘 만나는 직장 동료, 친구들에게 먼저 웃으며 인사를 하고 친절을 표현해 보세요.

아이와 교감하기

아이와 함께 하루의 삶을 나누고 서로의 마음을 다독여 주세요.

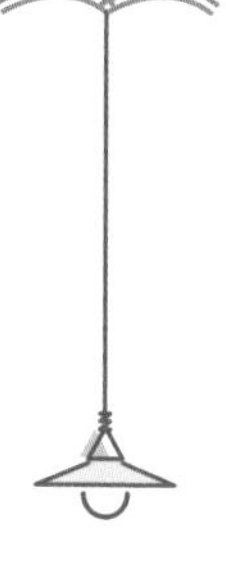

너희가 그 연약한 자를 강하게 아니하며 병든 자를 고치지 아니하며 상한 자를 싸매 주지 아니하며 쫓기는 자를 돌아오게 하지 아니하며 잃어버린 자를 찾지 아니하고 다만 포악으로 그것들을 다스렸도다_겔 34:4

하나님, 에스겔은 종교 지도자들 중에
연약한 자, 병든 자, 상한 자, 쫓기는 자, 잃어버린 자를
품지 않고 이용하여 자기 유익만 구하는 목자들이
있다고 말합니다. 우리나라의 지도자들도
자신의 출세와 성공만을 목표로 달려가거나
권력을 남용하지 않기를 원합니다.
또한 국민을 사랑하고 진심으로 대하기를 원합니다.
하나님께서 함께해 주시도록 ______도 함께
우리나라 지도자들을 위해 기도하기 원합니다.
예수님의 이름으로 기도합니다. 아멘.

우리나라의 대통령과 정치 지도자들을 위해 기도하는 시간을 가져 보세요.

축복 기도문 쓰기

아이를 향한 축복의 기도를 글로 기록해 보세요.

피차 사랑의 빚 외에는 아무에게든지 아무 빚도 지지 말라 남을 사랑하는 자는 율법을 다 이루었느니라_롬 13:8

하나님, 사랑 외에는 빚을 지지 말라는 바울 선생님의
말처럼 해 봅니다. 주님으로부터 사랑과 은혜의
영원한 빚을 졌으니, 우리가 빚진 것을 갚게 해 주세요.
사랑과 은혜가 필요한 사람들에게 우리가 먼저
받은 것을 나누어 주기 원합니다.
______도 나누고 또 나누어도 모자람이 없는,
예수님의 사랑을 받고 주는 사람이 되게 해 주세요.
예수님의 이름으로 기도합니다. 아멘.

가족 이외에 우리를 도와주는 사람들이 누구인지 떠올려 보세요. 버스를 탈 때, 택배를 받을 때, 식당에서 음식을 주문할 때 사람들에게 감사의 인사를 하기로 해요.

믿음의 유산

아이에게 믿음의 유산으로 남길 생각, 마음, 바람을 적어 보세요.

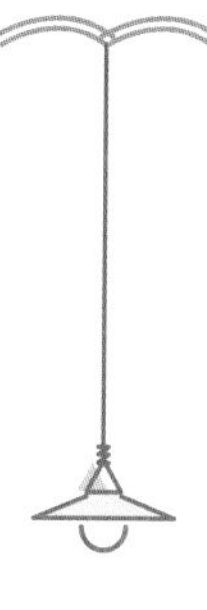

바울이 크게 소리 질러 이르되 네 몸을 상하지 말라 우리가 다 여기 있노라 하니_행 16:28

하나님, 감옥에 갇혔던 바울 일행이 도망친 줄 알고
이 일에 대한 책임을 지고 자결하려던 간수를 향해서
바울은 몸을 상하지 말라고 했습니다.
아무리 큰 잘못을 했다고 해도 생명을 내놓을 만큼의
잘못은 아니기 때문입니다. 누가 어떤 잘못을 했더라도
생명을 더 소중하게 여기며 보호하게 해 주세요.
______도 생명을 소중히 여기는 사람으로
성장할 수 있도록 인도해 주세요.
예수님의 이름으로 기도합니다. 아멘.

큰 종이에 가족 모두의 손과 발을 그린 다음 '하나님이 주신 우리 몸은 소중해요'라고 적은 뒤 현관문에 붙여 주세요.

핵심 교리 이해하기

[소요리 문답 69문] 제 6계명이 금하는 것은 무엇인가?

불의하게 우리의 생명이나 이웃의 생명을 빼앗거나 해하는 일들을 금해야 합니다.

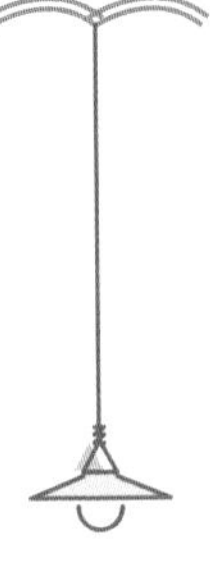

다른 사람의 피를 흘리면 그 사람의 피도 흘릴 것이니 이는 하나님이 자기 형상대로 사람을 지으셨음이니라_창 9:6

하나님께서는 십계명을 주시기 전부터
사람이 하나님의 형상대로 지음 받았다고 하셨습니다.
존귀한 존재이므로 함부로 피를 흘려서는 안 된다고
하셨습니다. 하나님의 형상대로 지음 받았다는
사실만으로도 사람을 소중하게 여기는 사람이
되게 해 주세요. 겉모습만 보고 사람을 판단하지 않고
존중하는 ______가 되게 해 주세요.
예수님의 이름으로 기도합니다. 아멘.

가족끼리 두 명씩 거울을 보세요. ______는 엄마, 아빠 중 누구를 닮았나요? 엄마, 아빠는 할아버지와 할머니 중 누구를 닮았나요? 결론적으로 우리는 모두 누구를 닮았는지 함께 이야기해 보세요.

핵심 교리 적용하기

세상에 사는 사람들은 모두 하나님의 형상대로 지음 받은 존재입니다. 나 자신은 물론 타인의 생명은 소중합니다. 당신은 자신과 타인의 생명을 존중하고 있습니까?

304

나는 너희에게 이르노니 형제에게 노하는 자마다 심판을 받게 되고 형제를 대하여 라가라 하는 자는 공회에 잡혀가게 되고 미련한 놈이라 하는 자는 지옥 불에 들어가게 되리라_마 5:22

하나님, 형제를 향해서 분노하며 과도하게 화를 내는
사람에 대해 예수님은 심판을 받게 된다고 하셨습니다.
형제를 향해서 욕하고 미련한 놈이라고 하는 사람은
지옥에 간다고 하셨습니다. 다른 사람을 모독하며
모멸감을 느끼게 해서는 안 된다는 것을 가르쳐
주시니 감사합니다. ______도 다른 사람의 인격을
모독하거나 심하게 화를 내지 않도록
마음을 지켜 주시고, 감정을 조절할 수 있게 해 주세요.
예수님의 이름으로 기도합니다. 아멘.

생각하면 화가 나는 대상이 있나요? 하나님은 그 사람에 대해 어떻게 하기를 바라시는지 함께 이야기해 보세요.

오늘의 말씀 따라 쓰기

오늘의 말씀을 따라 쓰며 마음에 새겨 보세요.

11월

십계명으로 드리는 기도 2

우리는 생명을 대수롭지 않게 여기는 시대, 인간 생명의 가치가 추락한 시대를 살아가고 있습니다. 그렇다면 과연 우리는 인간의 존엄에 대해 어떤 시각을 가져야 할까요? 하나님께서 세우신 부부, 남녀 관계에서 지켜야 할 것은 무엇일까요? 부의 축적과 거짓말에 대해서는 어떤 기준을 세워야 할까요?

이런저런 삶의 영역에서 고민하며 살아갈 때, 하나님께서는 십계명을 통해 실제적인 문제를 다루십니다. 6계명은 '이웃의 생명을 빼앗지 말아라', 7계명은 '깨끗하지 못한 생각과 말과 행동을 하지 말아라', 8계명은 '남의 돈이나 물건을 부당하게 가로채지 말아라', 9계명은 '거짓 증거 하지 말아라', 10계명은 '탐심을 갖지 말아라'입니다. 이러한 명령은 21세기를 사는 우리에게도 여전히 유효합니다.

11월에도 '십계명으로 드리는 기도'를 해 봅니다.

그 형제를 미워하는 자마다 살인하는 자니 살인하는 자마다 영생이 그 속에 거하지 아니하는 것을 너희가 아는 바라_요일 3:15

하나님, 다른 사람을 미워하면
마음으로 살인한 것이라고 하셨던 예수님의 말씀처럼,
요한도 형제를 미워하는 것은 살인하는 것이며,
영생을 얻지 못한다고 합니다.
살인하지 말라는 하나님의 명령을 더 생생하게
말씀해 주시니 감사합니다. 예수님을 따르는 제자는
마음이 변화된 사람임을 기억하게 해 주세요.
________도 형제자매를 사랑할 수 있게 해 주세요.
예수님의 이름으로 기도합니다. 아멘.

다윗과 요나단처럼 친한 친구가 있나요? 이번 주에 집으로 친구를 초대해 보세요. 우리가 예수님께 받은 사랑을 나누어 보세요.

말씀 암송하기

다른 사람의 피를 흘리면 그 사람의 피도 흘릴 것이니 이는 하나님이 자기 형상대로 사람을 지으셨음이니라_창 9:6

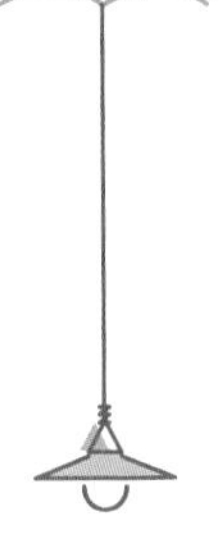

온 율법은 네 이웃 사랑하기를 네 자신같이 하라 하신 한 말씀에서 이루어졌나니 만일 서로 물고 먹으면 피차 멸망할까 조심하라_갈 5:14-15

하나님, 바울은 이웃을 자신처럼 사랑하라는
말씀대로 살며 서로 비방하거나 헐뜯거나 폭력을
행사하지 말라고 했습니다. 하지만 우리는
남들의 단점을 보고 비난하거나 험담할 때가 있습니다.
하나님 우리를 용서해 주세요. 우리의 말이나 소통 방법,
행동 방식에서 하나님 사랑과 이웃 사랑을
드러내고 있는지 살펴보게 해 주세요.
______도 자신처럼 다른 사람을 사랑하는 사람이
되도록 인도해 주세요.
예수님의 이름으로 기도합니다. 아멘.

사랑의 말과 비방하는 말을 생각나는 대로 모두 적어 보세요. 이 중에서 우리는 어떤 말을 많이 쓰고 있나요?

아이와 교감하기

아이와 함께 하루의 삶을 나누고 서로의 마음을 다독여 주세요.

너는 사망으로 끌려가는 자를 건져 주며 살륙을 당하게 된 자를 구원하지 아니하려고 하지 말라 네가 말하기를 나는 그것을 알지 못하였노라 할지라도 마음을 저울질하시는 이가 어찌 통찰하지 못하시겠으며 네 영혼을 지키시는 이가 어찌 알지 못하시겠느냐 그가 각 사람의 행위대로 보응하시리라_잠 24:11-12

하나님, 우리는 연약한 사람들, 악한 자에게
착취당하는 사람들을 보고도 모른 척할 때가 많습니다.
불의에 저항할 만한 힘이 없어서이기도 하고,
냉담해서 그렇기도 합니다. 그러나 하나님께서는
연약한 사람을 악한 세력에게서 건지라고 하십니다.
불의한 일로 고통받는 사람을 도우라고 하십니다.
말씀대로 하는 우리가 되게 해 주세요.
그들을 위해 기도하는 우리가 되게 해 주세요.
______도 그렇게 살아가기를 원하며,
예수님의 이름으로 기도합니다. 아멘.

인종, 성별, 물질 등으로 인해 차별받는 사람들이 있어요. 그 사람들을 만드신 분이 누구인지 생각해 보고 우리가 그들에게 어떻게 대해야 할지 함께 이야기해 보세요.

축복 기도문 쓰기

아이를 향한 축복의 기도를 글로 기록해 보세요.

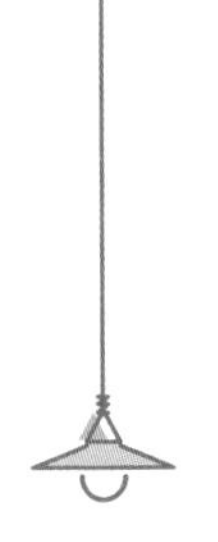

사람이 서로 싸우다가 하나가 돌이나 주먹으로 그의 상대방을 쳤으나 그가 죽지 않고 자리에 누웠다가 지팡이를 짚고 일어나 걸으면 그를 친 자가 형벌은 면하되 그간의 손해를 배상하고 그가 완치되게 할 것이니라
_출 21:18-19

하나님, 하나님께서는 사람을 하나님의 형상으로
여겨서 존귀하게 대하라고 하셨습니다.
하지만 살다 보면 누군가를 의도적으로 괴롭히고
몸을 상하게 하는 경우가 생깁니다.
잘못한 후에 보상하고 사과하기보다는 행동하기 전에
깊이 생각하고 바르게 선택하게 해 주세요.
_______도 다른 사람들을 대할 때 더 책임감 있고
사려 깊은 사람이 되게 해 주세요.
예수님의 이름으로 기도합니다. 아멘.

각자 듣고 싶은 말과 상처 되는 말을 종이에 적은 후 큰 통에 넣고 섞어 주세요. 하나씩 뽑아 읽은 후 누가 쓴 것인지 맞히며 서로에 대해 더 알아가는 시간을 가져 보세요.

믿음의 유산

아이에게 믿음의 유산으로 남길 생각, 마음, 바람을 적어 보세요.

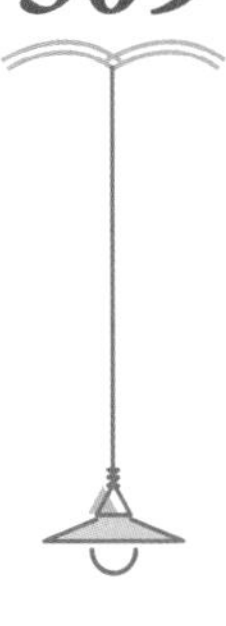

간음하지 말라_출 20:14

하나님은 남자와 여자의 사랑에 대해서 복을 주셨고,
책임져야 한다고 하셨습니다.
한 사람과만 결혼하여 연합하라고 하셨습니다.
하지만 세상에서는 성적인 부분에서 점점 더
많은 것이 허용되고 있습니다. 간음하지 말라고 하며
남녀 관계에서의 올바른 사랑을 알려 주시니
감사합니다. 하나님이 주신 분명한 기준에 따라
자신을 돌아보는 ______가 되게 해 주세요.
예수님의 이름으로 기도합니다. 아멘.

부모님의 결혼사진과 결혼반지를 보여 주며 ______에게 결혼식 이야기를 들려주세요.

핵심 교리 이해하기

[소요리 문답 72문] 제 7계명이 금하는 것은 무엇인가?

말이나 마음, 행동으로 나 자신과 이웃의 순결을 보존해야 합니다. 모든 단정하지 못한 생각이나 말, 행동을 해서는 안 됩니다.

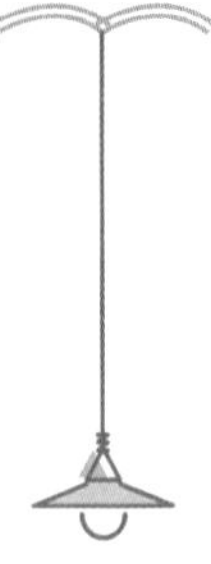

또 간음하지 말라 하였다는 것을 너희가 들었으나 나는 너희에게 이르노니 음욕을 품고 여자를 보는 자마다 마음에 이미 간음하였느니라 _마 5:27-28

예수님께서는 배우자가 아닌 사람을 보고
음란한 생각에 사로잡힌다면 간음한 것이라고
하십니다. 죄악된 생각이나 욕망으로 인해서
부부 관계나 가정이 깨지지 않게 해 주세요.
이미 깨진 가정이라면 하나님의 은혜로 회복되게
해 주세요. 무엇보다 우리가 우리 마음과 생각을
지키도록 인도해 주세요.
______도 자신의 마음과 생각을 지키기 원하며,
예수님의 이름으로 기도합니다. 아멘.

엄마, 아빠가 서로의 좋은 점을 이야기해 보세요. 엄마가 아빠를 더 존경하고, 아빠가 엄마를 더 사랑하려면 어떻게 해야 좋을지 말해 보세요. 가족이 서로 안아 주고 사진으로 남겨 보세요.

핵심 교리 적용하기

당신은 말과 마음, 행동으로 순결한 삶을 살아 내고 있습니까? 당신의 자녀와 가족 안에서도 순결한 모습을 강조하고 있습니까?

음행과 온갖 더러운 것과 탐욕은 너희 중에서 그 이름조차도 부르지 말라 이는 성도에게 마땅한 바니라 누추함과 어리석은 말이나 희롱의 말이 마땅치 아니하니 오히려 감사하는 말을 하라_엡 5:3-4

하나님, 성적인 죄를 짓지 않게 하시고,
더러운 이야기를 하거나 과도한 욕심을 부리지 않게
해 주세요. 지저분한 농담도 하지 않게 해 주세요.
그런 죄를 짓는 것을 당연하게 여기거나 자랑하며
유혹하는 사람들이 있다면 단호히 거절하게
해 주세요. ______도 하나님이 기뻐하실 것을
기준으로 삼아 말하고 행동하며 감사하는
사람이 되게 해 주세요.
예수님의 이름으로 기도합니다. 아멘.

자녀들이 TV나 미디어를 통해 '성을 상품화'하는 영상을 보게 될 때 하나님께서 기뻐하시지 않는다는 것을 이야기해 주세요.

오늘의 말씀 따라 쓰기

오늘의 말씀을 따라 쓰며 마음에 새겨 보세요.

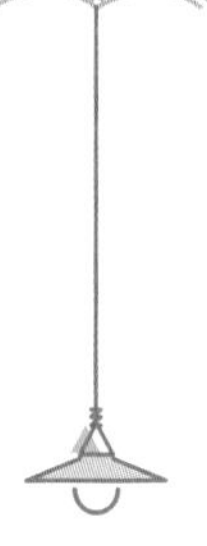

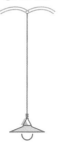

음행을 피하기 위하여 남자마다 자기 아내를 두고 여자마다 자기 남편을 두라 남편은 그 아내에 대한 의무를 다하고 아내도 그 남편에게 그렇게 할지라_고전 7:2-3

하나님, 성(性)은 하나님께서 허락하신 소중한 것이니 부부 사이에서 사용하게 하시고, 서로에 대한 의무를 다하게 해 주세요. 부부 사이의 친밀함을 경험하면서 거룩하신 하나님을 더 깊이 알아 가게 해 주세요.
화목한 부부의 모습을 통해 ______도 하나님 안에서의 성과 결혼이 어떤 것인지를 배워 가게 해 주세요.
예수님의 이름으로 기도합니다. 아멘.

가족이 서로 꼭 껴안아 주세요. 그리고 엄마와 아빠가 서로 사랑하는 모습도 보여 주세요.

말씀 암송하기

또 간음하지 말라 하였다는 것을 너희가 들었으나 나는 너희에게 이르노니 음욕을 품고 여자를 보는 자마다 마음에 이미 간음하였느니라_마 5:27-28

313

모든 사람은 결혼을 귀히 여기고 침소를 더럽히지 않게 하라 음행하는 자들과 간음하는 자들을 하나님이 심판하시리라_히 13:4

하나님, 모든 사람이 결혼을 귀한 것으로
여기게 해 주세요. 성범죄나 성적인 타락을 한 사람들은
하나님께서 심판할 것이라 하신 것을 명심하게
해 주세요. 우리 몸에 죄를 짓고 하나님의 말씀을
어기는 어리석은 자가 되지 않게 해 주세요.
______도 하나님 앞에서 거룩한 자녀로,
새벽이슬 같은 주의 청년으로 자라게 해 주세요.
예수님의 이름으로 기도합니다. 아멘.

자녀들이 만날 이성 친구를 위해 기도하는 시간을 가져 보세요. 자녀들이 결혼해서 가정을 이루게 될 배우자를 위해 기도하는 시간을 가져 보세요. 자녀들이 아름다운 결혼을 하도록 기도해 주세요.

아이와 교감하기

아이와 함께 하루의 삶을 나누고 서로의 마음을 다독여 주세요.

너희의 두려워하며 정결한 행실을 봄이라_벧전 3:2

하나님, 베드로는 믿지 않는 남편에게
믿음을 가진 아내가 순종할 때
그 행실로 인해 남편이 구원을 받게 된다고
말합니다. 믿지 않는 배우자를 둔 남편이나 아내는
억지로 신앙을 강요하기보다 하나님을 믿는 사람답게
살아야 한다고 합니다. 가정 안에서 더욱 경건하고
정결한 삶을 살게 해 주세요. 복음에 합당한 삶을
살아가는 가족이 되게 해 주세요.
________도 그렇게 살기를 원하며,
예수님의 이름으로 기도합니다. 아멘.

친척이나 이웃 중에 믿지 않는 사람이 있나요? 그가 우리의 모습을 보고 하나님의 사랑을 깨달을 수 있도록 정결한 삶을 사는 가족이 되기를 기도해요.

축복 기도문 쓰기

아이를 향한 축복의 기도를 글로 기록해 보세요.

315

마음에서 나오는 것은 악한 생각과 살인과 간음과 음란과 도둑질과 거짓 증언과 비방이니_마 15:19

하나님, 예수님께서는 우리 마음에 악한 생각,
살인, 간음, 음란, 도둑질, 거짓 증언, 비방처럼
악한 것이 들어 있다고 하십니다.
예수님께서 우리의 죄를 없애지 않으시면
우리 속의 악한 것이 그대로 나올 것입니다.
오직 하나님께 의지하여 우리 몸을 성령의 전으로
여기고 거룩하고 순결하게 지키게 해 주세요.
주님을 의지하여 거룩한 삶을 살아가는
________가 되게 해 주세요.
예수님의 이름으로 기도합니다. 아멘.

자녀들이 TV나 미디어를 통해 음란한 영상을 본 적이 있는지 이야기를 나누고 왜 하나님께서 그것을 기뻐하지 않으시는지 알려 주세요.

믿음의 유산

아이에게 믿음의 유산으로 남길 생각, 마음, 바람을 적어 보세요.

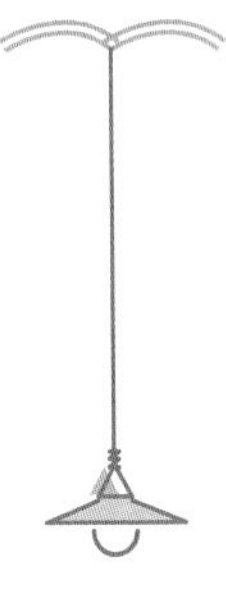

도둑질하지 말라_출 20:15

하나님께서는 다른 사람의 물건을 훔치지 말라고
하셨습니다. 공짜로 물건을 취하거나 땀 흘리지
않고 남의 것을 가로채는 일을 해서는 안 되는 것을
기억하게 해 주세요. 부지런하고 성실하게 살면서
삶의 보람을 느끼는 사람이 되게 해 주세요
______도 노동을 통해 정당한 가치를 얻게 하시고,
그것이 하나님이 창조하신 세상을 살아가는
방법이라는 것을 배우게 해 주세요.
예수님의 이름으로 기도합니다. 아멘.

______는 하루 동안 부모님의 일을 도우며 용돈을 직접 모아 보세요.
부모님은 자녀의 연령에 맞는 미션을 주세요.

핵심 교리 이해하기

[소요리 문답 73문] 제 8계명이 무엇인가?

“도둑질하지 말라”는 것입니다. 나와 남의 재물과 산업을 얻고 증진하며, 불의하게 방해하지 말라는 것입니다.

317

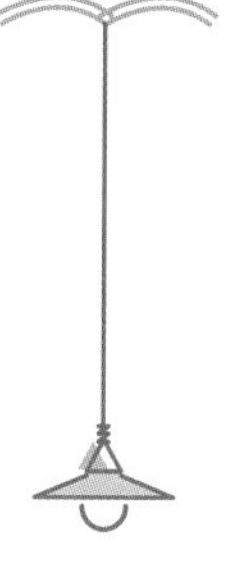

각각 자기 일을 돌볼뿐더러 또한 각각 다른 사람들의 일을 돌보아 나의 기쁨을 충만하게 하라_빌 2:4

빌립보는 국제적인 도시라서 빌립보교회에는
다양한 성도가 있었을 것입니다. 바울은 각자가
부지런히 일해서 자신과 가족을 돌보고,
다른 사람까지도 돌아보라고 합니다.
그것이 자신의 기쁨이 될 것이라고 합니다.
하나님, 우리도 하나님께서 맡기신 일을 잘할 뿐 아니라
교회 식구들을 돌보게 해 주세요. 교회는 한 몸이니,
구석구석 살피면서 도움이 필요한 사람들에게
사랑을 전하는 저와 ______가 되게 해 주세요.
예수님의 이름으로 기도합니다. 아멘.

주일학교에 잘 어울리지 못하거나 새로 온 친구가 있나요? 그 친구를 위해 작은 간식을 준비해서 주일학교 가방에 미리 넣어 두었다가 잘 전달해 보세요.

핵심 교리 적용하기

당신은 당신과 이웃이 가진 부와 재산을 유지하고 증진하라는 계명대로 하고 있습니까? 손해를 입히거나 불의하게 방해하고 있지는 않습니까?

318

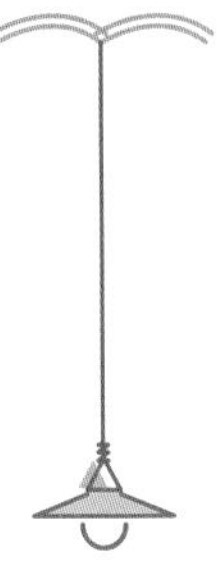

네가 만일 네 원수의 길 잃은 소나 나귀를 보거든 반드시 그 사람에게로 돌릴지며 네가 만일 너를 미워하는 자의 나귀가 짐을 싣고 엎드러짐을 보거든 그것을 버려두지 말고 그것을 도와 그 짐을 부릴지니라_출 23:4-5

사람들은 보통 원수나 자기를 미워하는 사람의
어려움을 보면 고소해할 뿐, 도우려 하지 않습니다.
그런데 하나님께서는 원수를 도우라고 하십니다.
타인에게 손해를 끼치지 않는 정도만이 아니라
그 이상을 요구하십니다. 하나님, 할 수 있을지
모르겠지만, 하나님의 명령을 따라 적극적으로
사랑을 실천하기 원합니다. 지혜를 주시고, 도와주세요.
_______도 하나님의 큰 뜻을 따라가는 사람으로
성장하게 해 주세요.
예수님의 이름으로 기도합니다. 아멘.

직장, 학교, 유치원, 학원에서 불편한 관계에 있는 사람에게 용기를 내어 먼저 반갑게 인사해 보세요. 그리고 저녁에 가족들이 모여 기분이 어땠는지 함께 이야기해 보세요.

오늘의 말씀 따라 쓰기

오늘의 말씀을 따라 쓰며 마음에 새겨 보세요.

네 형제가 가난하게 되어 빈손으로 네 곁에 있거든 너는 그를 도와 거류민이나 동거인처럼 너와 함께 생활하게 하되_레 25:35

하나님, 하나님께서는 형제가 경제적으로 어렵거나 위험한 상황일 때 구해 주라고 하셨습니다. 가난한 사람을 방치하는 것이 죄라는 것을 알게 하시니 감사합니다. 가난한 사람에게 해 줄 수 있는 일이 무엇인지 생각하고 환대하게 해 주세요. _______도 자기가 할 수 있는 것이라면 무엇이든 작은 손을 벌려서 도울 수 있게 해 주세요. 예수님의 이름으로 기도합니다. 아멘.

이제 곧 많이 추워지는 겨울이에요. 가족 모두 조금씩 용돈을 모아 소외 계층을 돕기로 해요.

말씀 암송하기

각각 자기 일을 돌볼뿐더러 또한 각각 다른 사람들의 일을 돌보아 나의 기쁨을 충만하게 하라_빌 2:4

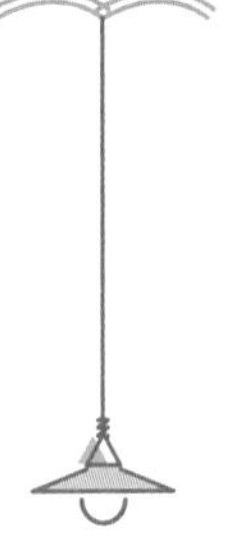

네 형제의 나귀나 소가 길에 넘어진 것을 보거든 못 본 체하지 말고 너는 반드시 형제를 도와 그것들을 일으킬지니라_신 22:4

하나님, 하나님께서는 공동체 안에서 분실물이 생기면
압수하거나 찾은 사람이 갖지 말고 주인을 찾아서
돌려주라고 하십니다. 타인의 것인 줄 알고서도
잃어버린 물건을 마음대로 가졌던 일을 회개합니다.
잃어버리고 속상했을 마음과 되찾아서
기뻐했을 마음을 헤아려 봅니다. ______도 누군가의
어려움을 돕는 일이 하나님께서 명령하신 것이며,
기뻐하시는 일이라는 것을 알게 해 주세요.
예수님의 이름으로 기도합니다. 아멘.

가족이 서로 하기 힘든 일들을 하나씩 바꿔서 해 보세요. 단, 힘들어도 웃으며 해야 해요.

아이와 교감하기

아이와 함께 하루의 삶을 나누고 서로의 마음을 다독여 주세요.

321

누구든지 자기 친족 특히 자기 가족을 돌보지 아니하면 믿음을 배반한 자요 불신자보다 더 악한 자니라_딤전 5:8

하나님, 바울은 자신의 가족을 돌보지 않으면 믿음을 배반한 사람이고 불신자보다 악한 사람이라고 말합니다. 부모를 공경하고 가족을 돌보는 모습은 결국 믿음의 행위요, 선한 행동임을 알게 하시니 감사합니다. 부모인 우리가 할아버지, 할머니를 돌보는 모습을 통해서 자녀가 배우게 해 주세요. ______도 가정에서 보고 배운 대로 부모를 공경하고 가족을 돌보는 사람으로 자라게 해 주세요. 예수님의 이름으로 기도합니다. 아멘.

가족이 모두 모여 할머니, 할아버지께 영상 통화(전화 통화)하는 시간을 가져 보세요. 할머니, 할아버지의 건강을 걱정하는 마음을 전해 보세요.

축복 기도문 쓰기

아이를 향한 축복의 기도를 글로 기록해 보세요.

우리가 너희와 함께 있을 때에도 너희에게 명하기를 누구든지 일하기 싫어하거든 먹지도 말게 하라 하였더니_살후 3:10

바울은 일하지 않고 게으른 사람을 향해
일하기 싫어하면 먹지도 말게 하라고 합니다.
무책임하고 비생산적인 사람들은 누군가에게 짐이 되고,
하나님이 주신 시간을 선용하기는커녕 낭비하고
도둑질하는 셈이 됩니다. 하나님, 우리가 일할 때는
열심히 일하고 쉴 때는 잘 쉬면서 하나님이 주신
인생의 시간을 허비하지 않게 해 주세요. ______도
하나님이 주신 귀한 시간을 잘 사용하기 원하며,
예수님의 이름으로 기도합니다. 아멘.

시간 계획표를 만들고 하루 동안 실천해 보세요. 그리고 저녁에 모여서 잘 지켰는지 이야기해 보세요.

믿음의 유산

아이에게 믿음의 유산으로 남길 생각, 마음, 바람을 적어 보세요.

323

47주차 : 9계명 - 이웃에 대해 거짓 증거하지 말라
소요리 문답 76문(323-329)

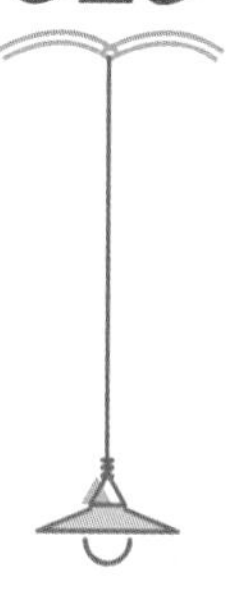

네 이웃에 대하여 거짓 증거하지 말라_출 20:16

하나님, 하나님께서는 재판에서 거짓으로 증거하지
말라고 하셨습니다. 우리가 재판 상황에서 증언할 일은
별로 없지만, 누군가에 대해 거짓을 말해서
부정적이고 파괴적인 결과를 가져왔다면
용서해 주세요. 하나님은 거짓말을 하지 않는
분이시니 우리도 거짓으로 보태거나 빼지 않고
진실만을 말하기 원합니다.
_______에게도 많은 사람이 거짓을 행한다 해도
진실을 말할 수 있는 용기를 주세요.
예수님의 이름으로 기도합니다. 아멘.

거짓말을 했을 때 자신의 잘못을 인정하고 사과한 적이 있나요? 용기를 내서 잘못을 인정한 경험을 말하고 서로 칭찬해 주세요.

핵심 교리 이해하기

[소요리 문답 76문] 제 9계명이 무엇인가?

"네 이웃을 해하려고 거짓 증거하지 말라"는 것입니다. 증거할 때 진실하게 하고 우리와 이웃의 명예를 보존하라는 것입니다.

신실한 증인은 거짓말을 아니하여도 거짓 증인은 거짓말을 뱉느니라
_잠 14:5

잠언 기자는, 신실한 증인은 거짓말을 하지 않으나
거짓 증인은 거짓말을 한다고 합니다. 하나님께서는
당신의 백성이 신실한 증인이 되기를 바라시니,
십계명에 명령하신 대로 거짓 증거를 하지 않기
원합니다. 속이고 거짓말하는 것은
마귀가 하는 일이니, 다른 사람의 말을 왜곡하거나
가볍게라도 정죄하지 않게 해 주세요.
______도 유혹에 넘어가지 않고
신실한 성품을 지키는 사람이 되기 원하며,
예수님의 이름으로 기도합니다. 아멘.

거짓말이 나쁜 이유는 무엇일까요? 선의의 거짓말이나 다른 사람의 잘못을 이르는 것은 괜찮을까요? 함께 이야기해 보세요.

핵심 교리 적용하기

당신은 진실을 왜곡해서 자신과 이웃의 명예를 실추시킨 적이 있습니까? 특별히 증인이 되어 이야기하는 경우에, 자신과 이웃에 대해 진실하게 이야기합니까?

진실한 증인은 사람의 생명을 구원하여도 거짓말을 뱉는 사람은 속이느니라_잠 14:25

하나님, 잠언에서는 재판에서 증인의 진실한 말 한마디가 피고인의 생명을 구한다고 합니다. 반면 거짓을 말하는 사람은 정의가 구현되는 것을 막기 때문에 하나님께서 싫어하신다고 합니다. 이 사실을 알게 해 주시니 감사합니다. 살다 보면 의도하지 않고도 상대방을 속이거나 장난으로 시작했다가 피해를 주는 일이 생깁니다. 모든 것이 우리의 죄로 인한 결과임을 기억하고 속지 않게 해 주세요. ______도 온전히 진실만을 말할 수 있도록 인도해 주세요.
예수님의 이름으로 기도합니다. 아멘.

어떤 경우에 진실을 말하기가 어렵나요? 진실을 말해서 손해를 보거나 야단을 맞게 되더라도 거짓말을 하지 않도록 서로 격려해요.

오늘의 말씀 따라 쓰기

오늘의 말씀을 따라 쓰며 마음에 새겨 보세요.

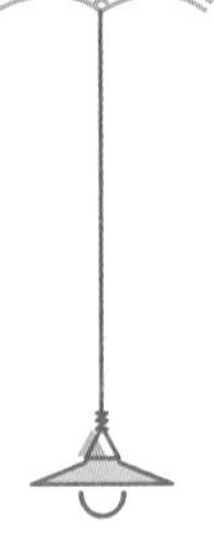

데메드리오는 뭇 사람에게도, 진리에게서도 증거를 받았으매 우리도 증언하노니 너는 우리의 증언이 참된 줄을 아느니라_요삼 1:12

하나님, 요한은 편지의 마지막 부분에서 데메드리오를
칭찬합니다. 데메드리오는 가이오에게
이 편지를 전달한 사람이었을 것으로 여겨지는데,
그가 사람들이나 진리의 증거를 받을 만큼
좋은 성품을 지녔음을 진리를 의인화해서 말합니다.
우리도 누군가로부터 진실한 사람이라는 말을 듣는다면
좋겠습니다. 거짓말과 거짓된 진리로 가득한
세상에 살고 있으나 ______가 더욱 하나님을 알아서
진실하고 참된 말을 하는 사람으로
성장할 수 있게 해 주세요.
예수님의 이름으로 기도합니다. 아멘.

거짓말 찾기 게임을 해 보세요. 오늘 있었던 일 세 가지를 말하는데 한 가지는 거짓말로 해 보세요. 다른 가족들은 거짓말을 찾아보세요. 세상의 많은 정보 중에서 진실과 거짓을 구별하는 일은 쉽지 않다는 것을 기억하세요.

말씀 암송하기

진실한 증인은 사람의 생명을 구원하여도 거짓말을 뱉는 사람은 속이느니라_잠 14:25

오직 사랑 안에서 참된 것을 하여 범사에 그에게까지 자랄지라 그는 머리니 곧 그리스도라_엡 4:15

하나님, 우리가 머리이신 예수님께 닿을 만큼
성장하려면 오직 사랑 안에서 참된 것을 하라고
하셨습니다. 약점을 감추고 거짓으로 치장하면서
겉으로만 괜찮아 보이는 사람이 아니라,
내면이 건강하고 참된 사람이 되기 원합니다.
사랑이 많고 참된 공동체 안에서 함께 성장할 수 있는
은혜도 허락해 주세요. ______에게도 좋은 교역자와
친구들, 선후배를 만날 수 있는 은혜를 주시기 원하며,
예수님의 이름으로 기도합니다. 아멘.

우리 자신을 꾸미지 않아도 있는 그대로의 진실한 모습을 사랑해 주는 공동체가 있나요? 우리 가정이 그런 가정이 되게 해 달라고 함께 기도하는 시간을 가져 보세요.

아이와 교감하기

아이와 함께 하루의 삶을 나누고 서로의 마음을 다독여 주세요.

선한 양심을 가지라 이는 그리스도 안에 있는 너희의 선행을 욕하는 자들로 그 비방하는 일에 부끄러움을 당하게 하려 함이라_벧전 3:16

하나님, 선한 양심을 가지고 올바로 말하고
행동하기 원합니다. 그렇게 하면 우리의 선한 행동을
보고 욕하거나 비난하는 사람이 있다 해도
근거 없는 비방이 될 것이기 때문입니다. 비난받을
말이나 행동을 하지 않고, 오직 선한 양심으로 말하고
행동하게 해 주세요. ________도 사랑을 품은 사람,
참된 행동을 하는 사람이 되도록 인도해 주세요.
예수님의 이름으로 기도합니다. 아멘.

자신의 행동이 오해받거나 억울한 일을 당한 적이 있었는지 이야기해 보세요. 다른 사람의 판단이나 인정보다 더 중요한 것은 무엇일까요?

축복 기도문 쓰기

아이를 향한 축복의 기도를 글로 기록해 보세요.

너희가 행할 일은 이러하니라 너희는 이웃과 더불어 진리를 말하며 너희 성문에서 진실하고 화평한 재판을 베풀고_슥 8:16

하나님, 하나님께서는 백성에게 진리를 말하고
정의를 실현하며 평화롭게 살라고 하셨습니다.
신실하신 하나님을 닮은 우리이기에 하나님처럼
이웃을 대해야 한다는 말씀이었습니다.
진리와 정의, 평화를 베푸시는 하나님을 닮아
우리도 그렇게 살기를 원합니다.
________도 진리와 정의, 평화를 실천하는 삶을
살아가도록 인도해 주세요.
예수님의 이름으로 기도합니다. 아멘.

자녀가 형제나 친구와 다툰 일이 있었나요? 그 일에 대해 하나님은 어떻게 생각하실지 함께 이야기해 보세요.

믿음의 유산

아이에게 믿음의 유산으로 남길 생각, 마음, 바람을 적어 보세요.

330

48주차 : 10계명 - 네 이웃의 모든 소유를 탐내지 말라

네 이웃의 아내를 탐내지 말지니라 네 이웃의 집이나 그의 밭이나 그의 남종이나 그의 여종이나 그의 소나 그의 나귀나 네 이웃의 모든 소유를 탐내지 말지니라_신 5:21

하나님, 다른 사람의 소유물을 탐내지 않게 해 주세요.
좋겠다고 말하거나 부러워하는 것을 넘어서 질투하고
가지고 싶어 하는 것은 탐심입니다.
내가 갖고 싶은 것을 남이 가지고 있다고 해서
탐내거나 불만을 품지 않게 해 주세요.
_______도 주신 것에 감사하지 않고 남의 것을
탐낼 때, 자기 죄를 깨닫고 용서를 구하게 해 주세요.
예수님의 이름으로 기도합니다. 아멘.

각자 자신에게 주셔서 감사한 것 세 가지를 말해 보세요. 서로 축복하며 감사하는 기도를 해 보세요.

핵심 교리 이해하기

[소요리 문답 79문] 제 10계명이 무엇인가?

"네 이웃의 집이나 아내나 노비나 소나 나귀나 네 이웃에게 있는 것을 탐내지 말라" 하신 것입니다. 이는 의롭고 자비로운 정신 자세로 우리 자신의 처지를 온전히 자족하는 것입니다.

돈을 사랑하지 말고 있는 바를 족한 줄로 알라 그가 친히 말씀하시기를 내가 결코 너희를 버리지 아니하고 너희를 떠나지 아니하리라 하셨느니라_히 13:5

하나님, 우리는 가진 것에 만족하기보다는 갖지 못한 것을 아쉬워할 때가 많습니다. 그러나 우리가 가진 것은 다 하나님이 주신 은혜이고, 특별한 사랑임을 고백합니다. 갖지 못한 것에서 눈을 돌려 이미 가진 것으로 충분하다는 것을 깨닫게 해 주세요. 가진 것에 감사하기 원합니다. 무엇보다 우리를 버리지 않고 떠나지 않으시는 하나님께 감사하게 해 주세요. _____도 하나님의 놀라운 은혜에 만족하고 감사하는 사람이 되게 해 주세요. 예수님의 이름으로 기도합니다. 아멘.

꼭 갖고 싶은 것 하나와 가장 소중한 것 하나를 적어 보세요. 어떤 것이 더 소중한가요? 하나님께서는 우리에게 꼭 필요한 것들을 이미 주셨을지도 몰라요.

핵심 교리 적용하기

당신은 자신의 처지에 대해 만족하고 있습니까? 이웃과 그가 가진 것에 대해 의롭고 사랑하는 마음을 품고 살아가고 있습니까?

이 교훈의 목적은 청결한 마음과 선한 양심과 거짓이 없는 믿음에서 나오는 사랑이거늘_딤전 1:5

하나님, 바울은 디모데와 교인들이 사랑이 넘치게
되기를 기도합니다. 청결한 마음과 선한 양심, 거짓 없는
믿음을 지니게 해 주세요. 하나님께 회개합니다.
죄로부터 자유로워지게 해 주세요.
말씀을 가까이해서 묵상하고 선한 양심을 지니게
해 주세요. ______도 하나님께 뿌리내린
거짓 없는 믿음을 가지기 원합니다.
사랑으로 충만한 ______가 되기를 원하며,
예수님의 이름으로 기도합니다. 아멘.

종이에 하트를 그리고 마음에 있는 단어를 적어 보세요. 하나님이 보시기에 선하고 사랑으로 가득 채워진 마음이 되려면 어떻게 해야 할까요? 각자의 생각을 말 해 보세요.

오늘의 말씀 따라 쓰기

오늘의 말씀을 따라 쓰며 마음에 새겨 보세요.

333

이스르엘 사람 나봇이 아합에게 대답하여 이르기를 내 조상의 유산을 왕께 줄 수 없다 하므로 아합이 근심하고 답답하여 왕궁으로 돌아와 침상에 누워 얼굴을 돌리고 식사를 아니하니_왕상 21:4

하나님, 아합은 나봇이 포도원을 팔지 않겠다고 하자
화를 냅니다. 포도원은 조상으로부터 물려받은
땅이기 때문에 팔 수 없는데도 아합은 율법을 어기고
남의 재산을 가로채려 했습니다.
주신 것에 감사하지 않고 갖지 못한 것에
욕심을 품는 아합의 모습이 우리와 비슷합니다.
________는 감사하고 욕심부리지 않는
사람이 되게 해 주세요.
예수님의 이름으로 기도합니다. 아멘.

하나님께서 우리 가족에게 주신 유산은 무엇일까요? 그것을 어떻게 지킬 수 있는지 함께 이야기해 보세요.

말씀 암송하기

네 이웃의 아내를 탐내지 말지니라 네 이웃의 집이나 그의 밭이나 그의 남종이나 그의 여종이나 그의 소나 그의 나귀나 네 이웃의 모든 소유를 탐내지 말지니라_신 5:21

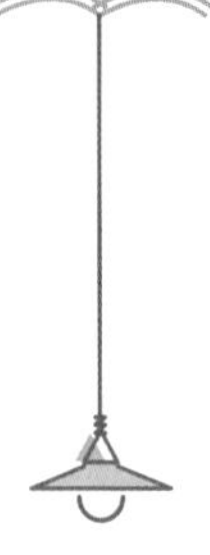

그들에게 이르시되 삼가 모든 탐심을 물리치라 사람의 생명이 그 소유의 넉넉한 데 있지 아니하니라 하시고_눅 12:15

하나님, 세상 사람들은 많은 것을 소유하면
행복할 거라고 하지만, 성경은 소유의 넉넉함에
생명이 있지 않다고 합니다. 우리가 없는 것을
가지려는 탐심을 물리치고, 진짜 생명을 주시는
하나님을 만나게 해 주세요.
________도 소유가 아닌 하나님과 교제하는 삶이
진정한 생명을 얻는 삶임을 알게 해 주세요.
예수님의 이름으로 기도합니다. 아멘.

가족과 함께 나눔의 저금통을 만들고 용돈의 일부나 잔돈을 모아서 특별한 곳에 사용해 보세요. 기부하거나 도움이 필요한 사람들을 위해 사용해 보세요.

아이와 교감하기

아이와 함께 하루의 삶을 나누고 서로의 마음을 다독여 주세요.

12월

예수님이 가르쳐 주신 기도

한 해를 마무리 하는 12월입니다. 올해를 시작하면서 세운 계획과 꿈은 무엇이었나요? 얼마나 실천하고 이루었나요? 개인의 목표를 돌아보세요. 가정을 세우는 일, 배우자를 존경하고 사랑하는 일, 자녀를 격려하고 양육하는 일은 잘 해냈나요? 연초에 세운 계획을 얼마나, 어떻게 이루었는지 체크해 보세요.

무엇보다 우리와 자녀의 믿음을 돌아보고 죄를 회개하며 말씀 앞에 서기 원합니다. 아울러 예수님께서 가르쳐 주신 주기도문으로 기도하기 원합니다. 주기도문은 예수님께서 제자들에게 가르쳐 주신 기도이니 우리에게 가르쳐 주신 기도라고도 할 수 있습니다. 기도의 핵심을 짚어 주신 예수님의 가르침을 따라서 기도하니 좋습니다.

특별히 성탄절이나 대림절을 맞이하여, 세상을 구원하기 위해 이 땅에 오신 예수님, 낮은 자리에서 태어난 겸손하신 아기 예수님을 기다리면서 기도하면 좋겠습니다. 추운 겨울, 더욱 기도의 줄을 놓지 않는 우리가 되었으면 합니다.

12월에는 '예수님이 가르쳐 주신 기도'를 해 봅니다.

그들 가운데 어떤 사람들이 원망하다가 멸망시키는 자에게 멸망하였나니 너희는 그들과 같이 원망하지 말라_고전 10:10

하나님, 바울은 금송아지를 만들고 바알브올을 섬기며 만나에 대해 불평했던 이스라엘 백성처럼 원망하지 말라고 합니다. 이미 우리가 가지지 못한 것에 집중하면 감사가 사라지고 원망하게 되니, 하나님께 집중하기 원합니다. 하나님께서 주신 생명, 가족, 친구, 건강 등으로 인해 감사드립니다.

______도 불평하기보다 감사하는 사람으로 성장하게 해 주세요.

예수님의 이름으로 기도합니다. 아멘.

우리 가족 중에 불평을 별로 하지 않은 사람은 누구인가요? 우리가 불평하지 않고 감사하려면 어떻게 해야 좋을지 이야기해 보세요.

축복 기도문 쓰기

아이를 향한 축복의 기도를 글로 기록해 보세요.

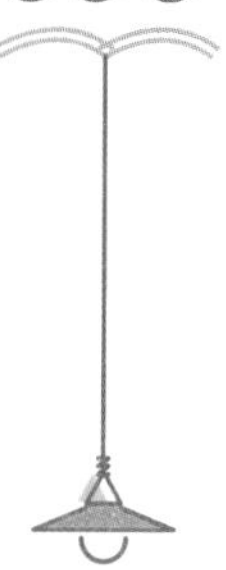

그러나 자족하는 마음이 있으면 경건은 큰 이익이 되느니라_딤전 6:6

하나님, 우리가 세상에 아무것도 가지고 오지 않은 것을 생각하면 지금 우리에게 주신 것이 얼마나 많은지를 알게 됩니다.
우리에게 주신 부모님, 자녀, 친구, 학교, 일터, 이웃 등을 돌아보면서 감사드립니다. 스스로 만족하게 하시고, 더욱 주님을 향해 감사한 마음을 품게 해 주세요.
하나님 나라로 부르실 때까지 매일 하나님의 말씀과 은혜로 채워 가며 경건을 연습하게 해 주세요.
______도 자족하는 마음을 가지게 해 주세요.
예수님의 이름으로 기도합니다. 아멘.

가족이 함께 감사 카드를 적어 보세요. 학교나 일터, 이웃들에게 감사한 마음을 표현해 보세요.

믿음의 유산

아이에게 믿음의 유산으로 남길 생각, 마음, 바람을 적어 보세요.

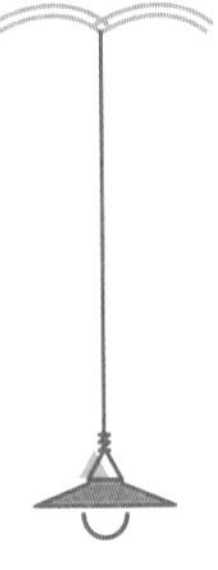

믿음은 바라는 것들의 실상이요 보이지 않는 것들의 증거니 선진들이 이로써 증거를 얻었느니라_히 11:1-2

하나님, 믿음은 바라는 것의 실상이고,
볼 수 없는 것을 보게 하는 단서라고 하시니
감사합니다. 지금은 모호해 보이고 보이지 않지만,
하나님이 해 주신 약속이 성취될 것을 믿습니다.
전능하고 지혜로우며 영원하신 하나님을 믿는 믿음이
예수님을 통해 확실하게 드러난 것과 그 하나님이
우리와 함께하실 것을 믿게 해 주세요.
_______도 믿음의 사람이 되기를 원하며,
예수님의 이름으로 기도합니다. 아멘.

성경 속에서 닮고 싶은 믿음의 인물을 한 명 뽑아서 어떤 점을 배우고 싶은지 말해 보세요.

핵심 교리 이해하기

[소요리 문답 86문] 예수 그리스도를 믿는 것은 무엇인가?

이는 구원을 얻는 은혜인데 복음 중에 우리에게 주신 대로 구원을 얻기 위해 우리가 예수님을 영접하고 그에게만 의지하는 것입니다.

338

여호와께서 말씀하시되 오라 우리가 서로 변론하자 너희의 죄가 주홍같을지라도 눈과 같이 희어질 것이요 진홍같이 붉을지라도 양털같이 희게 되리라_사 1:18

하나님, 하나님께서는 이스라엘 백성의 죄가 주홍색 같아도 눈처럼 희어지고 진홍색처럼 지우기 힘든 진한 색이라 해도 양털처럼 하얗게 될 것이라고 하셨습니다. 죄의 얼룩은 우리의 힘으로 지울 수 없습니다. 하나님, 하나님의 은혜로 우리의 죄를 깨끗하게 없애 주세요.

________에게도 이런 은혜를 허락해 주세요.

예수님의 이름으로 기도합니다. 아멘.

가족이 서로 예수님을 믿은 이야기를 해 보세요. 각자에게 예수님을 전해 준 교역자나 친구, 부모님에 대해서도 이야기해 주세요.

핵심 교리 적용하기

당신은 예수님만 의지하는 삶을 살고 있습니까? 자신의 죄를 미워하고 하나님께로만 향하고 있습니까?

339

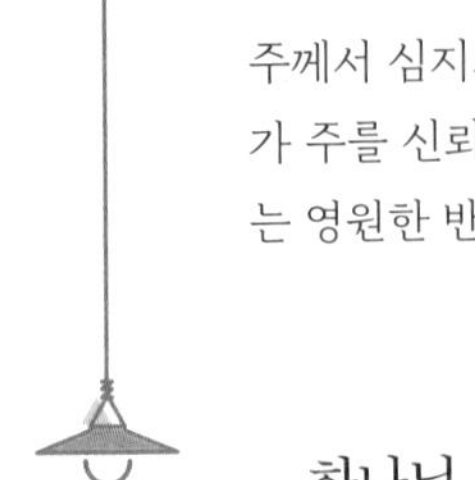

주께서 심지가 견고한 자를 평강하고 평강하도록 지키시리니 이는 그가 주를 신뢰함이니이다 너희는 여호와를 영원히 신뢰하라 주 여호와는 영원한 반석이심이로다_사 26:3-4

하나님, 우리는 세상에 살면서 끊임없이 어려움과
갈등을 겪습니다. 하지만 하나님에 대한 신뢰가
견고한 사람은 그런 중에도 평안을 누립니다.
영원한 반석이신 하나님께 마음을 두기 원합니다.
주님을 신뢰하기 원합니다. 세상에 살면서
여러 가지 힘든 일을 만날 때, 하나님께 뿌리내리고
온전히 하나님만 의지하는 _______가 되게 해 주세요.
예수님의 이름으로 기도합니다. 아멘.

쌀과 클레이로 각각 언덕을 만들어 나무젓가락을 꽂아 보세요. 그런 다음 쌀 앞에는 힘든 일이 있을 때 우리가 의지하는 것들(가족, 친구 등)을 적고 클레이 앞에는 '하나님'이라고 적은 뒤 입김으로 나무젓가락을 불어서 넘어뜨려 보세요.

오늘의 말씀 따라 쓰기

오늘의 말씀을 따라 쓰며 마음에 새겨 보세요.

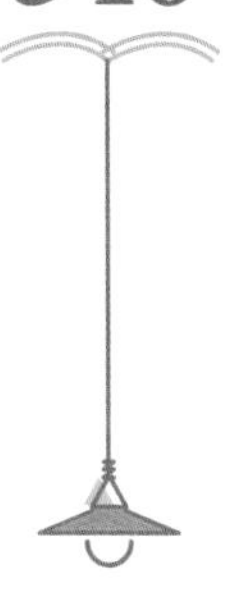

여호와의 말씀에 너희는 이제라도 금식하고 울며 애통하고 마음을 다하여 내게로 돌아오라 하셨나니_욜 2:12

하나님, 요엘 선지자는 백성을 향해
아직 시간이 있을 때 하나님께로 돌아오라고 말합니다.
멸망이 임할 것이니 금식하고 울며 마음을 다해서
하나님께로 돌아오라고 합니다. 세상의 편리함과
풍요로움 속에 살면서 우리도 예수님이 다시 오실
약속을 잊을 때가 있습니다. 하나님께로 돌아가기
원합니다. 우리의 죄를 용서해 주세요. ______도
말씀을 듣고 회개하여 하나님께로 오기 원합니다.
예수님의 이름으로 기도합니다. 아멘.

가족에게도 말하지 못한 잘못한 행동이 있나요? 이 시간 하나님께 회개 기도를 드려 보세요.

말씀 암송하기

믿음은 바라는 것들의 실상이요 보이지 않는 것들의 증거니 선진들이 이로써 증거를 얻었느니라_히 11:1-2

그러므로 믿음은 들음에서 나며 들음은 그리스도의 말씀으로 말미암았느니라_롬 10:17

하나님, 복음은 십자가에 못 박혀 죽고 부활하신
예수님에 대한 좋은 소식입니다.
이런 복음을 듣게 하시니 감사합니다.
복음을 들을 때 우리에게 믿음이 생기게 하시고
믿음으로 반응하게 해 주세요. 하나님의 말씀을
전하는 분들에게는 지혜를 주셔서 하나님의 뜻을
잘 전하게 해 주세요. 듣는 이들에게도 말씀을
사랑하는 마음을 주세요. ______도 복음을 듣고
주님을 인격적으로 만나게 해 주세요.
예수님의 이름으로 기도합니다. 아멘.

라디오 방송이나 텔레비전 방송을 들어 보세요. 여러 주파수나 채널 중에서 기독교와 관련된 방송을 틀고 귀 기울여 들어 보세요.

아이와 교감하기

아이와 함께 하루의 삶을 나누고 서로의 마음을 다독여 주세요.

여호와의 교훈은 정직하여 마음을 기쁘게 하고 여호와의 계명은 순결하여 눈을 밝게 하시도다_시 19:8

하나님, 하나님의 말씀을 만날 때 우리는 마음이 기쁩니다.
정신을 바짝 차리고 읽게 되어 눈이 반짝반짝하게
됩니다. 진리이신 하나님의 말씀을 듣고 읽고 볼 때,
우리는 이런 반응을 보입니다. 우리가 말씀을 통해
성경 속의 지혜를 배우게 해 주세요.
________도 말씀을 가까이하여 말씀을 통해 주시는
하나님의 은혜를 깨닫게 해 주세요.
예수님의 이름으로 기도합니다. 아멘.

큰 종이를 놓고 성경 66권의 이름을 아는 대로 적어 보세요. 몇 개나 쓸 수 있을까요?

축복 기도문 쓰기

아이를 향한 축복의 기도를 글로 기록해 보세요.

또 어려서부터 성경을 알았나니 성경은 능히 너로 하여금 그리스도 예수 안에 있는 믿음으로 말미암아 구원에 이르는 지혜가 있게 하느니라
_딤후 3:15

하나님, 디모데는 어려서 할머니와 어머니로부터
성경을 배웠습니다. 그들은 믿음을 자녀와 손주에게
전수했습니다. 우리도 자녀가 어릴 때부터 가정에서
성경을 가르치게 해 주세요.
성경에 담긴 예수님 안에 있는 믿음을 가르치고,
구원에 이르는 지혜를 만나도록 인도하게 해 주세요.
________도 성경을 통해 믿음과 구원을 얻는
은혜를 경험하게 해 주세요.
예수님의 이름으로 기도합니다. 아멘.

짧은 성경 구절을 골라 귓속말로 성경 구절 전달하기 게임을 해 보세요.
한 글자도 틀리지 않고 전달되도록 여러 번 게임을 해 보세요.

믿음의 유산

아이에게 믿음의 유산으로 남길 생각, 마음, 바람을 적어 보세요.

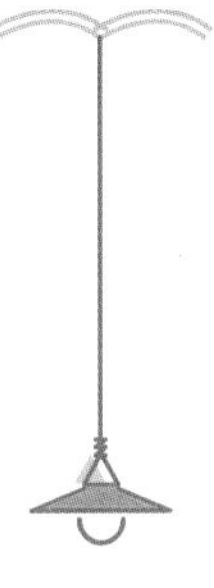

내가 주께 범죄하지 아니하려 하여 주의 말씀을 내 마음에 두었나이다
_시 119:11

하나님, 우리에게 말씀을 주셔서 감사합니다.
우리가 하나님의 말씀을 듣고 배울 수 있게 해 주세요.
하나님의 말씀을 깊이 연구하고 암기하여 마음에
두게 해 주세요. 우리 마음에 말씀을 깊이 간직하여
죄와 싸우고 죄를 끊을 수 있게 해 주세요.
하나님의 말씀을 살아가는 기준으로 삼기를 원합니다.
말씀이 우리의 삶 속에 살아서 역사하게 해 주세요.
성경을 읽고 깨달아 매일 말씀대로 살아가는
________가 되게 해 주시기를 원하며,
예수님의 이름으로 기도합니다. 아멘.

가족과 함께 성경 말씀을 배우는 다양한 방법에 대해 말해 보세요. 성경 암송, 성경 공부, 성경 쓰기 등 자신에게 맞는 방법을 찾아 매일 말씀을 읽고 배울 수 있도록 서로 격려해 주세요.

핵심 교리 이해하기

[소요리 문답 91문] 성례가 어떻게 효력이 되어 구원을 얻게 하는 방도가 되는가?

성례는 성찬과 세례를 말하며, 이는 구원을 얻는 데에 효과적인 수단이 됩니다. 이 외에도 말씀과 기도가 하나님의 은혜를 얻는 수단이 됩니다.

345

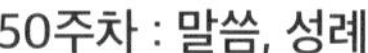

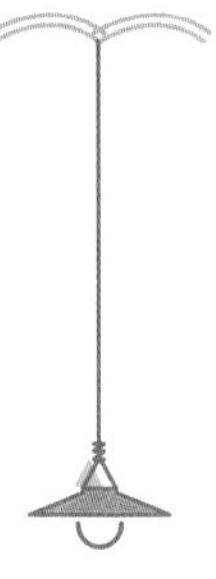

내 눈을 열어서 주의 율법에서 놀라운 것을 보게 하소서_시 119:18

하나님, 하나님의 말씀 속에는 인생을 살아가는
지혜와 사랑, 구원을 얻는 길이 들어 있습니다.
하지만 아무리 읽고 배워도 우리의 힘과 노력만으로는
말씀의 깊은 지혜를 알 수 없습니다.
우리의 눈을 열어서 하나님의 말씀에 담긴 보석을
보게 해 주세요. 놀라운 은혜를 경험하게 해 주세요.
________도 말씀 속에 감추어진 보물을
찾을 수 있게 해 주세요.
예수님의 이름으로 기도합니다. 아멘.

자녀들과 함께 보물찾기 게임을 해 보세요. 종이에 말씀을 적어 집 안에 숨겨 두고 말씀을 찾으면 큰 소리로 읽은 다음 맛있는 간식을 먹어요.

핵심 교리 적용하기

하나님의 은혜를 깨닫는 방법은 무엇입니까? 말씀, 기도, 성례 속에서 은혜를 경험했던 경우를 떠올려 보세요.

갓난아기들같이 순전하고 신령한 젖을 사모하라 이는 그로 말미암아 너희로 구원에 이르도록 자라게 하려 함이라_벧전 2:2

아기들이 엄마의 젖을 원하듯이 우리도 하나님의 말씀을 사모합니다. 하나님, 우리가 거듭난 이후에 순전하고 생명을 주시는 하나님의 말씀을 먹고 영적으로 성장하게 해 주세요. 하나님의 말씀으로 영양을 공급받아서 매일 성장하게 해 주세요. ________에게도 하나님께서 영의 양식을 공급해 주세요. 구원에 이르도록 믿음이 잘 자랄 수 있게 해 주세요. 예수님의 이름으로 기도합니다. 아멘.

몸을 위해 식사를 하듯이 영의 양식인 말씀을 매일 공급받아야 성장할 수 있답니다. 몸과 영혼을 위해 무엇을 할 수 있을지 이야기를 나누어 보세요.

오늘의 말씀 따라 쓰기

오늘의 말씀을 따라 쓰며 마음에 새겨 보세요.

우리가 유대인이나 헬라인이나 종이나 자유인이나 다 한 성령으로 세례를 받아 한 몸이 되었고 또 다 한 성령을 마시게 하셨느니라_고전 12:13

다양한 사람들로 이루어진 고린도교회는
분열되어 있었습니다. 바울은 고린도교회에 여러 가지
다른 점이 있지만 한 성령을 받아서 세례를 받았다고
말합니다. 하나님, 우리 교회도 각계각층의
다양한 사람들로 이루어졌지만, 그리스도의 한 몸이며,
같은 성령을 받았음을 고백합니다.
_______도 성령으로 하나 된 교회의 구성원임을
기억할 수 있도록 인도해 주세요.
예수님의 이름으로 기도합니다. 아멘.

교회의 주보를 보며 유아·유치부, 유년·초등부, 중·고등부, 청년부, 장년부 등 어떤 사람들이 모여서 예배하는지 살펴보세요. 우리 교회에 다양한 사람들이 모여서 예배하고 있음을 감사하는 시간을 가져 보세요.

말씀 암송하기

갓난아기들같이 순전하고 신령한 젖을 사모하라 이는 그로 말미암아 너희로 구원에 이르도록 자라게 하려 함이라_벧전 2:2

누구든지 그리스도와 합하기 위하여 세례를 받은 자는 그리스도로 옷 입었느니라_갈 3:27

하나님, 초대 교회 성도들은 물속에 들어갔다 나오는
세례 예식을 통해 죽고 다시 살아나는 것을
경험했습니다. 우리도 세례를 받을 때
이전의 자아는 죽고 새로워집니다. 영적으로 예수님과
연합하여 그리스도의 새로운 옷을 입는 것입니다.
_______도 세례를 통해 예수 그리스도로
새 옷을 입게 해 주세요.
예수님의 이름으로 기도합니다. 아멘.

가족 중에서 두 명이 세례 받은 경험을 나누어 주세요. 사진이나 영상을 봐도 좋아요.

아이와 교감하기

아이와 함께 하루의 삶을 나누고 서로의 마음을 다독여 주세요.

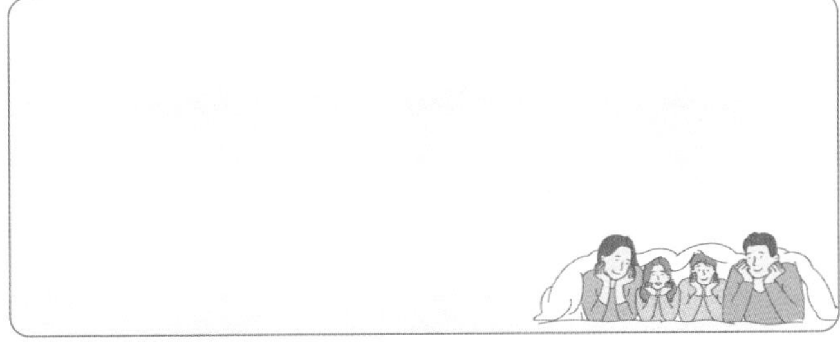

너희가 이 떡을 먹으며 이 잔을 마실 때마다 주의 죽으심을 그가 오실 때까지 전하는 것이니라_고전 11:26

하나님, 예수님은 성찬의 떡과 포도주를 통해
당신의 죽음을 기억하라고 하셨습니다. 예수님께서
과거에 무엇을 하셨고 왜 하셨는지를 생각하면서
예수님을 기념하게 하신 것입니다. 우리가 성찬을
통해서 예수님을 기억하고, 예수님의 죽으심과
죄 용서와 부활을 전하게 해 주세요.
예수님께서 다시 오실 때까지 성찬을 나누며
예수님을 기억하고 전하게 해 주세요. ______도
성찬에 담긴 깊은 뜻을 알도록 인도해 주세요.
예수님의 이름으로 기도합니다. 아멘.

가족과 함께 큰 빵을 떼어 나누어 먹으며 예수님이 각자에게 어떤 분이신지 이야기해 보세요. 오늘 들은 이야기를 다른 사람에게도 전해 보세요.

축복 기도문 쓰기

아이를 향한 축복의 기도를 글로 기록해 보세요.

350

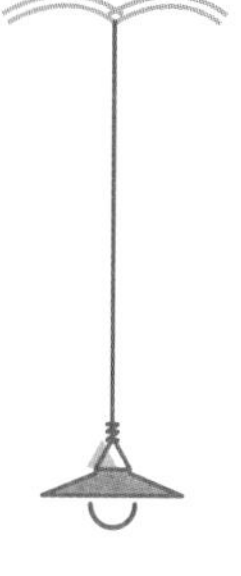

너희는 믿음 안에 있는가 너희 자신을 시험하고 너희 자신을 확증하라 예수 그리스도께서 너희 안에 계신 줄을 너희가 스스로 알지 못하느냐 그렇지 않으면 너희는 버림받은 자니라_고후 13:5

하나님, 바울은 고린도교회 성도들에게 믿음 안에 있는지
시험하고 확증하라고 합니다. 우리도 예수님이
우리 안에 계시는지 점검하게 해 주세요.
우리 삶 속에 예수 그리스도께서 살아서 역사하시는지
늘 묻고 확인하게 해 주세요. ______도 흔들리지 않는
믿음 안에 있게 하시고, 자신의 하나님을 만나고
증거를 확인하도록 도와주세요.
예수님의 이름으로 기도합니다. 아멘.

자녀에게 윌리엄 홀맨 헌트의 <세상의 빛>이라는 그림을 보여 주세요.

믿음의 유산

아이에게 믿음의 유산으로 남길 생각, 마음, 바람을 적어 보세요.

그를 향하여 우리가 가진 바 담대함이 이것이니 그의 뜻대로 무엇을 구하면 들으심이라_요일 5:14

하나님, 우리가 하나님의 뜻대로 기도하면 분명히 들어주신다고 하시니 감사합니다. 성경에 기록된 하나님의 뜻이 무엇인지 알게 하시고, 하나님의 뜻대로 기도하게 해 주세요. 기도할 때 내 필요와 생각만 하나님께 강요하지 않고, 하나님의 뜻을 물어 그 뜻대로 기도하기 원합니다.

_______도 하나님의 기쁘신 뜻을 구하는 사람이 되게 해 주세요.

예수님의 이름으로 기도합니다. 아멘.

오늘은 우리의 필요를 말씀드리는 기도가 아닌, 하나님의 말씀을 듣는 침묵 기도를 드려 보세요. 잔잔한 찬양을 틀어 놓아도 좋아요.

핵심 교리 이해하기

[소요리 문답 98문] 기도가 무엇인가?

기도는 그리스도의 이름으로 우리의 바라는 것을 하나님께 고하고 그분의 뜻에 합당한 것을 간구하여 죄를 자복하며 하나님의 자비하신 모든 은혜에 감사하는 것입니다.

아무것도 염려하지 말고 다만 모든 일에 기도와 간구로, 너희 구할 것을 감사함으로 하나님께 아뢰라_빌 4:6

하나님, 우리는 너무나 많은 것을 걱정하고 근심합니다. 우리의 힘과 능력, 인맥, 경험으로 해결하려고 하며 애씁니다. 그러나 바울은 모든 일을 기도와 간구로 올려 드리라고 합니다. 하나님께 감사하며 구하라고 말합니다. 바울의 말대로 하겠습니다. 일터와 학교, 가정과 교회에서 일어나는 일로 인해 걱정하기 전에 기도하게 해 주세요. 하나님께 원하는 것을 구하고 감사하는 ______가 되게 해 주세요.
예수님의 이름으로 기도합니다. 아멘.

기도 수첩에 가족의 기도 제목을 한 가지씩 적고, 제일 위에 '하나님, 감사합니다'라고 적어 보세요.

핵심 교리 적용하기

당신은 기도를 하며 하나님의 뜻을 구하고 있습니까? 자신의 죄를 자복하고 하나님의 은혜에 감사하고 있습니까? 당신의 기도 생활을 돌아보고 말해 보세요.

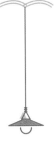

353

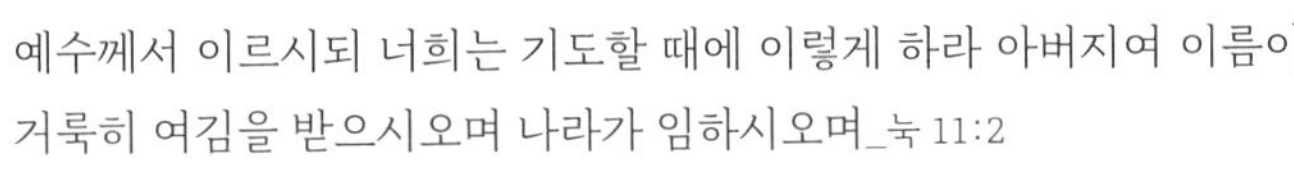
예수께서 이르시되 너희는 기도할 때에 이렇게 하라 아버지여 이름이 거룩히 여김을 받으시오며 나라가 임하시오며_눅 11:2

하나님, 예수님은 하나님의 이름을 높여 드리면서
기도를 시작하셨습니다. 하나님이 통치하고
다스려 주셔서 하나님 나라가 임하도록
간구하셨습니다. 우리도 기도할 때, 먼저 하나님의
이름을 찬양하기 원합니다. 하나님의 통치가
완전히 실현되는 때까지 우리의 마음과 삶 속에서
하나님이 함께해 주세요.
_______도 하나님을 찬양하고 하나님 나라를 구하는
기도와 함께 자신의 것을 구하게 해 주세요.
예수님의 이름으로 기도합니다. 아멘.

하나님 나라에 국기가 있다면 어떤 모양일까요? <먼저 그 나라와 의를 구하라>(카랜 레퍼티 작사/작곡) 찬양을 틀고 하나님 나라의 국기를 그려 보세요. 우리 마음과 우리의 삶을 통치해 달라고 기도해 보세요.

오늘의 말씀 따라 쓰기

오늘의 말씀을 따라 쓰며 마음에 새겨 보세요.

354

백성들아 시시로 그를 의지하고 그의 앞에 마음을 토하라 하나님은 우리의 피난처시로다_시 62:8

원수들의 공격을 받을 때, 다윗은 백성을 향해
하나님을 의지하고 간절하게 기도하라고 합니다.
피난처이신 하나님께 피하라고 말합니다.
하나님, 다윗과 그의 백성처럼 우리도 모든 소망을
하나님께 두고 구원해 주실 것을 믿고 기도합니다.
적으로부터 보호하고 편안하게
쉬게 하실 하나님께 간절히 기도합니다.
어려움을 만나면 ______도 기도하며
하나님 품으로 피할 수 있도록 인도해 주세요.
예수님의 이름으로 기도합니다. 아멘.

이불과 베개를 이용해서 요새를 만들고 안에 성경책을 넣어 보세요. 그리고 그 안에서 기도해 보세요.

말씀 암송하기

아무것도 염려하지 말고 다만 모든 일에 기도와 간구로, 너희 구할 것을 감사함으로 하나님께 아뢰라_빌 4:6

마음을 살피시는 이가 성령의 생각을 아시나니 이는 성령이 하나님의 뜻대로 성도를 위하여 간구하심이니라_롬 8:27

하나님, 성령님께서 하나님의 뜻대로 성도를 위해 간구하신다고 알려 주시니 감사합니다.
우리가 어떻게 기도할지 모를 때에도 성령님께서 우리를 위해 탄식하며 기도하신다니 더욱 감사합니다. 성령님께서 우리에게 하나님의 뜻을 알려 주시고, 우리를 위해 하나님께 간구해 주심을 믿습니다. ______도 혼자 기도하는 것이 아니라 성령님께서 함께 기도해 주심을 믿고 기도하게 해 주세요.
예수님의 이름으로 기도합니다. 아멘.

기도 자세를 한 후 빛을 이용해 그림자를 만들어 보세요. 핸드폰으로 사진을 찍어 그림자 위에 '성령님'이라고 써 보세요.

아이와 교감하기

아이와 함께 하루의 삶을 나누고 서로의 마음을 다독여 주세요.

주의 도를 땅 위에, 주의 구원을 모든 나라에게 알리소서 하나님이여 민족들이 주를 찬송하게 하시며 모든 민족들이 주를 찬송하게 하소서
_시 67:2-3

하나님, 오래전에 아브라함을 불러
모든 민족이 하나님을 찬양하게 하겠다고 하신
그 말씀이 지금 이루어졌습니다.
바로 그 민족 중의 하나로 우리를 불러서
약속의 증인이 되게 하시니 감사합니다. 이제 우리도
하나님의 구원을 모든 나라에 알리기 원합니다.
하나님께서 부르신 ______도 하나님을 찬양하며,
하나님을 모르는 사람들에게
구원의 하나님을 전하게 해 주세요.
예수님의 이름으로 기도합니다. 아멘.

주일학교에서 배운 율동 찬양을 함께해 보세요.

축복 기도문 쓰기
아이를 향한 축복의 기도를 글로 기록해 보세요.

이에 베드로는 옥에 갇혔고 교회는 그를 위하여 간절히 하나님께 기도하더라_행 12:5

하나님, 초대 교회를 세우는 과정에서 헤롯 왕이 그리스도인들을 박해하고, 베드로를 체포했습니다. 믿는 사람들을 엄청나게 탄압했지만, 그럴수록 성도들은 더 간절히 기도했습니다. 하나님께서는 기도 응답으로 천사를 보내어 베드로를 구해 주셨습니다. 우리도 어려움이 생기면 우선 기도해야 한다는 것을 알려 주시니 감사합니다.
_______도 늘 기도하면서 하나님께 영광 돌리는 하나님의 자녀가 되게 해 주세요.
예수님의 이름으로 기도합니다. 아멘.

색종이를 잘라서 이어 붙인 후 사슬 고리를 만들어 보세요. 손목에 두른 후, 믿음 때문에 박해받은 그리스도인들을 위해서 기도해 보세요. 색종이 사슬을 끊으면서, "어려운 일이 있을 때 하나님께 기도할래요"라고 외쳐 보세요.

믿음의 유산
아이에게 믿음의 유산으로 남길 생각, 마음, 바람을 적어 보세요.

358

52주차 : 주기도문 1
소요리 문답 100문(358-364)

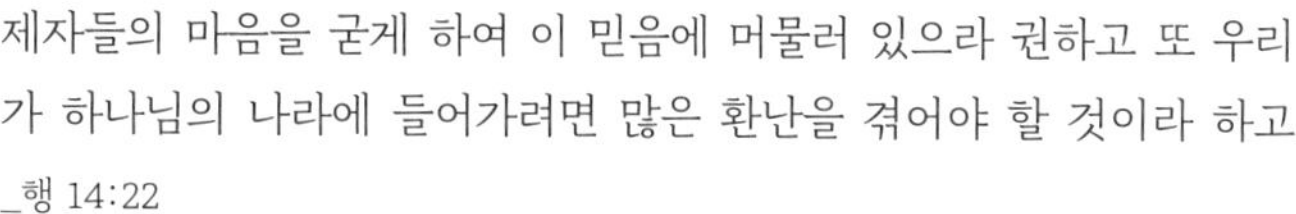
제자들의 마음을 굳게 하여 이 믿음에 머물러 있으라 권하고 또 우리가 하나님의 나라에 들어가려면 많은 환난을 겪어야 할 것이라 하고
_행 14:22

하나님, 바울은 복음을 전하는 동안 엄청난 위협과
공격을 받았습니다. 하지만 그는 하나님 나라에
들어가려면 환난을 겪는 것은 당연하다고 여깁니다.
제자들을 향해 마음을 굳게 하고 믿음에
머물러 있으라고 말합니다. 우리도 살아가면서
그리스도인으로서 겪는 어려움을 담담하게
받아들이게 해 주세요. 인내하며 믿음으로
이겨 내게 해 주세요. _______도 마음을 굳게 하여
하나님 나라를 바라보게 해 주세요.
예수님의 이름으로 기도합니다. 아멘.

하나님을 믿는다고 말할 때나 전도할 때, 머뭇거리거나 용기가 나지 않을 때가 있었나요? 어떤 상황이었나요? 두려움이 줄어들게 해 달라고 기도하고 다짐하는 시간을 가져 보세요.

핵심 교리 이해하기

[소요리 문답 100문] 주기도문의 첫 말씀이 우리에게 무엇을 교훈하는가?

자녀가 도울 수 있고 도울 준비를 마친 아버지에게 가듯 거룩한 경외와 신뢰를 가지고 하나님께 가까이 가라고 합니다. 또한 다른 사람과 함께 다른 사람을 위해 기도하라고 합니다.

형제들아 내 마음에 원하는 바와 하나님께 구하는 바는 이스라엘을 위함이니 곧 그들로 구원을 받게 함이라_롬 10:1

하나님, 바울은 하나님은 믿지만 예수님은 믿지 않는 유대인들에게 복음을 전했습니다. 자신의 형제인 이스라엘 사람들이 구원을 얻도록 하나님께 간구했습니다. 우리 주변에는 아직 하나님을 믿지 않는 사람이 많습니다. 구원은 착하게 살고 좋은 일을 많이 할 때 얻는 것이 아니라, 예수님을 영접할 때 얻게 되는 것임을 전하게 해 주세요. ______도 주변에 있는 친구들을 삶 속에서 전도할 수 있도록 준비하고 기도하게 해 주세요. 예수님의 이름으로 기도합니다. 아멘.

전도할 준비를 해 보세요. 복음을 어떤 말로 전할지 가족끼리 연습해 보세요.

핵심 교리 적용하기

주기도문을 천천히 읽으면서 예수님이 가르쳐 주신 기도를 해 보았습니까? 구절마다 담긴 뜻을 자신의 말로 옮겨 보세요.

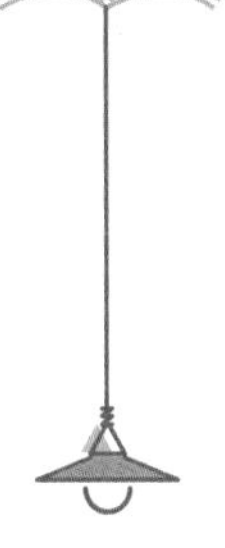

이르되 내가 모태에서 알몸으로 나왔사온즉 또한 알몸이 그리로 돌아가올지라 주신 이도 여호와시요 거두신 이도 여호와시오니 여호와의 이름이 찬송을 받으실지니이다 하고_욥 1:21

하나님, 욥은 우리가 태어날 때 아무것도
가지고 온 것이 없고, 죽을 때도 가져갈 것이 없다고
합니다. 하나님께서 주신 것들을 이 땅에서
잘 사용하고 돌아가는 우리가 되기 원합니다.
우리가 가진 것과 누리는 것은 모두 하나님께서
주신 것임을 고백합니다. 이 모든 것을 주신 하나님을
찬양합니다. ________도 하나님이 주신 선물을
세어 보며 감사하는 사람이 되게 해 주세요.
예수님의 이름으로 기도합니다. 아멘.

집에 있는 물건 말고도 하나님이 우리에게 주신 자연이라는 선물이 있어요. 아름다운 자연을 둘러보는 시간을 가져 보세요.

오늘의 말씀 따라 쓰기

오늘의 말씀을 따라 쓰며 마음에 새겨 보세요.

하나님께서 지으신 모든 것이 선하매 감사함으로 받으면 버릴 것이 없나니 하나님의 말씀과 기도로 거룩하여짐이라_딤전 4:4-5

하나님, 하나님이 지으신 모든 것이 참으로 좋습니다.
하지만 거짓 교사들은 교묘하게 하나님의 말씀이나
관점과는 다른 시선으로 세상을 보게 합니다.
우리가 말씀과 기도로 거룩해지기 원합니다.
하나님께서 지으신 세상, 사람, 관계, 일, 건강 등에서
더욱 하나님의 선하심을 발견하게 해 주세요.
______도 하나님께 더욱 감사하며 말씀을 사랑하고
기도하는 사람이 되게 해 주세요.
예수님의 이름으로 기도합니다. 아멘.

3분 알람을 맞추고 릴레이로 감사 제목 말하기 게임을 해 보세요.

말씀 암송하기

믿음은 바라는 것들의 실상이요 보이지 않는 것들의 증거니 선진들이 이로써 증거를 얻었느니라_히 11:1-2

우리가 우리에게 죄지은 모든 사람을 용서하오니 우리 죄도 사하여 주시옵고 우리를 시험에 들게 하지 마시옵소서 하라_눅 11:4

예수님은 기도를 가르쳐 줄 때, 죄지은 사람을
용서하라고 하셨습니다. 나에게 잘못한 누군가를
용서하고 나의 죄에 대해서도 용서를 구하라는 것입니다.
하지만 우리는 거꾸로 할 때가 많습니다.
나만 용서받으려 하고 남을 용서해 주지 않을 때도
있습니다. 나를 용서해 주신 하나님의 사랑을
기억하며 다른 이를 용서하게 해 주세요.
_______도 죄를 용서받았음을 기억하고
다른 사람을 용서하는 법을 배우게 해 주세요.
예수님의 이름으로 기도합니다. 아멘.

용서란 잘못한 일을 꾸짖지 않고 덮어 두는 것을 뜻해요. 가족 사이에서 용서를 구할 일이 있나요? 용기를 내어 용서를 구해 보세요. 용서해 주는 사람은 꾸짖지 않고 다시 이야기하지 않아야 해요.

아이와 교감하기

아이와 함께 하루의 삶을 나누고 서로의 마음을 다독여 주세요.

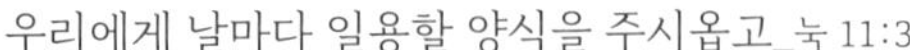

우리에게 날마다 일용할 양식을 주시옵고_눅 11:3

하나님, 예수님께서는 날마다 일용할 양식을 구하라고 하셨습니다. 하루치 양식을 구하는 것은 세상을 살아갈 때 우리 자신의 힘으로 살지 않고 날마다 하나님께서 주시는 힘으로 살겠다는 고백입니다. 우리가 먼 훗날을 바라보면서 오늘을 살게 해 주세요. 매일의 걱정과 근심을 하나님께 맡기고 최선을 다해 살기 원합니다. ______도 미래를 불안해하지 않고 하나님께 온전히 하루를 맡기며 살아가게 해 주세요. 예수님의 이름으로 기도합니다. 아멘.

하나님께 맡긴다는 것은 도망치거나 포기하는 것이 아니라, 최선을 다해서 하나님의 뜻을 구한다는 의미예요. 오늘 하루 우리가 최선을 다해야 할 일들은 무엇일까요?

축복 기도문 쓰기

아이를 향한 축복의 기도를 글로 기록해 보세요.

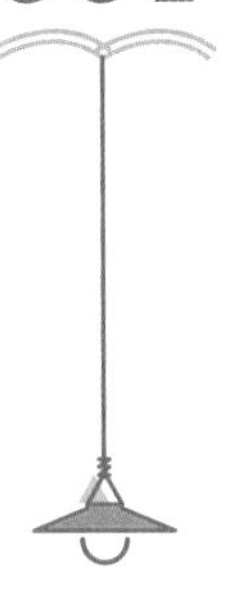

나로 하여금 깨닫게 하여 주소서 내가 주의 법을 준행하며 전심으로 지키리이다 나로 하여금 주의 계명들의 길로 행하게 하소서 내가 이를 즐거워함이니이다_시 119:34-35

하나님, 악한 세상에서 살아가는 동안
우리가 해야 할 일은 하나님의 법을 사랑하고
지키는 것입니다. 하나님의 말씀대로 인도해 주시고,
그 길로 행하게 해 주세요. 우리가 하나님의 계명을
지키기를 즐거워하는 자들이 되게 해 주세요.
_______도 하나님의 말씀을 배워서 지키게 해 주세요.
그 길로 행하며 즐거워하게 해 주세요.
예수님의 이름으로 기도합니다. 아멘.

한 해 동안 지켜 주신 하나님께 감사드리며, 내년에 지킬 약속을 정해 보세요. 우리 가족이 하나님을 기쁘시게 해 드릴 약속을 생각해 보세요.

믿음의 유산

아이에게 믿음의 유산으로 남길 생각, 마음, 바람을 적어 보세요.

이것들을 증언하신 이가 이르시되 내가 진실로 속히 오리라 하시거늘 아멘 주 예수여 오시옵소서 주 예수의 은혜가 모든 자들에게 있을지어다 아멘_계 22:20-21

하나님, 부활하고 승천하신 예수님은 우리가 예측하지
못한 날에 다시 올 거라고 하셨습니다.
그날은 예수님을 믿는 사람들에게는 기쁜 날이지만,
예수님을 믿지 않는 사람들에게는
심판의 날일 것입니다. 예수님이 다시 오실 날을
정확하게 모르지만, 성실하게 준비하기 원합니다.
________도 예수님이 갑자기 오셔도 당황하지 않고
기쁘게 맞이할 수 있도록 준비하게 해 주세요.
예수님의 이름으로 기도합니다. 아멘.

예수님이 다시 오실 때, 함께 천국에 들어갈 구원의 확신이 있나요? 가족 모두 구원의 확신이 있는지 점검해 보세요.

핵심 교리 이해하기

[소요리 문답 107문] 주기도문의 마지막 구절이 우리에게 무엇을 교훈하는가?

주기도문의 마지막 말씀은 기도할 때에 하나님만 믿고, 하나님만 찬송하여 나라와 권세와 영광이 아버지께 있다고 하라고 가르친 것입니다. 우리가 기도한 것을 들으실 줄로 안다는 뜻과 증거로 아멘이라고 하는 것입니다.